U0617920

书画过眼

于非闇 著

沈宁 编注

北京出版集团

文津出版社

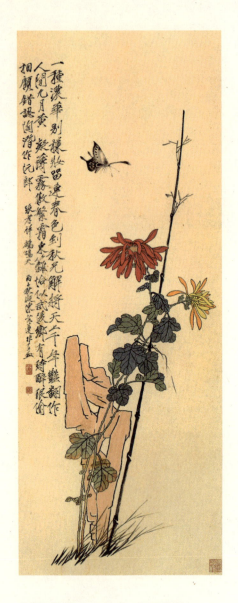

于非闇《菊石图》（1936 年，北京画院藏）

目录

艺苑珍闻

1

3

10

13

14

于非闇（1889—1959）

于非闇临宋徽宗《杏花鹦鹉》(1941 年, 北京画院藏)　于非闇《临赵佶白山茶》(1952 年, 北京画院藏)

艺苑珍闻

漫談　東島

新的晨

晨

萍萍楼随笔

白永麟

白君永麟，字凤情，号竹君，世居海淀，京旗人也。善写兰，得小道神髓。光绪中，由监生补颐和园笔政，旋升苑副。性淡泊，不乐仕进，晚自号湖山散吏以示志。宣统初朝政愈非，民生愈敝，君心焉伤之，乃托尸陈之义，上书摄政，中多切中时弊语，遂于六月十五日自缢死，自挽云："半百年华还故我；一生心事在斯民。"谓之绝粒，盖讳之也。

1927 年 1 月 8 日
《晨报·非厂漫墨·四》

王爵生书
名遍帝都

　　光绪年，王爵生（垿）[1]书名遍帝都，市肆招匾，一以得王书为荣。王书出欧虞[2]，佳者尚不恶，自得某为记室[3]，伪者愈多，索者愈众。时谭伶金福出入于中和、庆升各剧场，日奏其苍凉之音，都人士嗜之若狂，竞相摹拟，时人乃为之句曰"有匾皆书垿；无腔不学谭"，亦足觇一时之习尚矣。

1927 年 1 月 9 日

《晨报·非厂漫墨·五》

---

[1] 王垿（1857—1933），字爵生，山东莱阳人。清代法部大臣，书法家。

[2] 欧虞：唐代大书法家欧阳询与虞世南的并称。

[3] 记室：指掌管文书之官。

铁梅庵书法

铁梅庵[1]先生保之故宅，在小拐棒胡同，后归孟氏、潘氏。先生书向称有清四家之一。四家者，成亲王、翁覃溪、刘石庵与先生也。先生初不善书，明经后，始于京西四平台兀兀方学，垂十余年，始成。余家去故宅不遥，闻乡老言，先生殁后，后人不知爱惜，举先生所为书，尽售之于叫卖破纸者，亦可惜也。先生书得多力于颜平原[2]，先生藏有颜书墨迹，国变后，已为某二爷以廉价攫去矣。

1927年1月9日

《晨报·非厂漫墨·五》

---

[1] 铁保（1752—1824），栋鄂氏，字冶亭，一字梅庵。清满洲正黄旗人。书法家、学者。

[2] 颜平原，即唐代书法家颜真卿（709—784），曾出任平原太守，故世称颜平原。

江左徐进之

　　江左徐进之[1]先生，先曾祖老友也。屡试不第，淹留京西万泉庄之三觉寺，原名忠，因易为退。诗文奇古，书画尤佳。书本钟王，穆然高浑，晨起作细楷一本，日中作寸楷数页，数年如一日，书毕辄弃去。寺僧则售之厂肆，每细楷一本，易银二两以归。先生诗云"煤米油盐酱醋茶，全凭和尚作生涯……"云云，实则寺僧固不破一钱也。先生尝以高丽纸为半臂[2]，佯狂于市，人争以得先生呼之。有司误以为某妖人，捕之去，旋即释出。故先生诗云："逍遥不插尘中脚，旧日曾游兵马司。"兵马司在同光间为有司衙门所在地，诗盖纪实也。

1927 年 1 月 10 日

《晨报·非厂漫墨·六》

---

[1] 徐退（约1821—1903），原名宗勉，后改为退，字进之。清代后期书画家。

[2] 半臂，其形似衫去其长袖，成为宽口短袖衣，其形制与衫齐长。

再谈徐进之

　　吾前所记徐进之先生，尚有未尽。时先生在某巨室设帐，巨室在曩时，为内务府旗之望族，历任要职，穷极奢侈，遇先生极如礼，先生固鄙其为人，辄就重门屏风处溲溺。或有诘之者，则大呼"目无全牛"，竟解馆去。又先曾祖偕友辈三四，往访先生于三觉寺，中一人为纨绔子，固胸无点墨者，先生与来者寒暄，辄叩父母安否，独至某，则曰："汝家所养马尚健否？犬尚顽吠否？"其狂肆若此。先生有诗集，曰《自在吟》，兹录其首尾吟，亦足以觇先生性情矣。诗曰：

　　　　进之非是爱吟诗，家国恩情尽在兹。养子却惭诗礼训，思亲不仅露霜时；安闲深荷明君福，放浪常教益友嗤；辜负老妻惆怅甚，进之非是爱吟诗。

　　　　进之非是爱吟诗，诗是村居自忖时。问道每从愚妇过，著书先受古人知；圣贤可学偏难学，仙佛能为不愿为；心事偶然流露出，进之非是爱吟诗。

　　　　进之非是爱吟诗，十五年来客里思。疏食尚凭方外乞，道装曾被长官疑；生前学术都无用，死后遭逢或有期；甘作布衣殊倜强，进之非是爱吟诗。

进之非是爱吟诗，酒后闲情偶及之。业已不才谁作宦，纵然有学敢为师；山林富贵人谁夺，几砚功勤我自知。挟矢操弓游戏事，进之非是爱吟诗。

进之非是爱吟诗，三觉庵［寺］中漫兴时。自古冷人无不热，此中妙悟近于痴。黄鹂紫燕清淡客，白日青天大道师，看破一文钱不值，进之非是爱吟诗。

进之非是爱吟诗，诗是和光混俗时。与武士居应执射，有闲人访亦敲棋；读书错落何多也，处世糊涂亦已闻；六载万泉庄上住，进之非是爱吟诗。

进之非是爱吟诗，任性逍遥事事宜。傍水便寻鱼跃处，开轩犹忆鹤来时；帝乡作客忘投刺，佛殿看书不下帷；墙外西山常笑我，进之非是爱吟诗。

进之非是爱吟诗，半似癫狂半似痴。到处安居三窟兔，随时获益十朋龟；死生荣辱都忘了，天地古今自得知；闲与儿童弄砖瓦，进之非是爱吟诗。

进之非是爱吟诗，诗长村居遣兴时。四海有交常入梦，半生无病不知医；目前义理挥谈尘，身外功名付酒卮；四十九年闲散客，进之非是爱吟诗。

进之非是爱吟诗，鄙事多能信有之。射鹄人夸连日巧，涂鸦我比昔年痴；琴弦欲断犹挥手，棋局频输不皱眉；惜少余闲难作画，进之非是爱吟诗。

1927 年 1 月 15 日

《晨报·非厂漫墨·九》

戴文杰赝画

　　光绪末，京师有张某者，画笔摹戴文杰，可以乱真。每一画出，辄携之厂肆，纸光墨色，虽善辨者莫能斥其赝，辄得善价以去，数年人莫知其伪也。后渐与厂肆习，多有知之者，得价既少，遂以衰终。

1927 年 1 月 31 日
《晨报·非厂漫墨·十五》

郭应中画作

郭先生荷田[1]，名应中，善写石，苍朴灵秀，在周少白、胡公寿[2]之间，惟不求人知。所作不轻示人，故知者绝鲜。余巷距先生居不遥，仅辗转乞得两巨幅，良足珍也。

1927 年 1 月 31 日

《晨报·非厂漫墨·十五》

---

[1] 郭应中，字荷田。宛平人。工花卉，善画石。

[2] 周棠（1806—1876），字少白，号兰西，山阴（今浙江绍兴）人。画家。胡远（1823—1886），字公寿，号瘦鹤、小樵，别号横云山民，寓上海。书画家。

镌印名家黄文石

　　光绪末，京西有黄文石者，京旗人，以镌印名。取西山青石为印材，镌为诗古文辞，刀法流利，盖得力于文三桥[1]者。惟取法不高，无古拙朴茂之气，篆法亦间有讹误者；然视今日名遍京师之某铁笔者，固尚高数筹也。

1927 年 4 月 17 日
《晨报·非厂漫墨·三五》
署名非厂

---

[1] 文彭（1497—1573），字寿承，号三桥。明代篆刻家。

画人张疯子

京师有张疯子者，光绪末，住吾巷蒙古馆败屋中。屋中只余一土炕，上铺稻蒿，秽若狼藉。蒿中置一匣，漆绝精，终日枕之卧。目仰视，日默诵子长《史记》，不少错落，不少停。日不审其衣食所自来，惟侵晨挟匣去，午即归。初为有司[1]疑，久亦安之。吾好奇，暇辄窥视，若莫觉，久乃视吾而笑，引手招吾坐，启匣出燥饼，啖已，大笑，吾滋惧；挽吾，吾恐益甚，乃将匣置吾前。启视，则砚一方，笔数支，墨数丸，无他物也。吾知非恶客，暇则与谈，甚辩，论书法启吾至多，死腕运肘之法，即得自张疯子者。吾叩其世家，笑而不言，吾询其晨间所作，亦含糊莫肯详。居年余，亡去。去后，杠夫市井之徒，辄来

---

[1] 有司：主管某部门的官吏。

问讯，至是知张精六法，尤长于娄东[1]二老。侵晨之行，乃往某杠夫家作画，一画须年余始成，售之厂肆，得数百金，辄与杠夫市井等等共醉饱。金既尽，杠夫市井轮供之，无或爽。画既售，则又共醉饱，来京师已十余年，皆如此也。厂肆称曰瞎子，自称曰疯子；画所得金，曰瞎子进贡；共醉饱，曰请主人。吾特以之询厂肆，无知其人者，而杠夫市井，无论识与不识，无不知有疯子焉。是殆以天地为戏者耶？

1927 年 4 月 18 日
《晨报·非厂漫墨·三六》
署名非厂

---

[1] 娄东：江苏太仓。清代以"四王"为核心推崇明代画家董其昌的南宗山水画法，形成娄东画派。

金北楼得意弟子

京师某画家，为金北楼得意弟子，世推为北方之强者也。所作山水，初师耕烟，继从北楼游，得纵观名迹，画遂大进。复集古贤作画评语，佐以西法，萃为山水一书，为初学入门之法。所为画，都为若干集，摄影行世。故世之知画家者莫不以大成期之。余与画家，恨未一识，往岁蜗居，特与画家密迩，因其邻得以窃观其画，进境固良可惊，而兀兀以求，尤使人倾慕不置也。去岁观所作，则不如前岁，今岁则又弗如去岁，吾固短于视，愧不能知画家，然叩之朋辈中之知画家画者，良不非吾言，究不审何故也。或谓画家昆仲，因家事而稍分其神，致碍进程，则深愧不能详焉。

1927 年 8 月 10 日
《晨报·非厂漫墨·四七》
署名非厂

吴昌硕书法篆刻

吾于晚近得两大艺术家，一则陈君师曾（衡恪），一则安吉吴缶老也。缶老名俊卿，字仓石，国变后更仓石为昌硕，以字行。书画篆刻，都能蔚然成家，神与古会。吾儿时曾两谒先生，先生召我以作篆之法，今忽忽廿余年矣。先生书法，以篆为第一，行草尤饶奇趣。以书法作画，笔墨纵横，得无法之法，结构尤奇，往往出人意表，非一味狂涂横抹也。先生早年力追㧑叔，及其既得，遂别有所会，成一家法，蔚为风习。先生治印，一以秦汉为法，早年即蜚声艺林，为人所重。中年之后，益复恣肆，所治印置秦汉印集中，几莫辨，是真能挹秦汉之精英者。晚年苍老古拙，尤多逸趣。时人谓先生篆刻，直接斯翁，非过谀也。吾于印篆，尚未足以跻垣墙，于先生所作，窃以为七十以前，精诸古朴，直可俯视西泠各家。自是以后，运刀过肆，往往失之粗犷；然而世之学先生者，辄效其所肆，曰我摹缶庐也，曰缶庐之所作，高古若此也。是犹学谭叫天者，不学之于既壮之前，而独学其精力俱衰，靡靡然者，是岂叫天之罪耶？今先生已归道山，辄书所以知先生者实诸篇。

1927 年 12 月 11 日

《晨报·非厂漫墨卷二·九》

吴缶庐治印

吾前称吴缶庐治印，七十岁以前为最佳，后此乃失之粗犷。友人言："缶庐晚年，不复治印，国变后，梁节庵先生曾踵门乞治两印。节庵与缶庐交原契，有世谊，面许之，期以十日，及治竣，节庵辄诩于众，而不知仍是弟子徐星州代也。"吾前所言，特就所见印谱中评其得失，及闻友人言，窃幸尚得谓为知缶老者也。其自题印谱云："裹饭寻碑苦不才，红崖碧落莽青苔。铁书直许秦丞相，陈邓藩篱罢脱来。""铜斑玉血摩挲去，外奖当前誓不闻。风雨吾庐成独破，了无人到一书裙。""岐阳鼓破琅琊裂，治石多能识字难。瓦甓幸饶秦汉意，乾坤道在一盘桓。""凿窥缶器铸泥封，老子精神本似龙。只手傥伏金石刻，茫茫人海且藏锋。"语虽自负，是真能摆脱藩篱者。固不仅治印已也。

1928 年 3 月 28 日
《晨报·非厂漫墨卷二·十六》
署名非厂

画蝶

　　吾友朴园言：其尊人善画蝶，有声艺林，惟不肯轻为人作，故传世绝少。家有《百蝶图》，尽态极妍，栩栩如生，极写生之大观，无一笔甜俗也。友又言其尊人性喜游，深山绝壑，足迹罕到之处，辄携小童往捕蝶，积之久，蝶类逾过百，以玻璃为箧，中置两三蝶，以针贯其腹，庋阁以藏之，不时展玩。所藏蝶，大有及尺者，小有二分者，日即其真者写之，故敷色生动，形态逼真云。

1928 年 8 月 10 日
《新晨报·花萼楼随笔·五》
署名于非厂

高乐斋

　　北平为人文荟萃之区，研究艺术乃至便，故书画名家，乃凌驾全国，蔚为大观，非海上所能比。自画学会[1]兴，集社以研习者，势同春笋之怒发，而闭户搜索，甚惧其名之过彰者，吾得两人：一大兴王润轩[2]先生，一贵池高乐斋丈。王先生已实吾所为《漫墨》中，乐斋丈为人尤足传，固不仅山水在鹿林子青间，独得幽淡之趣也。丈初入画学会，笔墨为北楼所赏，既乃不恒至会，益肆力于元四家，当举世务习于粗犷，丈独由倪高士以写其冲和幽淡。丈闲居，恒乐，与人无所忤。观其画，即可识其性，喜郊游，慷慨乐施与。人方以大耄期之，以丈独得天和也，乃不幸竟以急病殁，伤哉！

1928 年 11 月 21 日
《新晨报·花萼楼随笔·五十八》
署名于非厂

---

[1]　"画学会"指中国画学研究会，1920 年 5 月成立于北京，主要创办人为金城（北楼）、周肇祥和陈师曾。
[2]　王德顺（1845—1919），字润轩、润暄，北京人。清朝供奉内廷，以绘蝈蝈名。作者早年曾随之学画草虫。

姚茫父赐画

　　去年来吾有乞画运动，辄不自揣，以拙技干闻人艺士而乞其画，无论其润笔若何高，吾乃不敢以金钱污画家，颇亦为画家所不弃，而肯赐吾教，然未有如姚先生茫父赐教之殷也。吾以书干先生，书去三日，不获复，吾颇惴惴，及晚，先生以书来，书简中竟以《腊梅》见赐，且附以诗。先生自病臂，不轻画，吾又尚未拜识先生，乃竟得此，此世人所以高姚先生也，特志于此。

1929 年 3 月 27 日
《新中华报·非厂识小录》
署名于照

白石山翁

　　吾年来役役于笔墨，所以涵养其性灵者，则又多在笔墨外。自来
艺术家多怪癖，术愈精，其为怪且癖也愈异于恒人，人以恒人视之，
则惟见其怪且癖耳。吾自知非艺术家，故吾不怪不癖，而吾每不敢以
恒人视之，故人之怪且癖浑焉而不能见，前者有丁君佛言，今者有白
石山翁，皆世所称为怪癖，而吾独心悦诚服者焉。白石山翁为吾师，
吾为此说，虽近于标榜，然而实有其可以为说者在，略于拘牵，特为
之说如后。日者吾友数人皆好山翁画，尤以黄蛰庐[1]为甚，所藏山翁
画百余件，多精品，嘱吾为治一印，曰"蛰庐所藏白石山翁画"，钤
红记之。顾黄君从来未一面山翁，山翁亦冀见知己也，吾特为之介于
西城某饭庄，欢然道故，嘱吾为一言以记，吾曰：德国《大公新闻报》

---

[1]　黄浚源（1878—1940？），字子林，号蛰庐，天津人。近代天津银行家、书画收藏家。

在去年九月二十日曾刊一文，今由某君译出，是不可以不记也。其言曰：在动物园路廿一号Ａ画家俱乐部举行之中日近代名画展览会，已于今日正午十二时开幕。到会者中日两国公使馆及外交部与普鲁士政府所派之各代表，并有科学与艺术界之名流诸公，群贤毕至，极一时之盛。在此会中，吾人倘有以为近代远东画师已抛弃其昔日传统之艺术，而以其所受于前一世纪之欧洲艺术的影响，而别辟一可能的新蹊径者，当必怡然惊喜出乎意料也。会中吾人所得之印象，当为昔日传统之艺术，与此等作品中，其间仍有一深固牵连之根蒂在之一事。吾人之印象，更以为此传统艺术之精髓，且正在各牵连之根蒂中自在流

于非闇治印"蛰庐所藏白石山翁画"（齐白石山水十二条屏上钤印四方之一）

齐白石为黄子林绘《山水十二条屏》
之十二

行，而其艺术更欣欣向荣，至二十世纪仍将继续生存者也。此展览会之成当归功于画师齐蒂尔（Chytil[1]）教授之力，齐蒂尔教授闻乃奥国原籍，曾掌教于国立北京美术专门学校学院，今以公家之资格筹备此会，以吾等欧洲眼光评判之，当叹其所选之画之精当，足为近代画最良之代表。至其于会场之布置，与各画陈列之次序，尤可谓各得其所。此外彼更于展览会印行之画目卷首作一详尽清晰之序，对于远东画法作一适当之介绍焉。在此画目中齐蒂尔教授对于吾人素所未详之中日艺术运动加以解释，并以之与当前艺术作比较。彼更将昔日传统正宗学派与近代名家之作品昭示吾人，并介绍其重要代表人物。凡关于此种艺术之起源结构及其绘事，彼均为各种最有用之指示。对于日本画亦有同样之解释，且旁及黄喇嘛教与佛教之艺术也。此各派之区分，在鉴赏家自必了然胸中，然自吾人观之，则颇难辨别，今姑言其三大派别可耳。此五百余年来之远东艺术界中，即其所谓改革派之流亦对于传统家数尊奉唯谨，其程度之深，实非西方人意想所及。于此中而欲求其代表之人物，当为不易之事。然其中有一最负盛名之人望，富于想象之画师，艺术界中之泰斗，年已七十二之老翁，曰齐白石者，其作品印象之雄伟，实罕俦匹。画目中曾论及中国毛笔在图形及表现上之地位之重要，兹但观此老翁之用笔成就若此，自觉一目了然，更无待费解释之辞矣。此种下笔之聪明，乃一生经验之结果，初即与无意义之学力判然独立者也。西方之艺术中实无足与此相比者。吾人但观其所作之蜘蛛、龙虾、花、草、蛙、蟹各画，便觉其一种生动逼人

---

[1]　沃伊捷赫·齐蒂尔（Vojtěch Chytil, 1896—1936），捷克外交家、画家和美术教员。1923年任教于国立北京美术专门学校。

之神情，直欲活现纸上，可谓叹为观止矣。齐氏以毛笔横扫空白之纸面作图，笔画重叠，层次分明。其中又有一幅为梦境中一须眉男子之图，上题词曰："此吾四十时所得之梦境也。梦中记世上只吾一人，与明月一轮，孤树一株而已。"此画感人至深，固不在文学上之美，而实为中国画中最高尚之表征也。所有印象派错误观念，皆于此暴露无遗。齐君以为彼能于纸上状一瞥之时间，为深得中国绘术之真谛。然彼实未克臻此，此则因在中国画中空间问题另有不同（无远近之配景与阴阳之分布等），而时间问题亦有差异者也。齐君之画，但求着定其一时的印象，盖皆苦工得来的经验之结果，但同时亦为想象之结果。换言之：一刹那间幻想之结果，其所写之物，不过仅为表示一种回忆、一种经验、一种心情与一种感觉之工具，彼之作品乃志在垂之永久者也。此等作品，均力求于漫漫之时间中攫取一最重要之一刹那，而以形式表出之。由此观之，可知中国人之作画，不曰绘而曰写之原因矣。盖此等作品均不过以一种记录之地位自居，只可与诗歌之文字相比较，乃同为由声音与知觉之创造进程中得来之固定方式也。齐君之外，尚有其他应提及之画师多人。年未及而立之谢生震（译音）所作之花、木、古藤，以笔势雄壮擅长，其作品化笔力于柔情，出聪明以圆熟，盖若老子之警句焉。此外则陈半丁以红黑山茶花著，罗宝群（译音）[1]以游鱼著。至若近代日本画，则似趋向更简朴与庄严之势，因其绘法精细，更能匠心于颜色深浅调和之间，故深合欧洲人士之脾胃。要之一种敏锐之美术上的感觉，常憧憬于日本人之心目中。日本人对于艺术问题

---

[1] 罗宝群应为罗葆琛（韫之），1926年毕业于国立北京美术专门学校中国画系，曾于1936年组织绮园国画社。

之注意，殊非他民族所可以。

按：欧洲人研究中国画，近颇猛进，虽其所见尚多错误，然对于山翁画则不得不许其警辟，故乐为记之。

1931 年 7 月 3、4 日
《北平晨报·艺圃》
署名非厂

杨子厚传

　　京师故多艺人，吾颇传之，今吾友杨君之死，君精于艺，不可不书也。君之先家扬州，十七寻父走京师，不得，因为某巨室童。主人为显宦，声色犬马珍奇之物充盈，君司书室，室多庋藏，主人月不一二至，至则挟宾客，故君独清闲，则窃窃以读，久且尽史汉三国志。主人豪华喜声伎，童仆皆倚势为利，与君不能得，又利君之弱稚，屏之不与伍。君读且勤，为主人知，轻其役，使掌内书室。内书室多精椠，主人日且一二至，君则执经问难，俨然师弟子焉。役二年，君读渐博，主人出纸墨碑版恣临抚，书道亦进。时西后驻颐和园，主人鸠工制象牙之饰备呈进，牙工聚外书室，雕镂饰物，时有工师王某者，扬人，自粤聘来镂其成，技绝精，凡雕镂之精细工巧而其物非恒人目力所能治者，王皆任之。王能于径寸之牙，雕文字二百余，绝清晰。君以其为乡人，始获窥其技，小试之辄如意，偶代王镂治，人莫能辨，王因尽其术授之。庚子拳匪乱，主人荡其产，君归扬，君父已先来家，家居数岁，成家室，育子女矣。京师业象牙者，只七家，染虬角为中外所未有。时有劝业博览诸会，君再走京师，以艺往来公卿豪贵间，得小富。遭家难，不可归，左目失明，艺渐废，君日消遣未读书，然君老矣。吾识君在十五年前，冬日吾好笼络纬蟋蟀之属，所为笼，以葫芦嵌象牙之盖，盖上雕镂山水花鸟诸文，其精者值等珠玉。京师浴堂，吾每喜怀数笼于其间襮之，每至辄与君遇，君亦笼数虫于彼，同好之雅获攀谈，窃其葫芦雕盖，精细如观天工，一盖雕十八学士，一盖雕八仙，上镂杜诗《饮中八仙歌》，人物精妙，书法秀逸，平生所未见也。益奇之，相约至其家，出所蓄雕盖，可三十余，尤以两蟋蟀盖为特绝，盖极小，不能盈寸，各镂汉铜镜铭与文，细逾于发，精乃绝伦，一铭文为四十字，一铭文为三十六字，以镜照之始能读，神乎技矣。自是交颇密，与之言学术，文章皆通晓，而其人则人人得而戏呼之曰杨瞎子，不之怪也。及吾役役于刀笔，君颇戒勿为奇巧以伤目，因告我以治牙之术，获益独深。一日，至君家，君方据案读，袖其手与吾谈，目不少瞬，袖手如故，可一时，出握物，则刻牙一片，正所读《张子西铭》焉。君自丧目，透雕不复能，偶有镂，皆袖为之，亦能细巧，叩其术，则笑却，卒不得其故。今夏病不起，资产全罄，所雕镂只余两葫芦及书百十册，使同人货之为三百金，比仙去，以之为棺殓适无余，亦奇已。君曾曰："人不可用巧，巧之过则其遭遇必巧败，无获逃者。"又谓："当两宫时，有以牙雕为秘戏者，吾独严拒，故吾仅失一目。"其言在可解不可解间。君嗜饮，病以酒废，年七十二也。名隆，字子厚。非厂曰：近世有方寸之牙，雕镂数百字，而其术则用机括者，其视君为何耶？

1931 年 10 月 26 日
《北平晨报·艺圃》
署名非厂

项仲华

有清以来，盛称杨子芳善雕版，杨为扬州人，所雕镌书画自不凡。顾其师项仲华[1]之技，则鲜有称之者。吾往见明版弹词小说之类，人物绝工致，迥非有清以来所及。及吾读《梧园杂记》赠镌工杨子芳二十韵，称其师仲华。仲华雕镌人物于工细之外，颇能以刀锋传笔致，技在杨氏上，顾其人不传，是亦有幸有不幸者矣。项亦扬州人，名芳。

1931 年 11 月 6 日
《北平晨报·非厂短简·三三》
署名非厂

---

[1] 据瞿冕良《中国古籍版刻辞典》记，项南洲（约1615—1670），一名项仲华。明末清初武林（今浙江杭州）人，版刻工人、浙派代表。此与本文项氏籍贯、名字不符，待考。

雪厂上人

　　在二十年前闻人称有瑞光和尚[1]者，其画笔，今世之苦瓜和尚也，见其画益奇之，以为称者不虚。其时得其残册，豪放肆恣，俨然大涤子，自后数数遇其画，其所入无一笔非大涤子；而其人幼失学，所蕴藏不必有国破家亡牢愁抑郁若不可一世者，托于画一一写之；而其人为北京人，非阀阅，更非生长于三吴两浙间；而其人不幸而遁身空门，于寂静清空讽诵礼忏之余，独不走门第，传布施；而其人役役于苦瓜，垂三十余年，南北知名，而独以穷死，则其人诚有大过人者。吾不通佛学，于佛之理茫昧无以视其归，而上人于佛之外，独以画为时所知，亦良足慰矣。往者白石山翁拓印草，命吾与上人董理其事。上人事白石山翁独诚，翁遇上人亦独厚。山翁平生罕写山水，独为吾友黄蛰庐写大屏十二帧，绝奇。上人见此屏，尽一日夜临抚惟肖，鬻日本人，得二百金。得者持与山翁请署款，山翁莫能辨，误为吾友市画于日本

---

[1]　释瑞光（1878—1932），号雪盦，亦作雪庵、雪厂，曾任北京阜成门外衍法寺、广安门内莲花寺住持。

雪厂上人

人也。晚近写山水者，群以大涤子为师，喜收藏者，亦以得大涤子相炫耀。上人摹大涤子。所入者是，而犹有北方厚重之气，未能有所出。故所作不能得高值，非若某君之动辄千万也。然而其真实本领，窃谓不在某君下，遇不遇，适以成其为上人而已。吾识上人久，迄今初未一晤谈，山人每与友谈，谓观吾所好嗜，乃大类世家纨绔子。颇有疑，去岁拟往谒，未果。上人许为吾画，卒亦莫可得，而上人竟以穷死矣。

1932 年 2 月 15 日
《北平晨报·艺圃》
署名非厂

吴镜汀病愈

　　吴镜汀[1]先生，去年突患神经，经我得到此信，非常惋惜，以为晚近山水作家，要推吴先生最为竟能，一旦患病，不能作画，岂不可惜？所以我不假思索，连将此信息公布了。现在吴先生病已大痊，所作画我已见到十多幅，比前更加恢宏，这是一件顶可喜的事。

1934 年 2 月 26 日
《北平晨报·艺苑珍闻》
署名闲人

---

[1]　吴熙曾（1904—1972），字镜汀，号镜湖，原籍浙江绍兴，生于北京。书画家。

张大千游旧都

　　蜀人张君大千，携其犹子[1]旭明于上元前来游旧都，一时识与不识闻张君名而往者，致使东方饭店之茶房皱眉。张君此来，携有唐文皇御书屏风墨迹卷，海内名流，叹为绝品，陈太傅曾为题记，闲人亦幸志贱名于上。此外在故都又得一三代以上之石器，闲人亦曾为之考证留影。今张君倦游思归，已于昨日乘平沪车携此巨宝行矣。

1934 年 3 月 17 日
《北平晨报·艺苑珍闻》
署名闲人

---

[1]　犹子：侄子。

赵师惠画花卉

　　画工笔花卉而以写意法出之，处处见意态，见笔趣者，三百年来首推恽正叔。近代画者，谈工细则工巧过南田，细碎使人目眩，而死板板意态全失，无笔无墨，直不如拍摄几张照片，尚觉其阴阳向背翳翳生动也。

　　赵师惠[1]女士，为赵梦朱[2]先生令妹，天资明敏，学力湛深，画花卉自出机杼，工妙不同凡响。近自钱塘归来，旧京小住，世欲得女士画者，幸勿交臂失之。

1934 年 5 月 8 日

《北平晨报·艺苑珍闻》

署名闲人

---

[1]　赵师惠，字敬班，号菱湖。湖社画会会员，工没骨花卉。

[2]　赵梦朱（1892—1985），原名恩熹，号明湖，河北雄县人。擅长工笔花鸟画。

张大千重来故都

　　画家张大千于春间来游故都，一时慕大千笔墨者，无论识与不识，咸驱车造访，久已冷落之东方饭店，忽而户槛为穿。其仅承大千赐光（吃吃小馆）而未蒙锡以墨宝者，则不免稍形怨望。不料大千早鉴及此，特于前五日重来故都，仍寓东方饭店，借为向隅诸君，如其所愿云。

1934 年 5 月 18 日

《北平晨报·艺苑珍闻》

署名闲人

公园一画家

　　残阳自翠柏之隙，闪闪映于朱墙。藤桌罩灰白布，斑斑茶痕。环藤条椅，围坐四五人。髯而冠者，鼻架玻璃之镜，斜倚，跷一足置藤圈上，右手以两指夹淡巴菰，目无视，高谈，四座倾听，或颔首，或首微摇示不可，或倦听，神情遥注游女，或哈哈笑，群声继之助谈威。残阳自墙根渐高，直至墙头而没。髯者流眸盼四座，又尽淡茶一盏，笑颔其首，"再见"，拄杖去。四座互视，相报以微笑。

　　当其谈兴豪时，声纵，振振有词，口讲指画，滔滔然若连珠。某画家无耻，某某非第一流人，某人之画其来有自，类盗窃，某爷无一笔是东西。抨击务破碎，粲然舌底翻莲花。四座惊诧骇叹，不禁连啜茶，不暇流目盼游女，一惟髯之言是焉。日之晷，有时移而尽，髯者言，永永如日之升，方中，未有暮。所抨击皆所谓第一流画家，次要者偶一及，有贬而无褒，严于斧钺。

比去，四座窃有议，有谓髯之画家目宜若是，谈之豪尤足称。有谓髯为艺苑四老之一，年近古稀，经验宏，所指摘动中紫要，微其言，险被某某欺。有谓髯性刚直，非怪痴，言或过当，所指示实确切不移。三人交口誉，赞叹，口啧啧有声。背树座末者起而言，北平画家有不可者三，不可不骂人，不骂人不足以自显；不可不自傲，不自傲不足以示尊严；不可不逛公园，不逛公园不足以成第一流画家。言讫去，阖座闻之皆惊，余人遥指而轻诋之曰：该死。

1934 年 5 月 26 日
《北晨画刊》第 1 卷第 2 期
署名闲人

答病人与闲人论画

我本不闲，我本不愿有所辩论，因为我这可爱的《艺圃》，尚有我可以写点东西的地位，那我也不妨抽闲写一点，使读者先生稍换一换口味。

我本不大讲画，我除掉能写北平的窝窝头似黄金之塔，水萝卜要赛过梨……小文外，我对于钓鱼是有研究的，此外什么书画篆刻……都不大内行，也可以说都不大懂，不过借此招摇而已！岂敢与人论画？

不料本报《画刊》主者，偏偏要我作一两段画评，像煞有介事。我于是受宠若惊，老实不客气地板起面孔充起内行来，这只是此地无朱砂——红土子为贵了。您要知北平为藏龙卧虎人文荟萃之区，什么内行没有？《画刊》出到四期，我也捏四期冷汗，而在第二期果然就出了"蘑菇"，这原非我所始料不及的。

原来在本月五日接到了病人与闲人论画的一封信,《画刊》编者转及我,我读到最后,有"若谒白石夫子,请代候安"一句,那么我也幸叨同门之雅,究属不是外人,我才斗胆地答复一下。兹先将原函录出,再附我答词于后。

病人与闲人论画 立庵 钱葆昂[1]

养疴院中,已将旬日,中日看窗外藤阴,初觉其浅翠可爱,待视之久,亦复无聊。偶检六月二日《北晨画刊》,乃倚枕仔细读之,谓为鉴赏艺术作品亦可,谓为消磨时光,亦无不可。

读之移时,见封面所刊"艺术叛徒""画界大法师""赴欧中国代表"刘海粟先生之《岩下幽人图》[2],不禁霍然而兴,既又不禁欲与闲人谈谈此画。在平常,吾绝不愿费此笔墨,但卧病院中,百无聊赖,故寻事为之,意者闲人亦闲,或不疑我多事也。

据闲人评此画:"说者谓意在石涛八大之间,吾则谓即此已足征先生之天才学力,自属不凡。"此种评角式之评语,自足使此画涨价,但吾不能无说。

石涛是侬样子?八大是什样儿?说者能说,当有所本,绝不至为前几年艺专画展内有多数国画,明明仿的王石谷仿的山樵,而题跋则曰仿黄鹤山樵,弄得看的人倒糊涂了,倒忘记山樵是什

---

[1] 钱葆昂,生卒年不详,字立庵,江苏泰兴人,现代书画家、篆刻家。
[2] 该作刊于1934年6月2日出版之《晨报画刊》第1卷第3期,标题为《存天阁主岩下幽人图》,原作题"岩下有幽人 壬申九秋存天阁主刘海粟",闲人(于非闇)按语:"艺术叛徒刘海粟先生,此次以吾国绘画远征西欧,博得彼邦人士好评,厥功与徐君悲鸿相埒,所谓二难也。此幅为先生得意之作,说者谓意在石涛八大之间,吾则谓即此已足征先生之天才学力,自属不凡。"

么面目。但此画到底在谁谁之间，我们姑不具论，盖大师作画，向以创作自负，若必谓在谁谁之间，我简直道破，他好些笔路，尤其是树法，乃学石田老翁，大师必不喜。今姑就画论画。

此画下左画松，颇严整，虽松鳞为蜀黍形，不足为病，仍然□□画面目不信找古画对照。右之石壁，稍聊草矣，但尚有气魄。岩下幽人似□同舟共济，尚整齐。至于远景，磊磊落落，吾知行笔之快，当更甚于峭壁。在论远山，则简直是几堆墨痕矣，不能说远山一抹，可以说远山数堆，因为看得出不是抹的。所以就画之严整草率论，此画可称为四重奏。四重奏政自不易，非气魄过人，天才不凡者，谁能臻此？

再看，石壁上有若干小草，下垂后向右曲，冷眼看去，似受风神气，并且风很不小但松本作伟，必因此风而动。可是再看小船，也正扬帆破浪。但是帆向左鼓，江里的风帆不是与岩上的风反向而吹了吗？再看纸底水边小草，更两方分披，显出无风无浪的神气。那便是，那厢有回风，这厢平静煞人也。

闲人先生，画中能将各地的现象表出，无论对不对，信可谓笔底有物矣。善哉善哉。

改天再讲，今天精神不乐矣。闲若谒白石夫子，请代候安，立庵病好，必先登门叩谒。

以上是"病人"的原文原标点，均未敢擅动。

第一点：病人先生的动机，是因"养疴"到医院，由枕上见了刘海粟《岩下幽人图》，才不禁而兴，又不禁而欲与我谈此画。为什么要谈呢？他对于"说者谓意在……自属不凡"这一段评语，病人先生认为是"评角式之评语"，所以才"不能无说"，那么这一篇论文，完全是由我而起，我实在荣幸非凡了。

第二点：沈石田的画是如何，石涛八大的画又是如何，"说者"是内行，所以指出他的"意"在石涛八大"之间"，自然他是他，如他们是他们，而他之"意"者，似乎是在他们的"意"之间，并不是他就是石涛，也不是他就是八大了。"说者"注重在"意"字，这"意"字总括构图、运墨、用笔、着色几方面，"说者"下这句评语，已经有许多斟酌，大概他对于"石涛是佪样子，八大是什样儿"，研究得比较要清楚，所以他明了石涛之"意"，八大之"意"，然后他才评到海粟之"意在……之间"。若说"树法乃学石田老翁"，试问即此"树法"就是"意"在石田老翁吗？至于谈到引古人以自重的话，沈石田并不在石涛八大之下，论年代，石田且在前，若说他像石田，我想刘海粟不一定"大师必不喜"，无如这位"说者"，他是内行，他以为"意"不是石田，那么自不可以强同了。至于说"艺专"如何如何，"艺专"提起来使我有谈虎色变之感，因我未曾进去过，究竟是王石谷是王黄鹤，我不大清楚。

第三点：我与刘海粟赴欧无关。徐悲鸿我见过，刘海粟我未曾识荆，二君赴欧做什么，我也不懂，我也并无片纸只字，叨陪座末、躬与其盛的交二君去参加。不过二君挟些中国画到西欧，我觉得是宣传我们国画，在原则上我非常赞成，但二君之不能精诚团结，我认为是非常遗憾。这篇画是《画刊》编者交下来，使我作评语，当然是好的。我作评语，对于古人是用春秋责贤之法，对于时贤是用小的见老爷之法，二者不同，显分轩轾，门户之见岂敢有之！

第四点：病人对于画松、画石壁、画舟人、画远山大概都是内行

刘海粟《岩下幽人图》及闲人识语（《晨报画刊》第 1 卷
第 3 期）

话，但反正开合读起来，使我头痛，苦于不大懂，好在最末两句说"非气魄过人，天才不凡者，谁能臻此"？这两句话，和我把"说者"推翻，"吾则谓即此已足征先生之天才学力，自属不凡"的话，如同一鼻孔出气，而在时间上论，我还出得比较早一点。因为我不承认"说者"的那句"意在石涛八大之间"话，我只评他足征天才学力之不凡，在当"小的"的，也算是大不敬太放肆了。

第五点：风劲草偃，即之自然；木高风摧，势之当然，树下草与悬崖草，因风来被阻而方向不同，似稍有旅行常识者皆宜知之。我在南海钓鱼，同是西北风，丰泽园前是一样方向，东八所又是一样方向，瀛台左是一样，瀛台右又是一样，这不能说风遇阻而不"反向而吹"。"那厢有风，这厢无风"，确是恒有的事。

以上五点，最要是病人先生误读拙作，未能看清"说者谓""吾则谓"两句滥调和我对于时贤评画的立场。至于"艺术叛徒"而不创作，树法学石田老翁云云，那是刘君个人之事，我在未经他说明之前，不敢代为答复。

1934 年 6 月 9 日
《北平晨报·艺圃》
署名闲人

彭恭父、张善子来游故都

　　吴县彭恭父[1]，工书善画，画得董华亭神味。此次来游故都，与当代名流，诗酒往还，人欲得先生画者，户限为穿。一日与先生酒楼小酌，先生以其先人南畇公（定求）[2]、芝庭公（启丰）[3]、二林公（绍升）[4]久宦中朝，真迹流传，当不在少，现拟广为征求，量力以报。世之收藏三君子墨迹者，傥肯割爱，敝人敢充绍介之任。

　　上海名国画家张善子[5]先生现已来平，张氏昆季友于甚笃，以其弟大千久客不归，特来一晤，难兄难弟，想踵门求两先生书画者，当必趾相接也。

1934 年 6 月 22 日

《北平晨报·艺苑珍闻》

署名闲人

---

[1] 彭恭甫（一作父）（1899—1963），字维梓，苏州人。善画山水。1933年与吴湖帆倡议创立"正社书画会"。

[2] 彭定求（1645—1719），字勤止，号访濂，晚号南畇老人。江南长洲（今苏州）人。康熙丙辰进士第一人，官翰林侍讲。著有《南畇诗稿》等。

[3] 彭启丰（1701—1784），字翰文，号芝庭，又号香山老人。江南长洲（今苏州）人。雍正五年（1727）状元，曾官浙江学政。著有《芝庭先生集》。

[4] 彭绍升（1740—1796），字允初，号二林，法名际清。江南长洲（今苏州）人。乾隆时进士，家居不仕。工书法。

[5] 张泽（1882—1940），字善孖（一作善子），号虎痴。四川内江人。画家，张大千之二兄。

溥儒藏韩幹画马卷

　　旧王孙溥君心畬（儒）所得名书画甚富，如韩幹画马卷，李后主题其上曰"唐韩幹照夜白"，并有御押。宋人画山水卷，历元明清三朝题识殆遍，其中有宋易元吉画《幽涧猿居图》，长卷绢本，论其价值，虽不敌韩幹之照夜白，然亦可谓稀世之珍。顷闻此卷已落东瀛，得价才八千元云。

1934 年 7 月 7 日
《北平晨报·艺苑珍闻》
署名闲人

44

金潜盦

　　前天承许修直[1]、金潜盦[2]招饮于钱粮胡同金宅，潜盦擅花草之胜，比至，半芜不治，潜盦或者别有所好欤？有两盆龙岩素（即素心兰），花不甚茂，而叶则视熊佛西处为长。座间尔叟[3]、涵青[4]两先生饮最豪，我亦不甚示弱，三人尽六瓶啤酒，涵青则大呼未曾过得瘾也。肴馔绝佳，多出新意，克之[5]尽鳌唇几一"海"，拼命食，愿牺牲晚餐不停嚼。午未而申，克之挟巨盎紫心蕙先去。潜盦得儒二爷长函，《苦笋帖》二爷原价一万元，付日金。二爷曰国币，照付。二爷以债务关系，非万有五千国币不可。然前途出一万国币，二爷曾已首肯，款已来，二爷又万五，故是日潜盦颇焦灼，曾谓我曰："二爷诚难伺候哉！"

1934 年 8 月 25 日
《北平晨报·闲谈·三二》
署名闲人

---

[1] 许修直（1881—1954），原名卓然，字西溪，晚号百砚室主，江苏无锡人，国民政府官员，藏砚名家。

[2] 金开藩（1895—1946），字潜厂（盦），号荫湖，浙江吴兴人。书画家。其父金城去世后，组织湖社。

[3] 汤尔和（1878—1940），原名汤蒲，字调萧，晚年号六松老人。历任中华民国教育总长、财政总长等。

[4] 俞家骥（1877—1968），字涵青，一字翰卿，号天衢，浙江绍兴人。书画家、收藏家。

[5] 何其巩（1899—1955），字克之，北平特别市政府首任市长，中国大学校长。

溥心畬转让《苦笋帖》

前者闻金潜盦先生言及《苦笋帖》事，遂据闻书之。潜盦所言不误，我书之则不甚合于事实也。心畬先生在春间，曾揭出万金，事不果。在事，即属已经断绝。秋间又提及，在势宜赓续前言或不赓而另提新价，在事，亦许可，不得谓新提价为反汗。因前此虽提揭万金，而事不成，经日久，又提，自不得赓旧价，故吾谓潜盦之赓旧价不误；而心畬之提新价亦事理之常也。前日面心畬先生，心畬即为吾言及此，吾笑谓"二爷真难伺候"者，我则知其一而未能见其二也，当亟为书之，以明事实真相。今心畬既由我与张君大千介绍而加入正社，则我更宜亟为书之也。

1934 年 9 月 13 日
《北平晨报·艺苑珍闻》
署名闲人

南张北溥

自来才艺的人们，他的个性特别强，所以表见他这特强的个性，除去他那特有的学问艺术之外，他的面貌……至于他的装束，都可以表见他那特强的个性。我这空论，现在用画坛上两位健将——南张北溥——来谈谈。

张八爷大千，状貌奇伟雄强，髯浓而茂密，佐以四五旬不剪的那颗头颅，环眼豹头，远望仿佛风尘三侠的那位牵驴之客。不过身材可惜稍短一些，但是在千百人群中，总可以一望而知其为张大千。他喜欢打起赤脚，他那一双尊足，因为土湿浸蚀，古色斑斓，置之三代鼎彝中，无论哪位鉴赏家，都要审定他是商周之器。凡此都足以表见他蕴蓄着最高的艺术，也可以说他那最高的艺术，由这几点可以窥知一斑。

溥二爷心畬，他是贵介公子，他的艺术是华贵的，是堂皇富丽的，是不为近五百年来画法所拘束的。仅就他的面貌和他的风流蕴藉看起

闲人《南张北溥》（1934年9月15日《北晨画刊》第2卷第5期）

来，必须有那座恭王府和那些侍卫包衣、轻縠玉立的侍儿来侍候他，才显得他银盆的脸、浓翠的眉，仪表非凡，无一些清癯寒酸之态。处在乱世，很仿佛风尘三侠的另一个男士，只可惜那位女性我现在还不曾找得。

张八爷的画，虽乱头粗服，野逸盎然，独对于女性，他观察得很精密，他能用妙女拈花的笔法，曲曲传出女儿的心事，这一点，是他艺术的微妙，也是他在女性上曾加上了一番功夫的收获。

溥二爷的画，他那风流蕴藉，往往在烟云变灭中，写出了难传的心曲，很仿佛赵子固的水仙花，经过了八百年的沧桑，展卷快读，还仿佛有些馨香之气。

张八爷是写状野逸的，溥二爷是图绘华贵的，论入手，二爷高于八爷；论风流，八爷不必不如二爷。南张北溥，在晚近的画坛上，似乎比南陈北崔、南汤北戴还要高一点。敢问二爷八爷，以为如何？

1934 年 9 月 15 日
《北晨画刊》第 2 卷第 5 期
署名闲人

张善子画虎

以画虎著称之内江张君善子（泽），当十三四岁时，为父责，携一僮亡去。由蜀之滇，挈钱才数百文，无乘骑，以钱市白绫，度可供两管袖者，画杂花以售，售又市白绫，又画售，按站行，不虞匮乏。当光绪之季，妇女衣饰尚挽袖，袖反折，折露竞花绣，样贵新。君童年画小花蝶，每为妇女欢。自内江之云南，驿道几千里，两童年囊丹青行，衣住行皆资之，比至，独有余，数年归，不需助也。

1934 年 10 月 1 日
《北平晨报·艺苑珍闻》
署名闲人

张大千昆仲游西岳华山之作

张大千昆仲此次往游西岳华山，于上月三十日快邮到写华岳北峰两幅，一赠黄蛰庐，一赠周养庵，笔情墨趣，又为之一变。此两画将于本月七日在公园中国画学会公开展览。闻大千昆仲已于昨日由华山赶回。又本报《画刊》编辑穆蕴华君将出其得意之作，参加展览。

1934 年 10 月 5 日
《北平晨报·艺苑珍闻》
署名闲人

一位画家

　　有一位驰誉丹青的老英雄，他是我的老长兄，似我们众兄弟，都要尊他老人家一声"大爷"。他的画疏秀淡雅，带着纯的南边味道。他能写些小诗，书法韶秀，不像是五六十岁的人，瘦瘦的面孔，长长的黑髯，双眸炯炯，有虎一般的威风。

　　这大概是他青年的事吧！皇家的赏银三十六万两，驮起来，迤迤逦逦漫山而行，押解的虽是几十个歪戴着帽子、斜肩着套筒枪的士兵，但是在那个时代，谁还敢轻动他们一根草芥。这位老英雄和几位朋友，见了这些无用的士兵，真是笑掉了大牙，他们说"是可袭而虏也"。几位弟兄，在马上大喊了一声，这些个士兵竟自弃甲曳兵而走，三十六万两，白白地放下，而老英雄以游戏之笔，竟匿下滔天大祸，弄得"一体严拿"！

　　当宣统和民初的时候，夏衣崇尚铁线纱，老英雄走马章台，选色征歌无虑夕，他用铁线纱作面，白绫俏里，在那白绫之上，运用他那艺术的天才，丹青的妙手，画起整丛的牡丹花来，那时的花妹妹，谁不爱慕这位翩翩的佳公子！在那时如果要找这位老英雄，至少总在花丛里遇得着。"一春无事为花忙"，堪为此老一咏。

他老人家中过武举，他老人家单骑千里深入过西北，那些逸事珍闻，一时也演讲不完，豪侠尚义，这是他作画家前半生得意的文章。

1934 年 10 月 6 日
《北晨画刊》第 2 卷第 8 期
署名闲人

傅光普画作工妙

聊城傅光普[1]先生，我老友也。宦游数十年，退来燕都，日以笔墨消遣，人莫之知，先生亦不求人知。先生幼随宦江南，其先德有声于时，先生家学渊源，于山水人物花鸟走兽无不工妙，而尤以拟宋元小景为最精，绝非如世之学一两笔华亭派便沾沾自足者所可比。先生画为周养庵先生所见，极推许，便邀入会，水榭此次画展，以雪景巨幅及墨笔横幅最为观者所倾倒。

1934 年 10 月 10 日
《北平晨报·艺苑珍闻》
署名闲人

---

[1] 傅瞵安，字光普。山东聊城人。为清初傅以渐相国之后，其祖秋坪中丞，其伯远泉，均以画名世。工山水，得宋、元人法。1933年有《傅光普画集》出版。

赵梦朱兄妹画作

　　雄县赵君梦朱，于我有世谊，故我对于梦朱，往往形诸楮墨，以大家期之。赵君写工笔花鸟，其合处似北宋徐崇嗣，用笔敷色，工力极深。其妹菱坞女士以没骨法写花卉，生动处世罕其匹，水榭画展有梦朱数幅，以画工笔花鸟者为绝精。菱坞之《百合朝颜》亦得意之笔也。

1934 年 10 月 10 日
《北平晨报·艺苑珍闻》
署名闲人

哭梦白

梦白死是中国画坛上一大损失，而他何以死，在表面上固然是割痔之不利，而其致病之由，确是有人对于他未免歧视，玩弄之所致。梦白不死，我不愿说什么；梦白而竟死，我说什么又有何用？我处在这种情形之下，我只有叹梦白是位画家，而不是所谓小政客，如是而已！

我老师白石山翁他与梦白是不相容的，但他知道梦白的画，他说："画难画鹌鹑，以至于画什么小鸟都是好的，尤其是画猴。"我是喜欢研究古代绘画的，我以为梦白的画，与其说他仿新罗仿得好，莫如说他写花卉绝类元人。陈散原先生有他画的一块帐缘，那是他天才学力荟萃的精品。他画鸟是用"点垛"法，这种作风，在过去的几年前，曾给予日本人很大的一种研究材料，而我们国家对他，却又如何？

自从某校的校长拿不到手，他的生活上感到了很大的困难，甚至

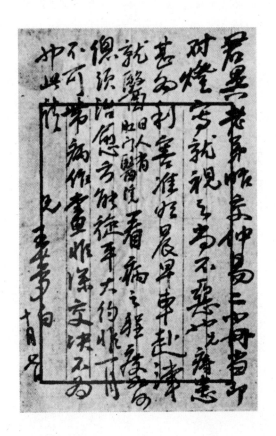

王梦白致王君异函（1934年）

每日要啃窝窝头。本来一个艺术家，向例他那生活是困苦的，"诗人少达而多穷"。画家也难逃这种公例。梦白抑郁牢愁退而思其次，而其结果，只弄得帮上无名。阔的越发阔，穷的遂至于病，遂至于因病而一割千古，"同行是冤家"，梦白遂成为被牺牲者！

梦白骂人的艺术，不如他作诗，更不如他作画。他心地是坦白的，是笔直的，是无城府的，而人们看着他，只有讨厌他，遗弃他，残酷呵！现代的社会！受病已深而始宛转地派个人去"吊膀"[1]，这是梦白所受的催命之符！

归结，梦白之死，与其说他因为一割，毋宁说他逃出了险诈的世界，他的灵魂是不死的。

1934 年 10 月 22 日
《北平晨报·艺圃》
署名闲人

---

[1] "吊膀"即"吊膀子"，原为吴方言，意味调情。此处指校方派人表态。

画家团结

闲人因为最近陨了几颗明星，只弄得"每日价情思睡昏昏"，懒得再去太液池边钓鱼，而钓鱼大概今年是钓不成了。刘半农的死是那样，白涤洲的死又是那样，最近梦白的死，真使我不得不发点牢骚，好像如果我仍前缄默着，未免太不成话了。梦白的死，至少要说他命该如此，无所谓怨天尤人。不过我们中国的画家们——尤其是北平城里的画家老爷，他们彼此彼此的那种劲儿，真要使人莫名其妙。分门别户，尔倾我轧，派内有派，党外有党，甚至小有集会，则有他没我，偶然合作，则小鸟老鹰，当面恭维，掉首万詈，形诸笔墨，播之诗歌，个中情形，局外人惟有瞠目直视而心里糊涂。所以偶有外宾见此情，莫不说："北平画家脾气格外来得大，派头儿格外来得足，真是难得近接的。"然而这种情形，大概都为争饭碗而起罢！梦白嘴刻而无涵养功夫，这是梦白顶吃亏的一件事。我自问我的涵养功夫比梦白如何，结果，我也一样的替梦白叫屈，替北平画家们喊一喊："要团结起来，重一点义气！"然而人对于我，又焉知不和对梦白一样！

1934 年 10 月 24 日
《北平晨报·闲谈·三八》
署名闲人

襄助王梦白遗作展览会

王君梦白之死，吾曾为文伤之。吾于梦白，每于夕阳西下时会于公园，梦白每晤，必涉及某校事，吾则数数劝之，弗能纳也。梦白在未死前，曾有独开画展之议，故连日所作画有数十幅之多，皆精到之品。今梦白既不幸而死，闻梦白诸友好，拟于最近择地开一遗作展览会，借以筹办善后。想爱重梦白艺术而悯其身后之萧条者，当不吝倾囊为助也。

1934 年 10 月 23 日
《北平晨报·艺苑珍闻》
署名闲人

梦白遗事

丰城王梦白（云），于本月十七日死于医院，我曾数为文艺术界伤之，同人无论识与不识，莫不同深惋惜。我于梦白，无较深之交谊；梦白于我，亦无特殊之情感。盖我于北平艺术界，前辈如齐白石、周养庵、贺履之诸人，无不尊之重之；我于可以兄弟者，无不恭之敬之。在我之想象中，或者北平艺术界之于我，不致有较深之恶感也。我为文，不足以传梦白；我之文或借梦白而传，因就所知，述梦白遗事数则如后。

当我刊出《公园画家》一文之时，梦白于公园执报细读，座间有两三人，咸指为闲人詈梦白，梦白恚甚，遇我，径指此文面质。我笑谓："此公是否如君？"梦白亦莞尔。一日遇张大千君，君谓："《公园画家》将声讨，可奈何！"我为释之，张君悟。比晤梦白，梦白笑曰："闲人别有指。"张君曰："然。"

汪慎生、邱石冥二君，皆予故友，梦白于慎生参微词，于邱君詈之尤力。今春于来今雨轩举行聚餐，发起人并列梦白、石冥二君名，是日邱君及邱君之友皆不至，梦白亦不至。某次会，柬请有慎生、梦白，梦白知有慎生，不至；慎生知有梦白，亦不至，其参商如此。

公园纳凉，我乃不惯，初夏，与友人随喜，每至必遇梦白，每遇梦白，必以关于国立艺专者相探询，久之成为寒暄语。一日与校长某君晤，大吵，声色俱厉，我适在邻座，某君去，梦白告我"某胖子为我所窘"，我于是知艺专于梦白之命运如何。

某君御西服，崭新，与梦白聚餐，席间有糟蛋，某君急于吞噬，不暇以针刺孔，遽以箸裂之，蛋汁四溅，污及西服，某君大呼倒霉，梦白于是逢人必曰"洋装与糟蛋"。

汪蔼士君，善画丛竹墨梅，与梦白交最久。梦白谥之曰三老。有叩之者，则曰："其人年事高，精研深，手段辣，此老江湖也。吾与其子同在一署，在礼宜称之曰老伯，其人长于吾，吾以老兄呼之，故曰三老。"其风趣如此。

今年初夏，见梦白而知其患痔，劝就医，梦白告我："此疾非入协和医院割治不可，顾手中匮乏，无其力，拟于'扇子季'为人作画所入，然后以一部安家，一部为入院之需。""扇子季"者每届初夏，都人士倩梦白作画，按笔润送值，南纸店亦于是时嘱梦白画，值得十之九，总计不过四五百元。梦白拟以二百金安家，二百金入院求治也。

梦白午前不出门，或问之，则告以疾。梦白每遗矢，肛门出三肉疣，遗已，肉疣不缩，须手托徐徐入，历两句钟，故其痛楚万状。梦白得《赤壁赋》，以为出东坡手，又得古绢画，以为蜀石恪，因额其居曰"师蜀轩"，嘱蜀人张大千为作图，萧龙友为书额，曾谓予曰："天壤王郎，从此嚣（萧）张矣！"

当陈师曾在日，日本画家来访问，中日画家荟萃一堂，饮馔之后，继以绘画。梦白与凌君植支，犹之与白石山翁王君。梦白于是日写一猪，其头脸酷肖凌君，未完，为师曾所见，师曾急以浓墨攘臂涂改曰"白描不如没骨法也"，梦白兴来，其不顾一切有如此。

梦白善摹拟人，所学语言神情态度无不惟妙惟肖。白石翁楚人也，梦白不能特操楚之音，且于山翁之神情态度，无不能拟之酷肖。于凌君亦然，于张君大千、周君养庵亦莫不然，其聪明多类此。

梦白每晚必闲步公园，遇人则谈，无倦怠。今年在公园，每谈必及艺术学院与艺术专门学校，因猜度而默拟，渐及于失望，滔滔然若决江河。孰又知于柏树曲栏中顿少此幡然一老耶？梦白画，誉之者以为当代之新罗山人华秋岳[1]也，而梦白亦认为学新罗。实则梦白画花鸟，远过新罗，当代亦无其匹，一日相与谈，予笑谓："君画愈画愈近，不如数年前由林良而上窥元人。"梦白大惊愕，而赤亟辩曰："余画亦多法，非一二人所可尽。"因述其所学元明以来作家而归之于新罗，其善辩又如此。

1934 年 10 月 27 日
《北晨画刊》第 2 卷第 11 期
署名闲人

---

[1] 华岩（1682—1756），字秋岳，号新罗山人，福建上杭人。善画，能书，工诗，有"三绝"之称。著有《离垢集》等。

关于梦白

故名画家王梦白逸闻逸事又续有所获，亟书之以告关心艺术者。负绝艺，生不遇知音，及其既亡始觉之，亦已晚矣！我于梦白无深交，梦白晋我，与晋诸他人者无少异，而我于梦白，每于夕阳既下相与谈于稷园[1]柏树间，觉其傲骨天生，遭今之世，宜其不遇也。星期日与熊君佛西、朱君仲易、王君雪涛晤于稷园，于梦白善后，小有聚议。颖孙谓梦白已殁兼旬，于送死养生诸端，尚未有眉目，诚为北平艺术界之耻，此论最为沉痛。

梦白初业钱行，不得志，将之沪，与夫人诀别：事不成，别嫁，勿期我。故夫妇情爱弥笃。

梦白来京师赖陈师曾、余樾园、姚茫父诸人绍介，艺尤精进。梦白除师曾外多微词，呜呼，此其所以为梦白欤？

今夏与梦白、大千会于东方饭店，合画数幅。时黄蛰庐在座，予以梦白画笔太枯，少润泽，曾谓蛰庐：此君境遇形诸楮墨矣。

1934 年 11 月 10 日
《北晨画刊》第 2 卷第 13 期
署名闲人

---

[1] 1914 年，时任北洋政府内务总长的朱启钤发动绅士、商人捐款，将社稷坛开辟为公园，命名为中央公园，又名稷园，即现在的中山公园。

杜心五鬻书

　　杜君心五[1]，振奇人也，年七十余，望之若四十许人。清孝廉，日本帝大毕业，负绝技，挟技走江湖，所交遍江南北，江南北不识杜君者盖寡。今秋于友人许晤君，君健谈，操楚音，所为书，杂汉魏隶法，有奇气，爽朗如其人。君于政治不愿谈，所谈皆民间疾苦与夫修道练气、保身济人之事。友人与君善，以君鬻书嘱为一言，吾重君之为人，因于君书以为可以传也，辄书所知以为绍介。

1934 年 10 月 23 日
《北平晨报·艺苑珍闻》
署名闲人

---

[1] 杜慎愧（1869—1953），字心五，号儒侠，道号"斗米观"居士，湖南慈利人。武术家，早年在川黔一带"走镖"，有"南北大侠"之称。

溥心畲夫妇珠联璧合

溥心畲夫人清媛女士细笔山水，饶元人风味。顷见所为《西山招隐图》，后有心畲细书古近体诗二十九首，珠联璧合，当代赵管[1]也。一俟录出，当为植之《艺圃》。

1934 年 11 月 26 日

《北平晨报·艺苑珍闻》

署名闲人

---

[1] 赵管，名道昇，字仲姬，又字瑶姬，吴兴（今属浙江）人，封魏国夫人。赵孟頫之妻。

西山逸士溥心畬

西山逸士溥心畬，画山水直入宋元，世与蜀人张大千称南张北溥。国变后，与夫人清媛女士偕隐马鞍山戒台寺，甲子后出山。清媛女士为作《招隐图》，笔墨工妙，非近人所能到也。心畬书古近体廿九首于后，陈弢庵太傅为题"西山招隐图"五字，并附一绝云："山中负戴十年过，画料诗材特地多。林墅依然如涧壑，不知人世有鸥波。"章一山题曰："避乱山中已十秋，梦传彩笔写前游。鹿门偕隐高人事，未合王孙作许由。"心畬诗特为录出，植之《艺圃》。

1934 年 12 月 12 日
《北平晨报·艺苑珍闻》
署名闲人

邓君尔雅治印

岭南邓君尔雅善铁笔，篆刻直入古人之室，予向藏君所刻两小印，拙厚类丁敬身，已自不凡。近见邓君所刻诸印，一以金文甲骨为归，而自成家数。君刻印每字润百金，为自有刻印以来所未有，盖非其人如例，一遇其人，虽尽其力不计润也。向者吾乡丁君佛言以刻印名家，佛言亦自以一生致力在此。佛言印，整洁有余，流畅不足，然已为晚近所难。至以粗犷恣肆为高而不守绳墨者，予以为治印不应尔也。俗不俗，岂在崩泐刃损缺觚削角也哉？

1935 年 1 月 5 日

《北平晨报·艺苑珍闻》

署名闲人

『南吴北溥』之称

　　王孙溥心畬此次在报房胡同万国美术院开个人画展，颇博得一般人之好评，"北溥"之称，自属不凡。只以天寒岁暮，爱好者虽多，而什袭以藏者太少，岂非时会使然欤？现在海上又有"南吴北溥"之称，南吴者吴愙斋中丞之孙，吴君湖帆也。南汤（雨生）北戴（醇士）、南陈（老莲）北崔（子忠）不图以心畬一身，而兼张吴两人，脱南中再生名手，将见有"南□北溥"者矣。

1935 年 2 月 2 日
《北平晨报·艺苑珍闻》
署名闲人

徐悲鸿谈齐白石

前日于春耦斋[1]晤徐君悲鸿，悲鸿适自白石山翁家来，因言："山翁画个性极强，不规规于摹拟古人，写羽毛以雏鸡第一，写花卉则败荷千古无两。"主人藏有张君大千四荷花屏，因举以问，君言："大千从八大石涛入，要笔笔有来历，山翁则不屑屑于古人也。"

1935 年 2 月 11 日

《北平晨报·艺苑珍闻》

署名闲人

---

[1] 春耦斋在中南海颐年堂旁。清代为皇帝举行演耕礼时休息场所，民国时期改为开会议政办公之所。

张善子赴南洋

　　虎公张善子，前与摄影家郎静山及叶浅予、钟山隐诸人组织黄社，凡黄山之摄影绘画，搜罗弥遗。嗣应黄山建设委员会及浙江建设厅之请，于京沪杭各地公开展览，极受各界赞许。今公推善子偕所有绘画摄影赴海外宣传，已定于国历二月十九日乘英轮拉蒲打拿号由沪启程，赴南洋一带广事宣传，使海外侨胞得知黄山、泉石、松云之胜。兹由快邮得到行将出国之张善子小照，特为制版刊布。

1935 年 2 月 18 日
《北平晨报·艺苑珍闻》
署名闲人

中舟袁珏生

　　中舟袁珏生侍讲励准[1]，世以藏墨称者也。顷以疾卒，老瀚苑又弱一个，惜哉！袁生前喜藏墨，所得多精品，著有《中舟藏墨录》行世。袁书要以光宣时学苏长公者为佳，晚岁效明人体，未免自贬风格。袁亦有画传诸朋友间，多倩人代，自作者拙厚有奇致，惟喜着色，颇伤雅。或谓墨本是袁画，着色则倩人代，是又未免蛇足。友人藏袁效马夏巨幛，题七古二十韵，绝清峭。画则非文人笔墨，于中舟不称。往岁袁得田黄图章，晶莹似蜜蜡，自以为得未曾有，为识者识，盖化学制耳，袁恚甚，自是颇怏怏云。

1935 年 2 月 20 日
《北平晨报·艺苑珍闻》
署名闲人

---

[1] 袁励准（1877—1935），字珏生，号中舟。江苏武进（今常州）人。光绪二十四年（1898）进士，授翰林院编修。民国后任《清史稿》编纂、辅仁大学教授等职。擅诗文，能书画，好藏古墨。

　　美人福开森氏以所得金石书画陶瓷诸物，捐入金陵大学，金大以陈列诸物，尚待建筑，因商同古物陈列所，假文华殿公开陈列，都人士之爱好艺术者，颇欲先睹为快焉。据闻福氏诸物，已由古物陈列所接收，整理亦已完毕，徒以文华殿为某团体所驻，现正由内政部与某团体磋商，大约不久即可任人参观也。

　　福氏所藏物品清册，其标目颇有趣，特为录出。

　　铜器一：礼器；铜器二：车饰；铜器三：兵器；铜器四：镜；铜器五：杂器。石，书卷，书册，书轴。书：横幅、楹联。碑帖，书卷，画册。画轴一：人物。画轴二：山水。画轴三：动植。玉器，陶器，瓷器，缂丝。杂器一：漆；杂器二：砚；杂器三：墨；杂器四：图章；杂器五：象牙。铜器拓本，石刻拓本，玉器拓本，砖瓦拓本，甲骨文字拓本，拓本册。照片册一：书；照片册二：画；照片册三：铜器；照片册四：瓷。

1935 年 2 月 27 日
《北平晨报·艺苑珍闻》
署名闲人

书髯翁事

有髯翁者，老画师也。所为画，无体不收，众妙咸备，以故名闻南北，誉驰东瀛，为近百年所未有也。翁每画，振臂疾驰，骤如疾风暴雨，遇轻倩，则走笔若妙女拈花，蜻蜓点水，亭亭款款，笔细如游丝。翁当少壮，曾为行脚僧，一语不合，与方丈忤，掉首去，沿途募斋为游僧，大彻悟，以为佛门不干净，遽蓄发。拥有两妻，鬻画挈妻孥隐吴越间，闻翁名乞翁画者，无论识不识皆如其量予之。乐郊游，豪侠有古侠士风，以故人多乐与之游，翁亦乐于人之来游也。翁足迹遍大江南北，登峨眉，履罗浮，游于西岳东岳三湘七泽间；走燕赵，渡东瀛，历访先民遗迹，与夫山容水径，长松古柏，罔不搜入笔端，形之吟咏，其为画，遂益为士林珍重。

去岁走燕都，都人士之慕翁名欣与游宴者，数月无虚夕。燕都多艺人，大鼓词有所谓京调者，近世首推金万昌。金年六十余，皤然一老，曳其苍凉悲壮之音，独为翁所喜，特赏识。顾金不可致，退而思其次，则有祖述金氏者，翁卒与偕，挈之东瀛，徜徉于三岛间，挥洒之余，低唱一阕《灯下劝夫》，翁未尝不睨之而掀髯大乐也。翁体素健，来东瀛，传者以为翁得恶疾，布之报章，予与翁较谂，予知翁近自东瀛载美人归吴下也。

1935 年 4 月 13 日

《北晨画刊》第 4 卷第 9 期

署名渔

南张北溥近闻

　　大千居士东渡，曾以患病传故都，顷已证其非确。兹又由沪上传来噩耗，谓居士已仙去者，真乃空谷生风，不稽之至。沪上有谢君玉岑者，诗、书、画并称"三绝"，飘飘乎若不食人间烟火，日前以瘴[1]死，艺林惜之，大千为经理其丧，尤痛惜其人，故径赴莫干山一游，传者盖以谢误也。

　　西山逸士溥心畬之太福晋，于旧历五月七日六十诞辰，逸士遍征名流，为太福晋上寿，自写观音像，漱金沥粉，书蝇头佛经于上，极庄严静穆之致。届期，萃锦园中，当有一番盛况也。

1935 年 5 月 22 日
《北平晨报·艺苑珍闻》
署名闲人

---

[1]　瘴：疾疫。

大千不死

  日前谣传张君大千已故，曾为文辟之。顷得大千书，知在上海开近作展览会，端节后将重游北平。兹节录原函于次："……东坡海外之谣，竟及下走，若能从此撒手，将半生画债，一齐赖却，岂不大妙！但恐皇天不能尽如人意耳。端阳后又思北游，届时诸老友相见，得毋诧大千何许得返魂术耶？凤持诵法华普门品，辟除一切灾难，颇著灵应，此秘敬告足下，幸勿为外人道也，呵呵！……"

1935 年 5 月 28 日
《北平晨报·艺苑珍闻》
署名闲人

萃锦园做寿

　　溥君心畬兄弟，于本月七日为其太夫人六旬上寿，召伶人于萃锦园，一时名流毕集，极一时之盛。我以连日患病，去时稍晏，道经三座桥，闻市人偶语："十数年来荒破府邸，一旦有事，喧闹如此，此所谓百足之虫死而不僵也。"闻之，不胜唏嘘。萃锦园戏台，本极伟丽，此次稍加修葺，辉煌瑰斋，使我顿忆光绪末年看谭（鑫培）杨（小楼）《定军山·斩渊》时也。台四周满悬联幛，最奇者，竟称"溥太夫人"或"溥母向太夫人"。而不知爱新觉罗之为氏，与夫指名为姓者，以载溥毓等为辈次焉。说者谓戏剧虽一时娱乐，而亦颇关大体，如合珠配演火棍之类，演之未免失检，其然，岂不然乎？

1935 年 6 月 10 日
《北平晨报·艺苑珍闻》
署名闲人

孟梅画作 冲淡秀逸

　　绘画所以抒写性灵，偶有所触，托之诗，寄之画，非为人也。昔人闭户潜修，不为人知，偶有所贻，聊奉一二知音供赏，初不肯大吹大擂，登广告，呐喊，乞人吹嘘，此文人画与画师画之所以不同也。卖画买山，要亦视所遇如何耳。顷友以孟梅[1]老先生画见赏，友谓此老为热河人，年六十余，久客南中，今以贫故。友人始稍稍出其所作山水，代向友好投赠。予视其画，盖自烟客、廉州而入，冲淡秀逸，直可奴视张子青[2]，晚近未之见也。先生画向少人知，兀兀十余年，不吹不擂，不开会展览，脱非以贫故，恐终且不为人知，是不愧以画陶写其性情，而深有得于静中趣者。求之今世，岂非罕觏！友以其画制版，布之今日《画刊》，因为数言，用志景仰。

1935 年 6 月 29 日
《北平晨报·艺苑珍闻》
署名闲人

---

[1]　孟梅（？—1943），字瘤仙，号竹庵（盦）。寓居北京。书画家。

[2]　张之万（1811—1897），字子青。直隶南皮（今属河北）人。道光二十七年（1847）状元及第。官至东阁大学士。工书画，以画山水著名。

呜呼北平艺术学府

连日因为张大千昆仲开扇面展览，因之对于艺苑诸君子，晋接的时间较多，我于是得了不少关于艺术界顶珍贵的材料，而尤其是所谓北方艺术学府之西城某专校。艺苑诸君子他们总是督促着说："这是关于全艺术界的事，似乎不应漠视着。"我于是才大胆地写出关于某专校所得的一部分材料。

（1）有二十元一点钟的教授。该校有一位教日文的教授，每月八十元，每周教授一小时。说者谓日文在今日是如何地重要，无怪每时要开他二十元。

（2）小姐二百四十元一个月。有一位芳年二九艺术满身的小姐，她教授什么，我不大清楚，但每周教授四小时，因之某山翁大发牢骚，屡次辞职。大有男女太不平等之感。但自我们观之，比教日文的，这位小姐已经每小时减了五支洋了。

（3）二三等角色。该校某当局，前曾宣称："因限于经费，不能延聘第一流角色。"因之该校教授深为不满，尝调侃说："我们是'二等'，是'三等'！"

（4）两个六百元。该校某当局，前曾赴南京请训，在学校会计课开了六百元旅费，又在天津某馆，也支取六百元旅费，一条火车，一家旅馆，一个人去办两种机关的事，当然要开支双料旅费。

（5）四千元如何？该校月领一万元，以二千元办学校行政，以四千元为教职员薪水，另外四千元，除了某当局明了用途之外，任何人都不大清楚。

（6）辞职。教务主任办不来了，辞职。某山翁气愤不过了，正在辞职。某爵士看着不太明白，不愿同流了，拟即辞职。还有……

（7）加钟点不加薪。大概是钱花得太马虎了，为上峰所知，于是自本学期起，各位艺术专家，钟点加起来，有多至六点钟的，而薪金仍旧，或是看着某人要麻烦，酌加上些。弄得各位艺术家，很艺术的在那里"绚烂之极，归于平淡"。

还有许多许多，因为时间的关系，容再写出。于此我有几句话要声明的：我对于某一个人，都无恶意，我对于这一个关系北方艺术学府的最高机关，我希望它能造就出相当的人才，为国利用，这是我写这篇东西的真意，而艺苑诸君子之督促，他们这样重视我，那我也就无所用其隐讳而故事客气了。

1935 年 8 月 24 日

《北晨画刊》第 6 卷第 2 期

署名闲人

王济远先生来平

上海美专副校长王济远先生，歙人。此次挟其作品，由沪而青岛，而天津，在津美术馆举行个人画展，极博津沽人士之好评。盖先生长于风景画，游踪所至，无论油绘、水彩、国画，融会中西为一炉，皆有其独到之处。今先生载誉来平，想落寞故都，当不少堪供先生参考资料也。

1935 年 9 月 17 日
《北平晨报·艺苑珍闻》
署名闲人

奴视一切

　　我虽不善于写文章，但至少总可以使人看得懂，这是历来读闲人文字的所熟知。谁料竟有人看着不懂，这真是我最痛心的事！最近因为我有《书张氏昆仲扇展》一文，刊在本报《画刊》第六卷第一期里。这里边有三段：第一段是说扇展意义，是要证明大千不死的。第二段是说我此文不再介绍张氏画法如何如何。因为张氏画法如何，人尽知之。第三段是说张氏特制仿明朝赤金扇面，古色古香，真可"奴视一切"。不想有人断章取义，拿这"奴视一切"来挑眼，甚至要使我别号"非厂"的"非"字，再加上毛旁。我因为这位挑眼者，事前并无恶感，所以忍耐迄今，一取缄默态度，从没有在文字方面"互以文字相诘"，更谈不到"文人相轻"！现在为使人们明了我所谓"奴视一切"者，不得已，我且把那篇文字的三段，重复录出来，请大家看看。

去冬，善子回苏。大千携公子渡日，忌之者遂造作蜚语，空谷生风，我曾一一予以辩证。张氏昆仲此次扇展，其最大意义，在使故都人士知大千不死也。

张氏扇展有待于闲人绍介者，不在画法之如何如何，盖画法之如何如何，人尽知之。人不知者我书之，我不书名士与美人，我书我所知于此次扇展者。

张氏扇面皆特制，纸细而韧，矾润而清，已迥异世售。最足惊异者，则仿明朝赤金扇也。纸为张氏大风堂旧宣纸，扇面上边所包为绘绢，铺金每面值至四元，古色古香，仿佛停云馆长物也。此便面益以张氏昆仲画，真可奴视一切。

1935 年 9 月 21 日
《北平晨报·闲谈》
署名闲人

谈故都治印家

　　客有为吾谈印篆者，谓近百年来，要以吴缶庐为第一，所谓雄奇恣肆，古朴怪丑，兼而有之，上足以继周秦，下无有能继者。吾久不谈印，吾尤畏之不敢谈，以为举世皆名家巨眼，谈之适足以形其短，不谈，藏拙之道虽多，此其一也。客以吾不谈艺，期期以为不可，吾借客言，谈故都治印家。

　　近百年治印首推吴缶庐，吾不敢苟同。而缶庐自用印，无不佳者，则颜韵伯已先吾言之，故不谈。故都治印家，有白石山翁、寿君石工，以画喻之，山翁仿佛徐天池，石工绝似蒋南沙，各有其妙，亦不谈。友人何君正之，其先世富藏书，庚子联军陷京师，皇帝西狩，君适随其尊人，供职来京师，君素谙英格兰语，不及随驾而西，为美国人执，役颇苦，君不屑以英语乞怜也。时城破，暴民恣掠夺，即街衢为市，出其攫来物，叫而售，君收得多不经见之书。时其尊人为德人

85

执，忧愤死。比事平，君扶榇归，载书数千卷，辟暂得庵贮之。光宣之际，复来京师，予识君于城南陶然亭，时君卜居丞相胡同也。辛亥，闭门读书，无他问，工书，治印平正险绝兼到，而谦谦焉若不足，以故世无知之。尝谓印篆虽小道，粗犷伤雅，廉利近俗，不造作，不杂糅，穆焉妙造自然，古今来不过数人，秦汉来不过数十百方耳。今君将远行，书此彰之。

1935 年 11 月 16 日
《北晨画刊》第 7 卷第 1 期
署名闲人

张善子画虎

关洛画展中，张善子画虎一巨幅[1]，用乾隆丈二纸，写一斑斓猛虎，自山头跳下，身悬空际，探爪前攫，极猛鸷凶暴之状。此幅作于蛰庐，予与善子闲话端阳大同围城事，事至可传，容当笔之而出。当其未画也，伸纸熟视，捻柳炭为轮廓，略具形，蘸墨自尾而尻，而臀，顺而下，写鼻口眼耳喙，又逆而上，腰与背具，然后写两爪，虎之形全。蛰庐不甚宏敞，案尤仄，张纸仅及三分之一，另以小几承砚洗，须反身取，善子随谈随点染，游刃有余，若不经意，约两句钟而虎成，未之奇也。时谈至俞涵青守大同，韩向芳合围，善子持灯夜入城，声犹纵。比持至院中张之，生气勃然，若飞将军自天而下，真奇笔也。此幅定价千元，已为宋明轩将军得去，此段佳话，不可不有以传之，特书于此。

1935 年 12 月 3 日

《北平晨报·艺苑珍闻》

署名闲人

---

[1] 此画作发表于《北晨画刊》1935 年第 7 卷第 5 期，题"石涛画松能画皮，渐江画山能画骨，两师黄山住本生，不见当年此神物。乙亥冬蜀人张善子写并题"。

山君真相

　　张善子先生画虎，能以坚卓之笔，将虎之各种情态，曲曲传出，读其画，仿佛隐身丛莽石隙间，心惴惴然，窥虎之动止，是真能传山君真相者。日前在稷园画展，悬丈二巨幅，写山君自山巅一跃而下，观之令人咂舌，予曾为文述之。今上海美术生活社，将先生最近与其弟大千合作画虎精品，都五十六件，分上下两集，每集二十八页，前四页彩色版，后二十四页双色版精印，每集绸面精装，定价三元，纸面平装，定价二元，预订一集七折，两集六折，期至十二月三十一日止。上集来年一月一日出版，下集来年三月一日出版，预定地址为上海昆明路德安里二十号美术生活社。按：大千山水，无美不收，此集随其兄所画各虎，而各为补景，难兄难弟，璧合珠联，允称合作。加以美术公司，印刷之精，其样张已在二十一期《美术生活》中，印有彩色版一纸，视原画初无差异。当此危疑震撼之会，弱肉强食，我人伏处若驯羊，若稚鹿，若待决之囚，傥能人手一编，足以励志气，奋精神，是虽纸老虎，而彼凶顽暴狠之状，变化万千，皆一一自腕底传出，发人深省也。然则山君真相，以画读也可，用以自励也亦无不可。

1935 年 12 月 14 日
《北晨画刊》第 7 卷第 5 期
署名闲人

岁暮辞

"岁云暮矣，何以卒岁？"在这穷愁暮霭的北平古城中，只有使人感慨，使人悲愤，使人于百无聊赖中，而静观时事之推移变换。

张君善子，是以描绘走兽而驰名南北的。他画的好处，不仅在笔墨方面之如何高古，如何奇突，如何疏秀，如何淡雅，而在能将各种野兽，仿佛禹鼎铸奸，燃犀温峤[1]，把各种各类的兽性，一股脑儿地描写出来，暴露无遗。日前我去拜访他，"岁云暮矣，何以卒岁？"我这样地问他。他说："我们有啥法子？我画张画送给你。"他于是掐指一算，今年是乙亥，转年是丙子，丙为火，子属鼠，火者赤色，属……算就之后，濡笔伸纸，画成一幅，白鼠肥硕，下据红萝菔两枚，其一已攫入胯下，其一正在啮食，把鼠的神情态度和它那正在据食，两只赤红的

---

[1] 燃犀温峤：比喻能洞察事物的人。

眼球，正注射在四旁，一一地描绘出来，很像是那么一回子事。他画完了之后，在他那惨沮的神情里表现着，仿佛开岁之后，能不能保持这一只红萝菔的完整？（图略）[1]

"岁云暮矣，何以卒岁？"我人丁兹天寒岁暮，权用它作岁暮之辞，敬祝诸君开岁以来，大吉大利，升官发财。

1935 年 12 月 14 日

《北晨画刊》第 7 卷第 5 期

署名闲人

---

[1] 指的是同刊发表张善子作《丙子开岁百幅图》，画题"乙亥岁暮写赠非厂道兄，丙子开岁百幅。虎痴弟张善子"。

介绍张樾丞治印

　　河北新河县张君樾丞[1]，以治印居海王村，垂三十余年，都人士固无不知有张君者。吾往好谈古玺印，而于粗犷为高者，以为过于伤雅。今读张君《士一居印存》，张君盖务合于古，浸浸手猎宋元之精英，扼秦汉之藩篱，而一以古法为依归。夫合于古，不必遗乎今，今人之识，又不必逊于古，此张君橐笔海王村，四方之士得张君刻者，莫不得意而去也。闻张君幼失学，独获与当代学士大夫游，故其所为印，咸有依据，非如篆籀不合，分隶杂厕者所可比，然则张君之虚心精研，蔚为名作，尤不可及也。爰为绍介，用志佩服。

1935 年 12 月 16 日

《北平晨报·艺苑珍闻》

署名闲人

---

[1] 张福荫（1883—1961），字樾丞。河北新河人，寓居北京。擅刻铜、制印泥；能书法篆刻。

溥尧臣病殁

　　帝胄溥君尧臣（勋）[1]，自国都南迁后，一以介绍时贤书画为事，所创扬仁雅集扇面会，每年在故都开会，所绍介书画家得与世人相见，为功至不可没。君日前突患脑充血症，溘然与世长辞，而身后萧条之状，足以想见其人平日之淡泊，不汲汲于出山海关求功利也。

1935 年 12 月 16 日
《北平晨报·艺苑珍闻》
署名闲人

_____

[1]　溥勋（？—1935），字尧臣（一作尧忱）。清宗室。善画。

张樾丞治印

晚近以治印名者，人才辈出，众妙咸备，犹之乎工绘事者，不必由"四王"以上溯倪黄，直窥董巨也。吾于印素不能工，顾于古今谱录，所见不为少，友朋所藏，不必煊赫奇珍，即其名不甚著，或其物极恒见者，亦必辗转拜观，摩挲数四。见愈多，会于心而不必能运之于手，正所谓目有神腕有鬼也。曩者吾曾书张君樾丞治印，以为深合于古，迩来观君为友治数印，规秦抚汉，极刀笔之能事，非粗犷为高、破碎为能者，所可同日而语。往者吾尝与人论印篆，许氏未收卯金刀之"劉"，学者遂以"鎦"易"劉"，似是而实非，该"劉"虽不见于《说文》，而汉以来铜印咸有"劉"字，可证也。今观张君印，直作"劉"字，尤可佩。

1936 年 3 月 11 日
《北平晨报·闲谈》
署名闲人

朱君刻瓷

　　刻瓷，宋元时已有之，有明嘉禾项氏所藏瓷，往往铭十数字。迨至清季，刻瓷之术尤精，然刻字者多，刻画者且不能墨分五色，笔别粗细湿渴老稚也。吾朱君友麟[1]，研刻瓷数十年，能据照片刻人像，能仿八大刻破荷，笔情墨趣，远非前人所及。向者张君大千以破笔画美人于瓷片，朱既刻成，大千骤见之，以为画本尚未刻也，比细审，大笑，叹为得未曾有。朱君居故都久，木讷，无近代交际学，故其名独不显，其代人刻者，人之名翻居其上，朱泊如也。予初不识朱，三年前所摹梁楷（故宫影片）瓷片，与真本不少殊，叹其能，交之，因为作荷花蜻蜓一幅，不旬日刻出，无毫发失。月前，静文斋携朱君刻来首都，深为首都人士称许。惟朱年已老，其子弟且不能传之，故为书此。

1936 年 6 月 20 日
上海《大公报·非厂漫话》
署名非厂

---

[1]　朱友麟（1883—1964），北京人。刻瓷艺术家。

画坛交际花被捕

　　此间画展，既如雨后蘑菇，已打破未有之纪录。十五日荒灾开奖于太庙，适有画家而称为交际花之王青芳[1]先生者，画抬棺游行一幅，张之太庙画展，为地方官所见，认为刺激警察，将画携去，并出逮捕状，将此位头发蓬松、御蓝布长衫、青布双脸鞋、永远挟青布包袱之交际花密斯特王抓去，关入大牢。画家以画被捕，说者谓自有民国以来，斯为破题儿第一遭。捕去之后，经二日又十八小时三十分十四秒，此位交际花又复挟其青布包袱，在稷园水榭兜风，有人问之，但笑而不答。据推测家言："此君既号交际花，其交际手腕，自然十分灵敏，地方官虽于盛怒之下出以逮捕，但经此交际之花，用花的交际手腕对付，自然大事化小，小事化无，盛怒变为不怒，其气下行，于是乎交际花被放矣。"则未免谑而近虐。

1936 年 6 月 22 日
上海《大公报·非厂漫话》
署名非厂

---

[1]　王青芳（1901—1956），号芒砀山人、万版楼主，江苏徐州人。工书画、篆刻、木刻。美术活动家。

王青芳木刻《禁》

悬崖勒马

　　我往者在《北平晨报》编《艺圃》，有时写些《闲谈》，那真是无聊的东西。在《画刊》帮些忙，写些只谈风月的东西，也不见得"有聊"。不想得罪了此间艺术家，有一位徐先生，兴起问罪之师来，才演成我和张大千先生对于徐先生提起自诉来，闹得满城风雨。但是我们对于徐先生，始终未写一字去攻击，未散布一种新闻稿子，就是南中的朋友写信来问我："究竟怎么回事？"我也未详为答复，因为我始终未重视这件事。后来经人给调解，"悬崖勒马"，原案撤销，欢聚一堂，言归于好。现在偶遇徐先生，反倒比从前较为亲密了。本来我写些东西，绍介张大千、溥心畬、吴湖帆，这并不是阿其所好，实在这些人的作品，的确有可以绍介的价值。因为绍介这几位给大众，徐先生才发生了误会，但当时的疑云，也经过相当的阴郁，而竟涣然冰释了。我不知现在的局面，能不能"悬崖勒马"！

1936 年 7 月 1 日
上海《大公报·非厂漫话》
署名非厂

溥心畬鬻画过节

恭邸溥心畬（儒）爵士，世有北溥南张（大千）南吴（湖帆）之目。爵士画山水，融合南北宗，愈小愈细愈佳。当"九一八"后，爵士不为人言所动，一以画中讨生活，虽奇窘，泊如也。予曾屡为文绍介之。端节前，爵士出其近作八十幅，假稷园水榭公开展览，第一日即将精品三十余件为人定去，后来者愿倍其值乞让，而尤以美国人柯太太及何亚农先生所定，为人称赞，至兴捷足先登之感。会毕，得价三千金，爵士坐水榭海棠树下，携清媛夫人及两侍儿，其乐融融，大有节关可以稳度之概。按：爵士所藏名画法书，已易盐米殆尽，最著如唐韩幹画照夜白真迹卷子，押于某人寿保险公司，遇公司友朋往观，则以画横置地板上，执一端滚之，故识者颇惜之。去年湖北水灾筹赈，爵士曾以此陈之稷园，今不识此尤物尚在孤城中否？

1936 年 7 月 2 日
上海《大公报·非厂漫话》
署名非厂

绍介塔盖世君

中国的美术，在世界上是占了相当的地位的。其中的绘画，近来在世界上尤不断地在研究着。昨天在东兴楼会着匈牙利的法兰雪斯何甫亚细亚美术馆馆长塔盖世·邹鲁丹先生，他是专门研究东方绘画的，他来到中国惟一的目的，是要观赏国有或私有的一切名画。他在伦敦艺展上见到了中国的出品，这出品运回南京又参加伦敦艺展的展览，他也马上赶了来再度参观。他又在上海、南京辗转地来看私人所有的名画。他又走到日本去看。他这次来北平，除去参观国有之物外，他很希望看北平私有的东西。这次东兴楼一聚，大概就是为此。他不大会说中国话，但是他很能写一笔好的中国字，所以他对于国画上特有的笔法，也很有深切的认识，这是很难得的。可惜我国的名画，差不多流落到世界上供人家研究去的，也太多了！

1936 年 7 月 23 日
《实报·漫墨》
署名闲人

溥心畬与黄柳霜

日前会到旧王孙溥心畬，他团团的面庞，又加上些雪花膏，真是又像银盆，又如满月。他对人说："每日忙得很，天天作画，求者挥之不去。"原来他自端节画展，卖画三千元，已早用光，现在拼命作画，预备秋间在南京去展览。他又因这次端节画展，预备得太仓促，现在加工细画，一笔不苟，拟在南京亲自出马，开会展览。太夫人只知道上海太繁华，不令心畬来海上，来南京则亦颇费唇舌，始蒙太夫人允诺，殊不知上海之衰歇，固久已非复十年前了！黄柳霜女士自来故都，很有些人日日替她作起居注。她近来正在学北平话和京剧，她也曾会着了程玉霜，这位彪形大汉程四爷，不知在她的眼里生什么感想。她很佩服富连成班的李世芳。她也制办了不少的戏衣，她大概也许是要到伦敦去唱《王宝钏》去？

1936 年 7 月 31 日
上海《大公报·非厂漫话》
署名非厂

美国东洋美术文化研究团

　　美国纽约有个东洋美术文化研究团，他们的本部设在纽约，支部设在东京。他们最近一行团员三十多人，于前日来到北平，由团长松本宗吾率领，住在北京饭店，专门来我国游历，参观国画。我会到了他们，团员以美国人为最多，而三十多人中，女子倒占了五分之四，而且有头发雪白的女子，有明眸皓齿的姑娘，这很使浅陋的我，发生了惊奇和钦佩。当我和他们讲中国文人画，溥心畬爵士讲历代画风的时候，他们都能领略我国画的画史和用笔的趣味。可惜我们此地，如故宫这一类的地方，真正好的画都收藏起来，所剩的只有花梨紫檀那一些笨重的家具，我想这在他们看起来，或者也许满意？！

1936 年 8 月 4 日

《实报·漫墨》

署名闲人

心畬讲画

溥心畬爵士这次对东洋美术文化团的这些美国大学教授，演讲中国古代画，独举出以忠臣、孝子、义夫、节妇作题材，使美国人晓得中国画在古代是作政治和教育的，可以说是立言臣体。这次居然把皇帝的老弟找出来讲演，在他这也觉得是荣幸之至的。同时这位爵士，自甘淡泊，卖画自给，这种风格，在他们的眼中心中，当然也要起一种感想。据闻，爵士现应他们的聘请，在今天再给他们以国画的画法，这并不是纯粹的讲演，一定还要请爵士当场画一下。本来美国来中国的这种组织多得很，有时由饭店绍介一二位不大通的人，给他们一些谬误的印象，使他们对于国画（不仅是国画，一切考察都是如此）发生误解，这只恨我们对于这类的事，漫无组织。

1936 年 8 月 5 日
《实报·漫墨》
署名闲人

画鸟

　　北平为艺术之府，单单就画鸟一项来说，名家就我所知道的，如赵君梦朱、汪君慎生、王君雪涛、李君鹤筹、颜君伯龙、王君君异、邵君逸轩……这些位各有各的长处妙处，我在上月曾绍介到美国去。而其中尤以赵君梦朱我们是三世交谊的。我本来不会画鸟，而我却喜欢养鸟。前年我求张大千画山喜鹊，我曾将我喂养的山喜鹊送给他。汪慎生画山喜鹊，我今年竟得到，同时还有一位太太说我迹近敲诈。颜伯龙的山喜鹊，大概还得等他续弦之后，他一高兴的时候。如今我要说赵梦朱了，他的画我求了至少要五七年，还不曾赐下，因为他的画是工细的，起码要得他有半日之间，还得没有什么问题纷扰着，他才肯画。我因此凡是这几位画鸟的方法，我都在朋友处借些来研究，而我这次画鸟，更得力于赵君的方法居多，这是我顶要感谢的。

1936 年 8 月 16 日
《实报·漫墨》
署名闲人

耍笔杆

　　我们乡人，除掉淘大粪的二哥、推水车的三哥之外，以前的那些位圣贤且不谈，近来也有些位读些线装书、闲习六法的人，在我们这诗礼之邦，不耍粪勺，不抢水桶，而挹丹凝素，研朱搽粉。据我所知道的很有几位老同乡，而宋君怡素[1]，也是我们老乡里一位穿长衫耍笔杆的老同志。——"同志"二字是借用，请老爷们原谅我一时找不出代替的字眼。而尤其是"老同志"的好名儿，这名儿至少要够得上什么委员的资格。——宋君的画，好像我在去年曾经绍介过，我如果再说他如何好，好到如何如何，那我未免有些标榜老乡的重要嫌疑。好在他老先生要在国历本月二十八日起至三十一日止，在稷园春明馆公开展览，那么，届时请人们赏鉴赏鉴我们老乡二哥、三哥之外的宋先生。

1936 年 8 月 27 日

《实报·漫墨》

署名闲人

---

[1]　宋怡素（1881—1949），字修安，号铁樵山人、樵山游客、通灵道人，画室名羡石斋。山东文登人。山水画家。

张大千也来凑热闹

北平这地方，在这初秋的天气里，真是有些热闹。大概除掉王先生尚在徘徊外，什么文人墨客名优名媛都赶在这时候到这里来游游。自从这地方由北京而为北平，由平而不平，再由不平而暂平，而为游览区。各方人士始觉得这地方比什么地方都有些堪以咀嚼的味道。那么本月份各名人来游的踊跃，这不能说我神经的过敏。昨天听人说，张君大千携眷来游，八日可以到东车站，现在饬人给他们打扫房子。张君自去年冬天南游，阔别了八九个月，今年他丁内艰，大家总想着他一定会来北平的，这不一定是他赁的那房子未退租罢？我想在下周里，人们除要看看梅畹华、黄咏霓、陶默厂诸名人外，平市上又添了一位五短身材的虬髯客，卖卖字画，吃吃春华楼。这岂不是本市的福气？

1936 年 9 月 6 日
《实报·漫墨》
署名闲人

迎梅之余

两天义务戏刚完，平市顿觉着清冷。大概王先生一定也来这里，所以昨天的午雨，落到未时天气也晴明了。我于欢迎王先生来平之余，不得不报告一点艺术界的消息。张君大千已于昨日雨中来到北平，仍住他那桐梓胡同房子，同时与张君同来的，尚有海上名画家王君师子。王君工于篆籀，写花鸟尤超逸不群。王君此次来过故都，为期甚暂，预计不过两星期。凡仰慕王君书画的人们，幸勿交臂失之。按：张君现丁内艰，近又患病，我在匆匆的一会儿，会见了他，他说："来平并不是远游，因为北平也有我的住房，我在这守制的期内，既不敢贸然拜客，又不便赴友朋宴会，我纯是来居家养病的。"据他的语意看来，大概朋友找他画画写写，大概是不太成为问题的。那么，我们于迎梅迎王之余，有些闲工夫，找找师子、大千谈谈天，画一两个扇头，总比二十五元一张前排的飞票买不着，九十元一张四座厢尚未得到手，较为痛快。

1936 年 9 月 9 日

《实报·漫墨》

署名闲人

欢迎王先生

　　"在这顶复杂不过的地方，人家的意思，自然是要尊重，而自己的里边，究竟是怎样，更似乎也应有些明白，庶乎可以应付人家。"这次梨园欢迎梅博士席上，很有人沉痛地这样说。本来我认识梅博士，似乎比易实甫、樊樊山还早些年，不过自民国五年以后，我遭了大故，而博士越发为人们崇拜了。这次我于欢迎梅博士之余，偏偏张君大千、王君师子也来到这里趁闹热，他们来时，正是八日的下午，于细雨迷蒙中，这位五短身躯的虬髯客，携了姬人，大吃春华楼之烤花卷、烧鸭。其时王先生已先一日来津，预备赴平。王先生（非王君）是由大连来的，大概也是预备看看，而不一定是想过年。不想在津他老人家竟出了些小问题，这真使人不痛快！我因为博士是熟人，张君王君也是熟人，而王先生也是熟人，我想一总地开个欢迎会，而不想竟使我不能"并案办理"！

1936 年 9 月 13 日
上海《大公报·非厂漫话》
署名非厂

艺海把珍

　　王师子先生此次与张君大千来游故都，故都当为之生色。先生工书画，写篆籀不拘拘于古法，而颇得周秦间漆书之遗。先生蓄古书画，所作花鸟则时出新意，不囿于古人。善画鱼、鳟鲤之属，令人发濠濮之思，尤为先生绝作。日前与先生饮于市楼，白石山翁亦欣然莅止。山翁新归自蜀，以七十余老人，不惮跋涉，远登蜀道，真足使顽廉懦立。世传山翁鬻画西川，得润笔数万金，山翁则谓只数千已足，初不逾万，可知世之传山翁者实乃故甚。万印楼藏印，久为海内外所重，顷虽将归公有，顾其中尚有某古董商从中作祟。按：此印在前数年曾有归汉卿将军之议，中亦经某古董商把持，迄不成，其经过予雅不欲详之，因书王师子白石山翁，故连类及之。

1936 年 9 月 19 日
《实报·漫墨》
署名闲人

齐白石、张大千、于非闇等在春华楼欢迎王师子莅平合影（1936 年）

塔博士行矣

　　匈牙利亚细亚美术馆馆长塔盖世博士，予曾于两月前绍介于读者。博士于赴印度、日本之便，来吾国考察美术，将予彼以甚深之认识。盖博士于伦敦艺展参观之余，又复来南京参观吾国所参加之物，研求之盖不厌其详。后从南北收藏家观各名迹，觉吾国绘画，实居世界上最重要之地位。博士于日本，受盛大之欢迎，来平初仅予等数人招待。而钱孟材[1]先生实居绍介之任，此尤不可以不书。博士原拟于一日下午赴沪，此间画苑又复泥其行，昨日晨九时余已行矣。当前日（一日）予等假来今雨轩为之饯别也，任翻译者原为卫君，临时乃浼杨君粟沧代之，杨君为医学院教授，精德语，尤富收藏，所画梅竹，深得元明墨戏之趣。此尤不可不记。

1936 年 10 月 2 日
《实报·漫墨》
署名闲人

---

[1]　钱桐（1873—1938），字孟材，上海人。文博专家。

大方之由来

　　日昨读江都闵君尔昌所为《方地山传》，知所以自署"大方"之故，节录如次："君讳尔谦，姓方氏，字地山，一字无隅，江都人也。……君幼颖慧，劬于学。八岁丧母徐夫人。光绪丙戌，学政王祭酒先谦岁试扬州，君年十五，偕弟尔咸同补诸生，时称二方，目君为大方，故君以之自署云。……君早年好为深醇温厚之文，颇步趋汪阮，诗不常作，最擅长联语，雅言俗谚，情文相生，脱口而成，见者惊服。稠人广坐，辩论纵横，众以为狂，不顾也。素性慷慨，周人之急，曾不少吝。……著有《钱谱》《联语》各若干卷。……君早岁极修饬，文誉飙起，乡人多爱重之。更事既久，不免滑稽玩世，纵意所适，以寓其抑塞不平之气。……"闵君此传，于大方言之綦详，与王君青芳木刻大方像，绝相似。

1937 年 1 月 7 日
《实报·漫墨》
署名闲人

王青芳木刻《方地山》

大千不朽矣

　　明末逸民大涤子，他的画是不拘于元朝以来各家，而是抒写性灵的。所以中国、日本，都很宝贵他的画，近且及于欧美各国。中国收藏他的画，要算南边的陈先生，他有二百件之多，可惜多已散失。现在收他最多的，要推我友张君大千昆仲了。张君收他的画，不下七十件，其中有已流落外邦，重价收回的，都是大涤子的精品。即我和他这样做朋友，也只见得二三十件。日昨张君对我说，他愿把这些东西，全部无条件地赠给中华民国，同时愿假南熏殿陈列，供人们研究赏鉴。当曩年美国福开森博士把他的古物赠给中国，假古物陈列所陈列的时候，也是我这闲人在《北平晨报》首先披露的喜信。现在张君这次壮举，又被我首先知道，这种不朽的事业，多么使人兴奋而深致其敬佩呀！

1937 年 1 月 17 日

《实报·漫墨》

署名闲人

大千赠画

张大千先生，拟将所收藏明逸民石涛画七十余件，赠给国家，在北平古物陈列所陈列，各方面对于张先生这次壮举，都非常钦佩。现闻张先生已和他令兄善子先生商得同意，善子先生拟在春间来平，专为办理此事。张先生所藏的石涛画，已携来北平的，不足四十件，但是这里边已被我发见了很多的材料，这不仅是可以证明石涛并未曾当过和尚，而且他在题画上，很流露出许多遗民的牢骚，感痛着故国之思。不过，这种专门的东西，并不是在这"特别包厢"里所可以谈的。我假如稍微有一点偷闲的空子，我一定要写一篇东西，刊载半月刊上，求人们指教。

1937 年 2 月 2 日

《实报·漫墨》

署名闲人

散金碎玉

北平朱君友麟，善刻瓷，以破笔写枯荷，淡墨写美人，君均能刻与原画无毫发异。顾其人木讷，名不显，近老且贫，怀绝技若朱君者，尚不知有若干人。汪君云松藏唐缥青加彩瓷三事，制极古，为蜀中辟公路时出土，视端匋斋所藏缥青尊尤佳。溥君心畬，每于岁梢自开画展，不宣传，不请客，不先送画，不在公园。闻今在东四华文学校开会，知者尤鲜，至堪敬佩。春华楼将于春节时全换新画，楼上大厅，选仿明鱼子金笺长卷三幅，中长二丈，左右各长丈有二。傅沅叔先生近拟收自道光元年至宣统四年之时宪书，此巨集售者故索巨金，沅叔先生尚在磋议云。

1937 年 2 月 5 日
《实报·漫墨》
署名闲人

溥心畲先生画

溥心畲先生画，高到如何程度，这很不用我替他瞎吹。溥先生的展览会，是开在东四华文学校里，今天已经要闭幕。他选这个地方，一定是要想把国画宣扬到欧洲去，而并不专是借以疗贫。他这种精神，这种"满不在乎"的劲儿，真觉得"北溥"非"南张"所可及。昨天有我老友上那块儿去买画，结果，看上了几张，而无法"接头"。老友归后，寄我一函，文辞曼妙，仿佛宋贤札牍，特为录出："今晨往观心畲画……拟买《归寒斋》……然四顾皆西崽，询之不得要领。……心畲画展，不在公园，不事标榜，诚如高论。然鬻画旨在能售，乃张之东偏学校之中，幢幢往来，均黄发碧眼，又无人为之照料。弟临出门，不禁慨叹，盖无往而不为大爷也。"

1937 年 2 月 7 日
《实报·漫墨》
署名闲人

116

眼睛问题

　　张大千昆仲，将其所藏石涛画七十余件，全部赠给国家，这并不是我替他瞎吹，而是真确的事实。这里边主要的人物，自然少不了我这闲人，而钱君孟材，也是这里面重要的角色。现在只待张君善子月初北来，即是我们开始工作的时期。本来张大千有"活石涛"之誉。但是赠给国家的七十余件，确没有半件是"活石涛"的手笔，这是要请大家放心的。即如这次他在集粹山房陈列的画，很有些位疑心是"活石涛"的大笔。本来人们先有了"活石涛"在心里，所以见了他所陈列的画，都怀疑是"活石涛"的手笔。平心说起来，这位"活石涛"的本领，尚有时未及那位死去的石涛，这纯然是要眼睛的问题，不能仅凭左右的两只耳。即如那一天的八大山人四条画，很有些位说是副本，这是多么冤枉呀！

1937 年 2 月 26 日

《实报·漫墨》

署名闲人

方介堪治印

　　方君介堪（岩）[1]的铁笔，名满南中，在这古色古香的故都，却没有多少人知道。不过见了他所刻的印，都诧为神妙罢了。前天方君自豫中来，我们相见之下，自然免不掉"久闻大名，如雷贯耳，今日一见，真乃三生有幸也！哈……"一段恭维客套。我们谈到午夜，不是家里给我打电话，说是街门二门都被"白面"瘾士给踹开，险些被扛了两扇大门走的话，我还不想拜辞方君转回家去。方君不但刻的印好，他对于印学，尤有特别的功夫。他能用毛笔勾摹古印玺，把那剥泐、沙地和印色的浓淡，都勾摹得和钤红一般无二。他把所见的古玉印玺，都用他勾摹法，一一地勾了出来，下面还加以说明。我们就西泠印社印行的那本《古玉印汇》，绝看不出是由方君毛笔颖拓的。这样用功夫刻印，那印刻得如何会不神妙？

1937 年 3 月 11 日

《实报·漫墨》

署名闲人

---

[1]　方文榘（1901—1987），改名岩，字介堪，福建福州人。篆刻家。

北溟藏印

花朝日与陶君北溟[1]饮于春华楼，张君修府出所藏唐拨镂牙尺，这真是国宝，王静安先生诧为有关史料的奇珍。陶君是藏古玉印玺的，他的印玺，不但是文字美妙，就是玺印的玉质雕镂，都非常精妙绝伦。所以他这四十几方古玉印，真可说是极海内之大观。本来这种东西，绝不是一人一手足之烈所能得到的。陶君具有精细的鉴别、雄厚的资产，只为收集这些国宝，如吴王夫差、武则天等印，他每年倒要替人家出利息钱，自己节衣缩食地拥抱着这种大宝。人家说他太愚，我说这种东西，是外邦人求之而不得的，如果陶君肯把这些东西出让的话，我想陶君的亏空马上可以补填，而且还可致富。但是陶君不肯，现在还被陶君拥抱着，这是多么使人快乐的事！

1937 年 3 月 18 日
《实报·漫墨》
署名闲人

---

[1]　陶祖光（1882—1956），字伯铭、北溟。江苏武进（今常州武进区）人。工篆刻，精鉴别。

合作难

去年平郊赤贫，以树叶为食。张君大千悯焉，相约合作画三十幅，全数助赈。计与张君合作二十幅，各作五幅，张之稷园，画最高价百元，最低三十元。幕启，不终朝而画售罄，得款二千余元，一切开会开支，未动画款分文。今年川灾重，张君以桑梓关系，约仿赈平郊赤贫办法，仍假稷园水榭举行合作画展，行有日矣。予在故都久，艺苑诸公罔不习，顾门户之见深，讳相攻错，足恭为谦，又斥为伪；稍忤，则谩骂之辞，形诸笔墨，见之吟咏，甚且张之卷轴。惟张君商榷艺事，往往漏三下[1]不疲惫，抒所见，虽面折[2]，罔不受，故谈合作，在平惟吾两人，得相互较量，俾画协调，无裂痕。甚矣，合作之难也！噫！

1937 年 6 月 16 日
上海《大公报·非厂漫话》
署名于非厂

---

[1] 漏三下：漏，古代滴水计时的器具。此指夜间的时刻。

[2] 面折：当面批评、指责。

于非厂不敢掠美

记者昨得于非厂先生来函，谓本报前载《于非厂迎归张大千》之"美的新闻"，与事实稍有不符，兹录原函如后：

记者足下：读本日大报"美的新闻"——《于非厂迎归张大千》，与事实稍有不符，缘张君居住颐和园，适值廿九日事故，不得入城，其时尚可互通电话，之后电话亦断，只有以书信互通消息，幸有张君弟子何君海霞参加地方慈善团体，并有德人某君于前数日经日军认可，始将张君接回，其并接张夫人公子者，亦为何君海霞一人，缘近日家慈突患中风，危在旦夕，是以并未出城往迎，此事不敢掠美，万望便中代为更正为荷，专此即颂秋安！

弟照顿首　八月八日

1937 年 8 月 11 日
《实报》

旧王孙溥君

旧王孙溥君，他是庚子年被屈赐帛的那位庄贤王的五世子，是先大父的学生。当庚子拳乱乍起，这位庄贤王何尝主动设坛，只是怵于两宫和端王诸人，无可如何，这种不得已的苦处，庄王曾和先大父谈过，即至赐帛之后，先大父为之不怡者久之。本来在那种年头，上下交狂，谁敢说个不字，王之死，就在这种情势之下牺牲了。王有四子，长袭公爵，次五、次六、次七，长已殁，独五世子在京，已沦为婆人了。本来我们读书人，对于穷是习为故常，恬不足怪的。日以举火为奇，这种况味，我尝过，并不觉得怎么样。不过这位旧王孙，他年寿高，人丁单，世子一变而为婆人，这要不是他曾读了些书，恐怕他久已不是这样了。他在春间已穷得不得了，他在七月间出关，因为他或者是太中书毒，或者是不合时宜，往返两个月，并不曾得到什么办法，只闹了一场肝气病。福未一至，祸却双行，八月间他又把左腿扭伤，至今不能下地。假如他要是有个儿子的话，还可以拉拉洋车，倾倒秽水，而偏偏他又没有。一个病老头子，缠绵床上（褥子大概许没有），日仅一餐，已至绝境，家里还有一位夫人、一位小姐，这样的境况，我承认是中了我家世代的书毒所致。不然的话，他很早地就有办法了。我想当代不乏仁人，稍一援手，总胜造那七级浮屠（溥君住德胜门内三不老胡同十八号）。

1939 年 1 月 19 日
《新北京报·哭之笑之随笔》
署名于非厂

赵氏一门绘画

在艺术版里写一些关于艺术的文字，在我这十多年的经验告知我，是一件最不容易弄得无功无过的，而尤其是捧人。最近我在一家大报的广告里，发现了一段关于开画展的广告，日期是五月五日至七日，地点是在中央公园董事会第一餐堂。与会中人，有我三世友谊的赵梦朱先生和他的令妹、令弟媳、令嫒、令侄女，此外还有我的老友多人和友人之哲嗣。在过去的一个星期里，我在电车上无意中邂逅着赵先生，他很注意地问我最近画了多少画，我因为问得突如，我反不敢问："赵先生是不是常画画?"赵先生的尊翁和先大人是同学。赵先生的高堂和家母又是盟姊妹，我们有这种关系，他现在开展览会，虽事前我不知道，但现在我也应当写一篇文字，来凑凑热闹。因为赵先生的人品好，不致招致了别人的不满，所以我斗胆又在艺术版写这篇文字。

这会称为春萌画展，有王青芳、张印泉、刘凌沧、黄懋忱、张肖谦诸位先生，这些位先生，用不着我来写文字，我所要写的，就是赵梦朱先生和他的令妹、令弟媳、令嫒、令侄女。我在过去，是不会画翎毛走兽的。现在我也能来两个小麻雀、一只大公鸡，这是从赵先生那里学来的。赵先生桃李满城，我也应算是一个。本来赵先生画工笔花鸟，在这人文荟萃的古都，总算他得风气之先。优美的线条、绚烂的色彩，每一画出，都有他特殊的色彩。他在画坛里，是一员极富于学识和经验的老将，而尤其是教学，他能很诚恳地把他所知所能传之他人，因之他的及门弟子、他的家庭，都熏陶成为画家，成为很有来历的画家。在事变前，我曾建议，请赵先生开一个"赵氏一门画展"，后来因事不果行。如今赵先生竟在稷园偕其令妹师庄，弟媳洪怡，令嫒令侄女纹、纩、纯，以其得意之作，公诸同好，这很值得我来写文字的。不过本刊在星期日与读者相见，我写这篇东西虽在五月四日，但是刊出后，恐怕赵先生及其家人的作品，早为识者所携去了。

1939 年 5 月 7 日
《新北京报·艺术周刊》第 16 期
署名于非厂

相轻与浮夸

　　上周本报发刊了中国画学研究会展览专页，其中有亦知先生的一篇大文，承他提示两点——一相轻，二浮夸来相警诫，这种良药虽来得苦一点，但我也是该会会员之一，我已经一股脑儿全咽下去了。亦知先生所谈，是纯处于相爱的地位，他大概留心国画界的一切一切，不只是三天两早晨了。他正在严密地注视着，他才借着这篇专页，来提示出关于画人的品行上的两个污点来。我看他这种重视卖画，重视画人，重视国画界的前途，这真是对症的一管清血针，一帖回生散。不过为什么要浮夸，这个素因，还容易分析，至于为什么要相轻，这是值得我们现在艺术界里而尤其是国画界的人们来探讨的。

　　本来这国画，若按《宣和画谱》来分类，共有十门：道释、人物、宫室、番族、龙鱼、山水、畜兽、花鸟、墨竹、蔬果，各门中又各有派别，因为这派别的关系，宗甲派的，就不得不诋毁乙派，由乙而丙，而丁，而戊，因为所工的不同，互相嫉妒，这是在画业上的相轻，自古已然，于今为烈，但还不见得如何严重。用笔墨来换钱，原是极惨凄的事，这和乞食的味道也差不多。但是润笔之制，已有千余年，那么，鬻艺换钱，也是一道。

惟其也是一道也，于是乎利之所在，出死力以争。同工一派的，固然要抑彼扬我，即各师一门的，也要设法诋諆[1]，这种诋諆，或者是因为甲之主顾忽及于乙，或者是因为甲之生意经为之所抄袭，此是为利而相轻的。

甲之艺，我不如也；甲之名，我亦不如也；人只知有甲而莫我知也；我欲获人知，乃不惜妄事谩骂，骂甲则所以自扬，人于是知有甲而亦可知有我矣。始而择人而骂，被骂者必择其名头高大，继而稍一为头角者，亦必骂之，于是假相轻以济其骂名之心，此是为名而相轻的。

以上三点，为艺，为利，为名，大概是相轻的素因。要如何才去掉，这倒是个问题。

本来自我接办这刊物，为避免一切，不谈时下书画，不刊时下名作，正是惟恐其流于浮夸，入于相轻。今因亦知先生的大作，和我接办这《艺周》[2]的初旨胶合，所以我才大胆地做这拥护亦知先生的一个信徒，同时我也检讨着我这刊物，有没有浮夸？会不会相轻？

1939 年 6 月 11 日

《新北京报·艺术周刊》第 21 期

署名于非厂

---

[1] 诋諆：诋毁。

[2] 指《艺术周刊》。

略有声明

予于本月五日，既为刘君锡永写介绍画展之文，刊之社会版，此文承友人何君见嘱，且与刘君亦有一面识也。当上月十五日何君与予书曰："兹敝同乡刘锡永君，善画山水人物，艺林后起之秀也。拟开个人展览，望台从吹植之。以弟观其作品，将来定在□□□之上。此子亦吾晋省世家之后，故下笔不凡，至恳至恳。"予获书，予又晤何君，以予奇愿，又复多病，乃不得不写此一文，予之文原不足荣辱刘君，徒以何君为至交，过谦谢转不足以对我友，初不料刘君之展览，乃谓为"白雨浣秽"，其画笔乃谓为"明以下不屑也"，予此文岂不有浼他刘君，有负我友乎？自今以后，凡我戚友，要我请看戏吃小馆洗澡画扇面……均可，再不写书画绍介文字。

予画既不佳，且学亡国被俘之君书，尤觉不太吉利。画则根本不成东西，更不足一谈。两年来侍母家居，饱经忧患，间为人写扇头画镜屏。人怜予之穷，人喜予平淡，以残笺败楮召予使书画，予皆唯唯应命，不敢后期，间有愆期，人亦恕予而不甚苛责。予家藏墨，虽不足以谈元明，要其数多，足供磨砻。予家藏颜料，明之朱，康乾之空青，其数可以斤称。予之画既根本不成东西，幸有此旧颜料足以济其丑恶，或转以增其丑恶，而嗜痂者日以画见嘱，积累日增，乃不能不恒为愆期。而予则晨六时即起，埋首案头，画七八小时而不能画成一扇，调铅研朱，尚不计及。所幸予初无嗜好，自幼又粗谙武功，日永不寐，坐十三四小时不倦，然而一扇之成，往往画画一日。而暑蒸汗下，伏案为人供驱蚊者，重以友谊，未之敢辞耶。自今以往，命予书，命予画，惟以时日为期者，予愧不敢应。如以润笔见赠者，则予尤不敢应。

　　本刊本不应刊此文，此文亦不应即为刊出，惟以本期应写之文字，尚未参考完全，姑以此作我之宣传品。读者其骂我乎？骂我者，爱我者，真知我者也。敢不拜受！

1939 年 7 月 9 日
《新北京报·艺术周刊》第 25 期
署名于非厂

挽张善子先生

据报载，张善子先生大概是在医药都不精良的环境里作古了。我和先生的交谊，且不去谈，我今立于国画，或者说是艺术的立场上，掬我至诚，来写这篇东西。先生既被上帝请去，一定会鉴我这篇叙举一斑的话了。

张先生的画，是受其太夫人的传，大概是在八九岁时，即会写两笔花卉。张太夫人我见过她的画，她是翎毛、花果、草虫全精的。张先生自孩提受母亲的艺术教育，所以他的画，很像北京梨园行的"戏包袱"——文武昆乱不挡，什么都拿得起来。

张先生大概是"走星照命"，到现在他活到了五十九岁，他的艺术生活，全在各地跑路度过，因之他见的古画很多，真山真水那更是司空见惯。什么绥远去相马，罗浮去观梅，差不多中国的各名胜地方，他都游历过，这也是养成他是个画家的缘故。而他尤以画虎有名，这其间也不无原因。

张先生他很喜欢玩比较大一点的动物。他在西北玩马，他在家乡养熊，这都是他三十五岁以后的生活。后来他越玩越凶，他竟养起虎来了。他最初养的虎，不是前四年在苏州网师园所养的虎。他最初那一只虎，似乎是比较虎性太足，他的得虎和养的经过，他虽曾详细地和我谈过，但是因我记忆力的退化，已记不太清楚。总之，他最初所养的那只虎，正是他画《金陵十二钗》（此画上海有玻璃版印行）的稿本。他后来的虎，是一位丘八太爷在贵州去剿匪，打到虎穴，由虎穴中抱出来两只小虎，他得来时，是用煤油桶装到汉口的，一只送给了别人，一只送给了有养虎瘾的张先生。张先生得到这只虎，他除掉"秀才人情纸半张"——照例艺术家的报酬，只有艺术——他不但给那丘八太爷画了一张虎，他还送了丘八太爷一些东西，这的确是我们画画的一种损失，但足见他养虎的瘾了。他这虎由能装在煤油桶里养到像普通老虎那么大，他不知费尽了多少心血，至于每日十枚鸡卵、三斤牛肉、两磅牛奶，那更不消计算了。这只虎惊动了不少的名人，如江安傅沅叔先生，他伏着虎很照了些相片。我在二十五年夜车过苏州，竟未能下车入网师园一看这只虎，这真使我不胜遗憾的。张先生曾和我说养虎的经验，他说："假如给它一只活的鸡，它马上把它咬死的话，那么它就要吃人。这虎它自有生以来，未食过热血的东西，所以它不会咬人。"但是这虎直至临终，确未咬过生物，这不一定是曾做过佛门弟子吧！（此虎曾拜某法师，受过戒律。）张先生还养过几条狗，狗与虎习，彼此狎戏。有时张先生画寝，虎饿了，虎步徐徐地入室，凑在张先生床前，很驯顺地举起它的巨爪，向床上撼两下子，这是张先生沉沉睡去的话。不然，或是正赶上张先生在作画，那么，它就蜷伏在案

画家张善子

旁，脸上总是很和平地学着张先生。张先生对于虎是如此的，所以他用笔画起来，自然虎虎有生气。人们对于张先生画画，遂更加赞赏了。

其实，张先生画山水，很有张大风的韵味；张先生画猿猴，很有华新罗的风神；张先生画马，很有金爵门的骨干。因为他游的地方多，他又好养些狗马，就是他前二十年所画的花卉，也是走的明末清初的路子。现在先生已是古人了，我只得立在艺术的立场上来挽他。

1940 年 11 月 10 日
《新北京报·艺术周刊》第 90 期
署名于非厂

叶襄云女士画

　　闺秀精绘事者，代不乏人，而苍古秀劲，尽洗脂粉之气者，惟管仲姬数人耳。友人陈君公望，以其先祖母叶襄云[1]女士所画山水见示。山川浑穆，草木华滋，以石谷作阶梯，而上窥古人，不落耕烟甜俗窠臼，以视杨子鹤之纤弱，姜颖生之霸悍，苍古秀劲之气，三百年来，尤推闺秀独步，虽陈南楼[2]犹逊一筹。顾画史不传，陈君每惜之。中国画史多曲笔，且头巾气特重，挂漏尤多。而闺秀必著于释道之后，以艺论，未免替女士叫屈也。女士为皖歙望族，叶研农先生之长女，研农先生精六法，宗南田，女士承蒙学，画宗石谷，为吴兴陈容叔[3]先生

---

[1]　叶襄云（1830—1865），安徽歙县人。善书画。

[2]　陈书（1660—1736），字南楼，号上元弟子、南楼老人。秀水（今浙江嘉兴）人。清代女画家。

[3]　陈延益（1834—1905），字容叔，别号偶云。工山水画。

原配。容叔先生善八法，有声鄂豫闽海间。女士画，先生书，时人比于吴兴之赵管。先生有三子，长点生（名其梁），画史有传；次贵生（名其烽）；三骏生（名其镳），皆长书画。三女其璧，尤精仕女，一门风雅，盖由女士启之。今陈君将以遗墨影印，特书所知，以告世之留心艺事者。

1941 年 11 月 25 日
《新北京报·非闇漫墨·卷三》
署名于非厂

佛化艺术

叶浅予先生是制造王先生、小陈而享大名的。在抗战期中，他游历了一趟佛教发源地的印度。他对于中国佛化艺术（绘画、建筑、雕刻、塑造），他很指摘说是摹仿印度的错误，不特不是去摹仿印度，而且是独出心裁由魏晋唐宋以来集合数时代的艺术，创造出一个中国佛的艺术，假如不到印度去，是看不出的；到过印度而又不去游历国内各大寺院和研究魏晋以来的绘画雕刻建筑等等，也是看不出的。他很举出不少的例子，可惜我是听朋友对我讲的，不曾记得清楚。不过他这种犀利的眼光、冷静的头脑，观察得如此周密，这种创获，很可纠正一向认中国佛化艺术史由印度传来的错误。我们看过唐宋佛化的艺术，我们虽觉得都含有中国的味道在怀疑，但是我们却没有像叶先生到过印度去。小陈和王先生，却比我们大饱其眼福。

1946 年 8 月 21 日
《北平日报·太平花》
署名非闇

溥心畬将南游

那一天齐白石先生来本社参观，同时还有曹克家师弟，我知道溥心畬先生最近要一同去南京的。心畬先生是画北宗山水被称为"北溥"的，若在《北京人》拉点近说，也可以说是溥先生是带着北京艺术去首都的。溥先生他答应给本报冬令济贫作书作画，据说在行前总可以交下。溥先生虽是旧王孙，他过的是清淡而平民化的生活。可是豪爽之气，十足代表《北京人》的性格。

我听说溥先生这次到了首都之后，先不作画，先要渡过钱塘，沿着杭州公路，走会稽，过绍兴，登天台，兜个小圈，然后再用如椽之笔，写北宗山水。溥先生这样做，将来载誉归来，是可预卜的。

1946 年 10 月 9 日

《新民报·土话谈天》

署名闲人

送两位画师南行

八十有六岁的老画师齐白石先生，他在这文化城中，是画坛上年龄最高的一位。他说他花的目光，到了六十岁即不再进，这是以他所用的眼镜作证据的，证据是他迄今仍戴着周甲（六十）时的眼镜。

他与溥心畬先生，一是定于今日，一是明日，即飞南京的。他这次由本报医药顾问刘植源大夫给验血压，血压是低低的，刘大夫还送了他些药。据他说，他自己对于坐飞机，是有把握的。溥心畬是经过刘树堃大夫检查身体的。这二位大夫都是我最要好的朋友，并且都是我最信仰的西医，我惟有敬礼两位画师一路平安！

1946 年 10 月 13 日
《新民报·土话谈天》
署名闲人

且谈写字

　　有人问我张勺圃（伯英）先生写的字，是什么体，是从什么碑帖变化出来的？张先生小楷是有唐人写经味道的，这几年的大字（碑匾楹帖），似乎掺上分隶，是很富于健美风格的。而他老先生却不是翰林。（以上是答本报读者涿县张舆生的来函，以后关于写字请转"北海"。）

　　现在几位翰林的字，都是"硕果仅存"的，都有个人的风趣，而我尤其爱好邵伯絅先生写的。写字最难得的是个雅字，这个字很难解释，只可以意会，写好字的并不少，好而雅的却有限。梁任公（启超）的字，不能说不好；郑苏戡（孝胥）的字，也不能说不好，转不如陈弢庵（宝琛）、朱艾卿（益藩）写得雅。

　　现在这些位翰林和勺圃先生，都是我顶佩服的书家，所以我在本报冬赈义展之后，写了那篇《谈天》。不过现在就我所知道的，写大楷或是擘窠书，溥心畬的欧字，实在比成亲王有出蓝之妙。寸以下的楷书，要让陈苍虬（曾寿）了。此二公者，一是大字用小字法，一是小字用大字法，允称双绝。

1946 年 11 月 4 日
《新民报·土话谈天》
署名闲人

恭贺新禧

"恭贺新禧!"这是只有今天专用的一句人话,我也向读者诵这一句。

三十六年今天开始,三十五年昨日算是过去了。开始之后,究竟要怎么样?那我们只有听命于主宰者喽!

不过,我今天送给读者们一点礼物,就是一只整猪,而这只整猪,还是一只北魏时的野猪。

名画家张大千先生在敦煌莫高窟里研究了好多年,他老先生的画太珍贵了。他住在医院里,我在病房求他画,他就在很短的时间里画成北魏时代的野猪,我不敢自私,敬献给读者们,作为恭贺新禧的见面礼。

1947年1月1日

《新民报·土话谈天》

署名闲人

张大千飞来飞去

张大千先生自去年三月回川之后，一直在四川画了几个月的画，到了冬天在上海开展览会，会后得了糖尿症，复来北平就医，住在西长安街同德医院，经该院院长刘植源治愈，于元月三日又飞沪去了。我因为避免标榜——虽然承张先生给《新民报·北京人》画了一幅北魏时的野猪。张先生在上次来的时候，经他收走了的画，有董源、巨然（均宋画，他说那幅巨然的画，不是巨然而是刘道士）。两幅名画，这次他来，是找画而兼就医，所找的，听说是画马的名作，是否找到，这话至少是我不知道。但是那幅宋林椿画的《栗鼠图》，却蒙他赏收了。宋欧阳文忠《集古录》有这么两句"是吾所好，玩而老焉"，张先生今年四十有九岁，想来也是要"是吾所好"，所以不惜这么飞来飞去，飞去飞来。

1947 年
《一四七画报·非闇漫墨》第 9 卷第 5 期
署名于非厂

张大千近况

现在提起张大千，这可以说是妇孺皆知，更用不着我来宣传。不过，《一四七画报》吴社长[1]，他知道我和张大千是老朋友，他给我的课题，让我来"应制"，我如果把旧存的报纸找出来，拣一些十多年前我所写关于张大千的文字，只怕要占《一四七画报》宝贵的篇幅三四页。可惜我那些旧报纸早都论斤卖掉了。现在我只好再写，写并不是宣传，也不够"捧"，更谈不到标榜。

当我写这篇东西的时候，张大千是在成都外北昭觉寺，至于由我写的时候而取稿，而编排，而校印，而发行，而到了读者的眼前，张大千是不是仍在昭觉寺，或是"溜达"到了旁处，以他那行踪飘忽，我真难以捉摸。

当本年一月初间，大千来平的时候，我很追随了几天。至于那时他为什么来平，来平又匆匆仆仆地十天之后又飞走，吃了两顿谭家菜，买了部珂罗版的画册，临行又携走了一只黄狮子猫。在其间只画了几

---

[1] 《一四七画报》，又称《一四七》，1946年1月在北平由一四七画报社编辑、发行人吴宗祜创刊，半月刊，1948年8月17日停刊，属于通俗刊物。

幅画，到了上海，曾来了封航快，最扼要的是"人猫无恙"的一句话。又过了些日，知他人猫又回转成都，在成都过的春节。这是我由侧面得来的消息。

大千在这次来平和我说，我才知他那些年所收藏的明末清初的画，大部都赠人让人了。本来他已研究六朝隋唐的画，自然明末清初的太不够过瘾的。可是在这次来平所看到的隋朝展子虔《游春图》，论山水画，这确是现存最早的一幅，只因有某种关系，却不能归"大风堂"。

大千的病是糖尿症，这次来平，确实好了很多，并且在临行之前，又得了养生秘诀而去。他今年整整五十岁，旧历四月初一是他的华诞，假如他来平的话，庆五旬初度的寿诞，总要摆到万寿山的养云轩，可是养云轩的房租最近已涨到了三百几十万，大概以后还要随时调整。"南张北溥"都聚在了名园，未尝不是为湖山生色或者说是他们来点缀名园。前天听朋友说，大千曾寄来九幅画，最低价八百万元一幅，最高价二千万元一幅，普通是一千六百万元。我既未见到画，更不知这是定价，是行情，更不知均被何人收去。

至于报上说甘参会[1]检举他破坏敦煌壁画，这事早已过去。那天报上所说，正是公文旅行中的节目，大千并未破坏，倒还发掘出来不少，不过，因为求画不遂，开他个玩笑而已，这是大千曾和我说过的。我因为吴社长给我的课题，我不得不就我所知所闻的，写出这点点来"应制"。

1948 年
《一四七画报》第 19 卷第 9 期
署名闲人

---

[1] 甘参会：甘肃省参议会。

心畲书画展

旧王孙溥心畲先生，此次在"此花开后更无花"之时，以其书画作品百余件，假公园水榭公开展览，这是很值得一开眼界的。

心畲先生工诗，陈弢老最为心折，弢老曾言：使心畲再究心两宋，诗法当更有可观。但是他的诗，我以为就如此写下去，也自有他的风格了。在他的环境里，他于诗之外，往往寄情于画。他的画，自然得力于他的收藏，尤其是他自根本入手上，就是两宋的卷轴，所以他的画一洗近五百年来的窠臼。这次书画展，我所得到的印象是：越小越精，越工越妙，在近代画苑里，他很可以独树一帜了。他的书，也很有味，不愧大家。至于他肯潜心艺术，不问世事，在这种狂流里，尤令人佩服。

1933 年 10 月 31 日

《北平晨报·艺圃》

署名闲人

看唐仲明画展后

    我本来不配谈西洋画，因为"西洋画是什么"我实在尚未了解。不过在欧美同学会那个地方，我是充分认识的，尤其他那里的"花匠"，很有些手术，这是我在看画之前，先打量了一番的。

    唐先生仲明[1]的画，是西洋画，陈列在欧美同学会的西厢，荟萃许多文人、学士、名闺、洋太太，济济一堂，再衬上那位"花匠"手植的几株盆梅、几丛芳草，除了"小粉包""大前门"的味儿较为不自然之外，真仿佛到了艺术之宫，浸润在艺术的乐园里。

    唐先生的画的价值，在闻一多先生那篇绍介之文[2]里，已经使我了

---

[1] 唐亮（生卒年不详），字仲明。油画家。1926年毕业于清华学校，后赴欧美学习美术，1933年夏回国。

[2] 由闻一多积极筹划，清华大学与欧美同学会联合主办"唐亮西洋画展"，于1934年2月3日至10日在南河沿欧美同学会举办。闻一多特为画展写了说明书，题作《论形体——介绍唐仲明先生的画》。

解了它是什么。在我看来这样的西洋画，在最近二三年西画展里，凭我的记忆力来追忆，可以说是很少见的，尤其是他那些速写。我觉得唐先生画的"味儿"，衬起那样的会场，那几株老梅，很像唐伯虎来到了停云馆，张起他那得意之作——《西村话旧图》，供人们鉴赏。

1934 年 2 月 5 日
《北平晨报·艺圃》
署名闲人

苏州正社将来平开展览会

吴湖帆、叶玉虎、彭恭甫、张善子、张大千诸人，在苏州有画社曰正社，盖一艺苑集团也。该社诸人，拟于八月间来平，假中山公园水榭全体开一大规模之展览会，现在各人正努力作品，想届期当有一番盛况也。

闻人曰：从此北平更为画苑之中心也欤？

1934 年 8 月 1 日
《北平晨报·艺苑珍闻》
署名闲人

吴湖帆画笔超妙

　　苏州正社，拟在平公开画展，现各社员正加紧工作。吴湖帆已由苏州赶来，现住米市胡同彭恭甫家。湖帆画笔超妙，在沪上负重望，此次携其佳作来平，当予北平艺苑以甚佳之印象也。

1934 年 8 月 17 日

《北平晨报·艺苑珍闻》

署名闲人

苏州正社假稷园水榭开书画展览会

苏州正社，创立于前年，无社长，不委员制，更无所谓评议社员等职。其时仅彭恭甫、吴湖帆、叶玉虎、何亚农、张善子昆仲……诸人，每至会期，在恭甫家谈谈书画而已，于古昔社之组织，颇仿佛栎园之结社也。今夏自张氏昆季彭吴诸君先后来平，见于北平艺苑之盛，特本"随便玩玩"之意，假稷园水榭自九月九日起，开一书画展览会，会期五日，社员三十余人，出品二百余件，最多者直至四十幅，最少者才有一幅，东南之美，荟萃一堂，未始非北平艺苑中一盛事也。北平自举行祭孔后，人心愈安，将见王道流行，劫杀绝迹，正社于此时点缀之，或者亦足以赞诩升平也欤？

1934 年 9 月 4 日
《北平晨报·艺苑珍闻》
署名闲人

介绍正社

　　话说苏州正社书画会，乃由东南风一起，挟一片乌云，浩浩荡荡直奔了故燕而来。来到了北京，恰合三十六天罡之数（据所发请柬只此数）。这些位天罡星，在燕京各本个人的武艺，活动起来，于是玉麒麟和智多星占据了宣南，美髯公、武行者和大刀关胜哥哥占据了翠微山一带，居高临下，和城里的众弟兄遥相呼应。入云龙、小旋风、霹雳火和神行太保四位哥哥，占据了东北城一带独当一面，借着神行太保，去沟通军政当局。此外尚有一员老将，身高八尺，膀阔三停，奔驰于宣南、西山一带，人称他为花和尚的便是。小李广跳踯其间，传递些军情政令。如此一来，只弄得北京城万众一心，正看着这些位天罡星变的是什么把戏。

　　北京城虽僻处边陲，但自经祭孔之后，胡人已不敢南下而牧马。

于非闇与苏州正社部分会员合影（由左至右，前排：于非闇、张大千、王公岩、张善子、彭恭甫，后排：左一李晓东，右一汪蔼士）

本来这座北京城，是才智异能或是文武坤乱不挡之士荟萃之地，似这众天罡星，本不容易在此有什作为；可这三十六位天罡，也似乎不是来此有所作为。河清海晏，歌舞升平，来此玩玩，初无他意。

有一次，由玉麒麟智多星召开了圆桌会议，于是附耳过来，如此如此，各人领命分头去了，按下不提。单讲小李广受命以来，凤夜忧惧，他想：北京一地，文物虽然不齐，但是兄弟们这种举动稍一失检，定招物议。他于是奔走各方，凡是无冕皇帝、六法大师，他都很谦和地做下列的宣称：

一不争夺任何专校地盘。二不攻击任何方面。

他得到了各方面的好感，他报告了各方面的好感，他报告了玉麒麟哥哥，哥哥这才放下心，很坦然地在公园水榭开一个书画展览会。

1934 年 9 月 8 日
《北晨画刊》第 2 卷第 4 期
署名闲人

正社展品陆续陈列

　　此次正社在公园展览，事前的宣传，各大家的捧，只弄得誉满旧京，除一二因特殊的关系者外，无不踊跃往观。张大千作品四十件已全售罄，其未装裱者，由今明日起，已陆陈列云。

1934 年 9 月 11 日
《北平晨报·艺苑珍闻》
署名闲人

画价过高

　　顷接杨皤□君自成府寄来一文，题为《一点小意见》，大意是说：上次正社画展，定价过高，这次中国画学会又在公园开会，希望陈列价廉一点的东西！杨君的意见，我非常同情，我也觉得数百元买一幅画，使"大众""只有望着她呆想，未免难过"。

1934 年 10 月 8 日

《北平晨报·闲谈》

署名闲人

中国画学研究会将开第十一次成绩展览

北平有两大画会相对峙，湖社与中国画学会是也。湖社有王君柱宇之访问记，详而确。中国画学会历史较久，皆画苑耆宿，最近复有吴君镜汀、张君善子加入者也。该会会长为周养庵先生，每年于公园开画展一次，其中如汤定之、贺履之、萧谦中之山水，陈半丁之花卉，周养庵之水墨梅花等，古色古香，为旧都艺苑之正轨。而徐菊人[1]相国——我以为至少比称徐大总统恭敬些——之山水花卉，每年意境笔墨不同，尤为该会生色不少。现闻该会既加入生力军张善子昆仲及吴镜汀诸人，因定于本月七日起假稷园水榭开第十一次成绩展览。正社画展甫毕，该会继之，斗艳争妍，于萧瑟之园林中，大有此花开后更无花之概。

1934 年 10 月 2 日

《北平晨报·艺苑珍闻》

署名闲人

---

[1] 徐世昌（1855—1939），字卜五，号菊人，晚号水竹村人、石门山人、东海居士。天津人。1918 年 10 月，徐世昌被国会选为民国大总统，1922 年 6 月通电辞职，退隐天津租界以书画自娱。

中国画学研究会
画展精品极多

中国画学会此次画展，精品极多，周养庵先生双槐，颇似金冬心；陈半丁之墨猴乳鹅松间高士，为最精到之作。此外如刘凌沧、卜孝怀之仕女，徐养吾之墨竹，秦仲文之仿廉州，萧谦中之山水，颜伯龙之花鸟，布局敷色，工力极深。邢一峰之仿郎世宁，直欲乱真，皆为观者所推许。而杜女士之白孔雀，笔致老到，气味深厚，南沙之后，允推第一人。此外诸作，或独工一体，或兼采众长，满目琳琅，美不胜收。会期既长，又两值星期，一遇国庆，故观者之多，为稷园生色不少。

1934 年 10 月 12 日
《北平晨报·艺苑珍闻》
署名闲人

中国画学研究会开第十一次成绩展览会

北平画会中之历史最久者，当推中国画学研究会，创于民国九年，由徐菊人、金北楼、周养庵三先生主办。会员二百余人，多系画界知名之士。由明日起，在中山公园水榭开第十一次成绩展览会。据闻会员作品，达四百余件，就中以水竹村人及汤定之、萧谦中、贺履之、张善子昆仲、秦仲文、溥心畬、周元亮等山水，周养庵、陈半丁、李鹤筹、于非厂、马伯逸、张肖谦、刘凌沧等之花卉及写生，均系一时名贵之作。际此萧瑟秋光中，定为稷园生色不少。本拟将该会作品，择要登诸本刊，以制版不及，当俟下期再为刊出。

北方画家集团之中国画学研究会第十一次成绩展览，业于日前在稷园开幕，连日前往参观者极为踊跃，兹将该会出品一部，登诸本刊，用飨阅者。余如陈伏庐、陈半丁、贺履之、汤定之、萧谦中、徐养吾、张善子昆仲、溥氏弟兄、马伯逸、于非厂、俞瘦石、许翔皆、吴镜汀、

155

中國畫學研究會全體會員雙十節在稷園水榭攝留影

中国画学研究会第十一次成绩展览会出品人合影，后排左三为于非闇（程苓檬摄于中山公园水榭，1934年10月10日）

李小泉、傅光普、祁井西等，或兼众长，或擅一格，或为退居遣兴，偶一为之，或为埋头几案，终日弄笔，名士作家，各具风范，毋庸多赞。此外舒伯华、黄懋忱、邢一峰、卜宪中、王小山、王雪涛、杨渊如、陈志浓、黄文澄、马信生、阎时敏、谢子衡、金杞厂、周松轩等，女士如王金章、杜怡蘅、赵菱坞、袁雯、冷家姊妹、孙诵昭等，亦多杰作，满目琳琅，美不胜收。只以本刊限于篇幅，殊以遗珠为憾耳。

1934 年 10 月 27 日

《北晨画刊》第 2 卷第 11 期

署名编者

溥心畲将开书画展览会

　　西山逸士溥心畲，画笔直入宋人堂奥，近百年来所未有也。曾见心畲所馈折枝册，深秋后就其园中所见枯枝败叶设笔成趣者。世人咸知心畲工山水，其花果亦正自不凡。日前在日友冲野武馆所晤心畲，心畲因言：拟于本月二十七日起在报房胡同万国美术馆开个人书画展览会，所以应欧美人士之请也。张君大千，乱头粗服写山水，我曾数数绍介之。溥君心畲雍容华贵写山水，我亦曾数数绍介。二君世有"南张北溥"之称，我虽不善于拍马吹牛，而我为二君绍介之，为有目者共赏也。心畲画，此次有二百件之多，有精巧才数寸者，有泼墨巨及丈者。故都人士，虽在兵荒马乱岁暮天寒之会，其爱好艺术之真精神，当不因之小挫也。

1935 年 1 月 22 日

《北平晨报·艺苑珍闻》

署名闲人

周怀民、王君异画展

我自开岁以来，除闭户读书、为人刻石外，奇懒，迄今固未尝一履稷园也，因之对于园中画展，不获观摩者，则有邵君逸轩之画展。顷者，周君怀民[1]见枉，谓与王君君异[2]同开画展于稷园，日期则自本月二十六日起，至二十九日止，君异吾老友，日除教画外，盖别有所忙，久久不见矣。今得怀民言，知君异欲于埋首追求之余，出其绩以与世人共赏，真难得之机会也。怀民绘山水，颇由唐六如窥两宋，疏秀苍润，不屑屑于娄东诸老。此次出品，有七八十件之多，佐以君异泼墨写残荷，湿毫点小鸟，当此三春天气，稷园牡丹行将绽华，两君作品，当为平添几分佳趣焉。

1935 年 4 月 20 日
《北平晨报·艺苑珍闻》
署名闲人

---

[1] 周怀民（1906—1996），江苏无锡人。画家。
[2] 王君异（1895—1959），四川宣汉人。擅长花鸟、山水、人物和漫画。

罗峰山人画展

　　罗峰山人王友石[1]，与予有同乡之雅，盖谨厚之君子也。吾乡人特质，研求学问艺术，拙厚得天独厚，劲节勤修，不屑屑于盗虚声攫时誉，盖犹有古风。王君为陈君师曾高弟，写花卉以雄健袅娜出之，在青藤白阳间，独以气胜，师曾后不多见也。君来故都十余年，日惟埋首勤修，以蕲至于古人之域，名流如贺履之[2]、刘芝叟[3]，皆推为师曾后求合于古而不乖时者唯君一人。今君经友朋怂恿，出其所作百余件，自本月十九日起，假稷园碧纱舫作个人画展一周，吾知君画，故乐为绍介如上。

1935 年 5 月 18 日
《北平晨报·艺苑珍闻》
署名闲人

---

[1]　王友石（1892—1965），名道远，号履斋，又号罗峰山人。山东招远人。书画家。

[2]　贺履之（1861—1937），名良朴，号篑庐、南荃居士。湖北蒲圻人。画家、诗人。

[3]　刘建封（1865—1952），改名大同，号芝叟，山东诸城人。善书法，喜收藏。

国立艺专教授作品展览会

国立艺专教授作品展览会，至明日已届闭幕之期。我前日便道参观，除西画、图案、漆雕等外，使我浏览之余，予我以至美之印象外，我于金石书画之诸教授，至少有大多数为熟人，如果我签名参观之后，而不说几句恭维话，则熟人中之我，自难免有对不住师友之嫌。白石山翁之《松鹰》，有不可一世之概，观之使懦夫有立志。溥心畬《秋山》，荒寒寂静，潇洒出尘，不愧才人之笔。陈缘督《哀鸿图》《领粥图》，描写贫民，笔意兼到。邵逸轩[1]《山水》，颇得熟中趣味，作风似较前稍变，渐趋于苦瓜和尚。王雪涛画益潇洒，直追新罗，最使我流连不置者，仿佛王梦白又来艺院开其遗作展览会也。金石除刻印外无所见，单次刚刻印，能收各家之长，非一味粗犷者所可比。白石山翁篆书联，雄强奇崛，最为罕觏。其余诸作，一时记忆欠清，不敢妄为谈说。

1935 年 4 月 6 日

《北平晨报·闲谈》

署名闲人

---

[1] 邵锡濂（1885—1954），字逸轩、亦仙。浙江东阳人，花鸟画家。

稷园画展

　　稷园我近年初次一履其地也。北风肆虐，拔树掀屋，稷园牡丹，不堪风威，零落殆尽，富贵不常。视园中柏树，犹复青葱向人，良可慨矣。园中有二画展，湖社在水榭，作品有二百余件，以工笔为多，多新社员作品，徒以时间匆促，未及细观，容另详之。春明馆有王君异、周怀民二君画展。周君初学于吴镜汀，吴氏学"四王"，秀逸天成，为晚近所罕见。周君变吴氏法出以勾斫，淡远疏秀，衬以君异泼墨残荷，寒筱小鸟，仿佛竹林之外，忽睹浮屠，万绿丛中，着红一点，珠联璧合，两君盖于布置上差费多少心思也。按：君异为王梦白高弟，中有与梦白合作竹兔诸幅，使我观之，又若置身柏树下，与梦白聚谈，以为笑乐。

1935 年 4 月 30 日
《北平晨报·闲谈·八五》
署名闲人

画的味道

　　我听说朱君友麟刻瓷插屏，是我画的荷花蜻蜓，最为出色。我于是跑到太庙去看看，果然比我见的照片，实在精彩。朱君的刻法，能传出笔意来，这一点是值得使人佩服的。同时我又跑到稷园，稷园现在有两个画展，一位是许老先生翔皆，一位是青年作家原石民，我都领略一下，觉得国画这种东西，绝不是在画中求画可以成功的，因为如果是画中求画，它的味儿，仿佛像白水煮白菜，总不免有些使人不耐的味道在里边。许先生的画，在画面上看下去，觉得无一笔不是从真实的功夫得来的。原先生的画，在功夫方面，尚未到纯青的时候，但是在味道上似乎也要从画以外多用点功夫。因为气韵绝不是在画中可以求得来的，越是在画中去求，在技巧方面是熟得无可再熟，结果只不过甜俗，不能把心灵上的感触等等放进去。我想总是要多读些书，多阅历阅历，自然画的味道会刺人呢，会耐人寻绎了。

1935 年 5 月 14 日

《北平晨报·闲谈·八七》

署名闲人

邵少逸、邵幼轩兄妹画展

邵少逸与其妹幼轩，假春明馆西厢开个人画展，径往观，少逸学白石山翁，惟肖；幼轩承其家学，写牡丹芍药之属。中有数幅，有方君地山题字，最堪玩味。地山书法高妙，仿佛芸台[1]晚年笔也。

1935 年 5 月 28 日

《北平晨报·艺苑珍闻》

署名闲人

---

[1] 阮元（1764—1849），字伯元，号芸台。江苏仪征人。乾隆五十四年（1789）进士，历官两广总督，体仁阁大学士，卒谥文达。平生以治经学、考据著称。

扬仁雅集

溥尧臣君所办之扬仁雅集扇面会，网罗南北名家书画，开会陈列，迄今已二十次矣。各名家之作，其极精者，可不按笔润，自高售价；其率意之作，又可自减笔润，供同好择取，法至善，意更便也。日昨于稷园开会，曾往参观，艺苑老将，青年作家有装以玻璃，有蒙以薄素，画则彩绘多于水墨，书则寥寥甚少精能之品。求画法于书道之外，书法外岂有画哉！

1935 年 6 月 18 日

《北平晨报·艺苑珍闻》

署名闲人

参观记

福开森古物馆

去年夏，承钱君孟材见告，福开森君愿将捐赠金陵大学古物，寄托古物陈列所陈列，曾为文布之。迄今一年，福开森君古物，方始于七月一日与都人士相见。当此南郊烽火甫戢，是不可不一往观，借以少慰小炮七八声，惊得莫如之何也。福开森君珍物，予曩曾数过观斋观之，愈不厌。承钱君见召，乃于上月三十日随数友往观。出稷园后门，经武英殿，于太和门小立，辉煌乔丽，无怪使人起无穷妄想。比至，钱孟材君、福开森君，殷殷招待，对于陈列，深以宋代绢本光线过暗为歉，虚怀若谷，可佩也。所陈物，仅为君之一部（君古物共千余件，兹所陈者六百余件）。而《勘书图》、《大观帖》、黄琮、铜鼓，其绝品皆赫然在。榷场残本《大观帖》，凡十一叶[1]，除题目年月，

---

[1] 叶：书页，一张为一叶，这个意义又写作"页"。

九十三行，共二十七帖，九百七十三字，为北平翁方纲旧藏，翁氏题识万余言，翁氏印章数十方，钤红殆遍。后归寿阳祁寯藻，祁氏因额其居曰观斋。道州何绍基书之，此额亦为君物色得之，悬之厅事，亦自号观斋。此帖有影本，殆由此假影者。帖陈于殿左，橱上则观斋横额也。南唐王齐翰《勘书图》，上有宋徽宗御题瘦金书，右曰"勘书图"，左曰"王齐翰笔"。人作挑耳状，故又曰《挑耳图》。座后屏障山水画，董其昌极为推许，谓是唐人没骨设色法。后有苏轼兄弟、王晋卿、史公奕、董其昌、文震孟、皇四子、皇五子、漱芳、澹园、观保、张泰开、谢墉、金姓、卢文昭、刘星炜、汪廷屿、李中简、汪永锡诸题识。画陈于殿右。此外周铜鼓二，翠色斑斓，花纹瑰丽，闻君曾有周铜鼓考一文，可以参证。此外若宋人画，若古陶器，举已不胜，欣赏之余，惟有默祝天下太平耳！或谓参观券价一元，未免过昂，非物之不值，实穷酸不能常往耳，我亦云然。

1935 年 7 月 3 日
《北平晨报·艺圃》
署名闲人

记稷园两画展

日前接得柬召，知稷园有侯君子步[1]、孙君雪泥[2]两画展。星期六下午五时，与"一本海棠书屋"主人[3]偕往。主人于书画精研有夙，近则栽花种竹，度其闲适生活。比至，侯君展室在南，孙君在北，皆董事会东厢。东厢自"九一八"后，向为禁地，今一旦开放，作为公共之地，画展在此，固最宜也。侯君画，格调清奇，不拘古法，别饶新趣，共六十余幅，其中数幅，尚未脱尽某某窠臼，未免减色。孙君系上海画家，作品清隽，颇具"南味"。所附美术图案，为流行之月份牌等画之原稿，以杭穉英画者为多。色彩鲜明，画笔工细，于普罗之趣味颇合，然吾未尝不惜其趣味之过低也。观后于园中小坐，暑氛闷人，至不耐，起而北行，穿社稷坛而出，天忽雨，雨来不须行也，环长廊走，晚餐后，乃与主人揖别。

1935 年 7 月 29 日

《北平晨报·艺苑珍闻》

署名闲人

---

[1] 侯培骘（1901—1950），字子步，河北定州人，画家。

[2] 孙雪泥（1889—1965），又名鸿、杰生，字翠章，号枕流，上海人，画家。

[3] 林仲易（1893—1981），原名秉奇。室名"一本海棠书屋"，福建福州人。时任《北平晨报》总编辑。

张氏昆仲扇面展

内江张善子大千昆仲，月前在津举行近作扇面展览，只二日，百余件皆为人购去。大千日前携姬人来平，拟于月之十七至二十日在公园水榭举行扇面展览。善子作品计有三十八件，大千作品计有六十件。兹录其启事于下。

大千濯足扶桑，戢影吴下，湔彼嚣虑，妮兹古欢。偶传露葱之谣，致劳石交之问，人情可念，雅意难忘。爱约家兄善子，同出近作篦面展览，聊代酬答。泼墨能狂，解衣有兴，淋漓满幅，盘礴当风，并世元章，定匦予谬。

1935 年 8 月 9 日
《北平晨报·艺圃》
署名闲人

书张氏昆仲扇展

张善子大千昆仲，自去年来故都，在水榭开正社书画展，故都人士对于张氏昆仲，予以深刻之认识。张氏在故都画坛上，给予极大之影响。

去冬，善子回苏。大千携公子渡日，忌之者遂造作蜚语，空谷生风，我曾一一予以辩证。张氏昆仲此次扇展，其最大意义，在使故都人士知大千不死也。

张氏扇展有待于闲人绍介者，不在画法之如何如何，盖画法之如何如何，人尽知之。人不知者我书之，我不书名士与美人，我书我所知于此次扇展者。

张氏扇面皆特制，纸细而韧，矾润而清，已迥异世售。最足惊异者，则仿明朝赤金扇也。纸为张氏大风堂旧宣纸，扇面上边所包为绘绢，铺金每面值至四元，古色古香，仿佛停云馆长物也。此便面益以张氏昆仲画，真可奴视一切。

张氏有画一面书一面者，有一面为张氏画，一面为叶玉虎[1]书，一面为王秋湄[2]书者，玉虎书雄强茂密，奇肆之气，溢于楮墨。秋湄名薳，写章草，无晚近靡靡之习，最为高古。得此二君书，璧合珠联，为历来扇展所仅见。

张氏昆仲上月在天津永安饭店开扇展，不二日，已全数售去，且有向隅之憾。自今日起，在稷园水榭展览四日。经张氏数日夜之挥洒，只有百件，每件有价至百二十元者，而预订者已近半数，忌之者不知又将如何造作蜚语耶？

大千曾有诗云："狂名久说张三影，海外蜚传两石涛。老子腹中容有物，蜉蝣撼树笑见曹。"此诗书于此，作我此文之结尾。

1935 年 8 月 17 日
《北晨画刊》第 6 卷第 1 期
署名闲人

---

[1] 叶恭绰（1881—1968），字裕甫（玉甫、玉虎、玉父），又字誉虎，号遐庵，晚年别署矩园，室名"宣室"。书画家、收藏家、政治活动家。

[2] 王薳（1884—1944），字秋湄，号秋斋，广东番禺人。书法家。

稷园三画展

一、溥心畬夫妇书画展

溥心畬先生与清媛女士，出其最近得意之作百余件，自本月三十一日起，假稷园水榭，公开展览。南张展览甫毕，北溥继之，当此秋风瑟瑟，为园中平添不少生气也。

二、中国画学研究会成绩展览

中国画学研究会，创立有年，人才辈出，每年在稷园举行成绩展览，极博好评。现闻该会定于九月八日起，在稷园董事会公开展览，届时当有一番盛况。

三、湖北水灾救济会将开展览

湖北水灾奇重，旅平同乡，怵于桑梓之被祸，爰发起湖北水灾救济会征集书画博物展览。地点为稷园，日期自九月二十日起，至二十七日止。

1935 年 8 月 30 日

《北平晨报·艺苑珍闻》

署名闲人

北平稷园湖北水灾义赈书画展览会会场一角（李尧生摄）

书溥心畬画展

溥心畬先生儒，旧王孙也。数年前与其弟叔明先生僡[1]，隐居西山十余年，一以书画，消遣世虑。叔明工于诗，小行楷尤为近数百年所仅见。心畬诗学唐人，书奇肆，草法尤古。画笔高洁，直入北宋，不屑屑作元以来松懈一流。张大千先生极推重之，谓其笔意并世无两。海上艺苑，有"南张北溥""南吴北溥"之誉，吴谓吴县吴湖帆先生也。

当"九一八"后，心畬先生不难一跃而致青紫，顾独闭居萃锦园，不惜出其家藏珍物，让之于人，以书画自给，此其淡泊之志，有足为末俗矜式者。

去年冬，先生出近作百余件，假万国美术所，公开展览，虽届岁暮天寒，精品皆为人购去。今年夏，先生欲出其所作，公开展览。适

---

[1] 溥僡（1906—1963），字叔明，号易庐。精通音韵学、文字学和诗词，书法家。

张大千先生来平，先生重主客之谊，开会遂俟大千先生之后。心畬先生画，自以山水为独步，而以工笔写花卉，冷隽之中，寓富丽堂皇之趣。大而巨幢，小而寸二手卷，粗若力士扛鼎，细如妙女拈花，诡谲变化，使人莫测。论先生艺，尤非闲人所得窥其涯略也。顷闻自今日起，在稷园水榭开近作展览会，会期五日，因书所知于先生者如上。

1935 年 8 月 31 日
《北晨画刊》第 6 卷第 3 期
署名闲人

观西画展

　　日本西洋画画家清水登之先生画展，前日在北京饭店举行，为期仅二日，而予北平画界以甚深之印象。盖清水先生画法，在用色用笔诸方面，已发见特点甚多，而其取材构图，全用理想的摹拟，不对物写生，颇与中国画之意境相合，无怪清水先生在日本画界负盛名也。

1935 年 9 月 2 日

《北平晨报·艺圃》

署名闲人

写在心畲画之中

旧王孙溥心畲画展，只余明日，即闭幕了。心畲此次画展，精品很多，我看了之后，觉得我所倾倒的那篇《书溥心畲画展》文字（见《画刊》第六卷第三期）和同卷第一期《书张氏昆仲扇展》的那篇文字，同样地无有一些溢美之词。假如没有对于人的一些意见，而纯站在读图者的地位，而去欣赏张溥的画，同时对于中国文字，至少也有些读明白了的能力，那么，无论何人，总不会不承认我那两篇文字，是毫无标榜，而是真实地论赞。假如他是对人有偏见的，或是吃醋，或是不懂中国画，或是对于中国文字不大清楚，那他随便乱吠，甚至连我介绍艺术给大众的这点意义，他竟狂妄地乱吠起来，我只有惋惜他不懂国画，或是不懂中国文字。好在事实胜于雄辩，现放着溥画在水榭，不妨请大家再看看去。

1935 年 9 月 3 日
《北平晨报·闲谈》
署名闲人

山东省水灾筹赈会文物展览

鲁西水灾奇重，在平诸名流，由吴子玉将军发起，成立山东省水灾筹赈会，现正积极进行。闻文物展览一项，有海渊阁杨氏藏书，潍县陈氏万印楼藏印，皆海内外人士渴欲一观者。

又余叔岩，已七年未登氍毹，顷以桑梓关系，将于中秋节后出演赈灾。按：叔岩喉音失润，系为其同业忌至者所害。调摄数年，较前尤为洪亮，前于某宅寿堂，临时为人怂恿登场，演《盗宗卷》，即为喉音复原之证。

1935 年 9 月 6 日

《北平晨报·闲谈》

署名闲人

中国画学会画展

中国画学研究会，有悠久之历史，社会人士，久已习熟，无待复述。该会容纳爱好国画者，不拘程度，不收费用，如成绩优良，五年后给予证书，以故有志斯道者，会员得数百余人，为北平惟一研究国画之机关，与金潜盦之湖社，并为北平研究国画之团体。该会发行一种定期刊物——《艺林月刊》，内容丰富，去取精粹，除补白文字割裂难于卒读外，要为北方艺术刊物中具有权威者。假令能于补白诸文，显分节段，使每期中略分起讫，其嘉惠后学，当非浅鲜。

本年为该会第十二次成绩展览，已于八日在稷园水榭公开展览，作品数百件，分陈六室，在量的方面，稷园可谓画展中之最多者。而质的方面，若周养庵、贺履之、陈半丁、陈伏庐、萧谦中、徐养吾、汤定之、张善子、张大千、溥雪斋、溥心畲、马伯逸、秦仲文、管仲康、李鹤筹、李达之、李筱泉、颜伯龙、赵梦朱、孙宋若、王小山、王雪涛、傅光普……皆画坛老将，或尚雄奇，或趋简率，或绚烂至极归于平淡，或刚健之中含以袅娜，而徐菊人相国之《梧石图》《老梅图》，其妙处在太"外行"，此所谓尽脱画师窠臼也。此外作家林立，张肖谦之兽，刘凌沧、黄懋忱、卜孝怀之仕女，赵师惠、张万里、洪容静、邢一峰、王青芳……之花卉，石君谋、金丹西、祁景西、陈志浓、杨瑞龄……之山水，皆有独到之处，蔚然成家。而穆蕴华之《浮峦暖翠图》，直欲由烟客、湘碧而上冲元人。黄仲管夫人以七十七大耄之年，写苑华原秋山行旅，皆为该会生色不少。此外佳作尚多，只以限于篇幅，不及一一列举，遗珠之憾，幸闻者谅焉。

1935 年 9 月 14 日
《北晨画刊》第 6 卷第 5 期
署名闲人

中國畫學研究會第十二次成績展覽同人攝影

中国画学研究会第十二次成绩展览同人摄影

181

王济远先生来平

上海美专副校长王济远先生，歙人，此次挟其作品，由沪而青岛，而天津，在津美术馆举行个人画展，极博津沽人士之好评。盖先生长于风景画，游踪所至，无论油绘、水彩、国画，融会中西，皆有其独到之处。今先生载誉来平，想落寞故都，当不少堪供先生参考资料也。

1935 年 9 月 17 日
《北平晨报·艺苑珍闻》
署名闲人

北海公园游艺会展览珍品

山东水灾筹赈会所办之北海公园游艺会，为期虽仅两日（展览会则为七日），而游人之多，不亚于初秋之七夕。是日戏剧在天王殿，国术在三希堂，坤书、八角鼓、河南坠子分在双虹榭、仿膳茶社、琳光殿，皆人满之患。书画古玩售品部在永安寺，珍品展在道宁斋，布置颇不偏枯。珍品中有《蔡中郎碑》《西岳华山碑》，皆未剪裱，海内孤本也。蔡碑为人间罕见之本，华山则世传三本之一，亦世间尤物。二本并潘馨航出品，巍为鲁殿灵光。说者谓鄂赈溥心畬出所藏韩干《照夜白》，今此二物，足与抗行，不虚也。又冯公度出品宋徽宗画《明皇训子图》，麻纸本，后有赵松雪一跋，为式古堂故物。予曾见其后元明人数跋于友人许，亦麻纸，延津之剑[1]，不知能复合否？

1935 年 10 月 21 日
《北平晨报·闲谈》
署名闲人

---

[1] 延津之剑：取晋时龙泉、太阿两剑在延津会合典故，比喻因缘会合。

北海非卖品展览

　　数年来对于艺林诸消息，自谓真确而迅速。惟此次书《华山碑》《蔡中郎碑》未剪本，比读吾说者至北海道宁斋，则所谓非卖品展览好，竟尔"关门大吉"，耗时破钞，抱歉良深。则惟有认为眼福太浅，此并世尤物，不宜使人共赏，聊以解嘲耳。闻友人王君度公（浅刚），所藏刘松年一《松》幅，王居正《岁寒三友》大卷，钱舜举《梅花》幅，已为该会借去，居正生于宋末，画极少见，此卷高三尺，长四丈，可谓奇观，而该会并未陈列，惜哉！王君于黄县丁干圃家，以巨金得赫连砖，亦为吾鲁尤物（丁有赫连砖馆）。吾不知该会原定展览七日，而何以仅随"杂耍""坠子"而二日即闭幕也？

1935 年 10 月 26 日
《北平晨报·闲谈》
署名闲人

关洛画展

内江张君大千，两登太华，积稿盈箧，现定于本月三十日假公园水榭，开关洛画展，江安傅沅叔[1]为书启事，录之如下：

张大千关洛画展启事

吾蜀张君大千，昨岁登临华岳，正届中秋。今岁赴招携俊侣，为峰头重九之会，佳节胜游，标韵清迥，途中筇屐所及，更访古东洛，选胜终南，寄兴挥毫，触景延赏，烟岚濡染，卷轴遂多。顷者税驾旧京，重理箧稿，更得贤昆善子补写禽兽，于君非庵点缀虫鱼，凡成一卷，实兼众妙，群史披观，相顾骇叹，咸谓灵境

---

[1] 傅增湘（1872—1949），字沅叔，自署双鉴楼主人、藏园居士、藏园老人、清泉逸叟、长春室主人等。藏书家。

为天所闷，一旦得君而传，张之素壁，可作卧游，结此古欢，宜申嘉会。爰以某日某地，敬延时俊，相与赏欣，忝附交期，嘱为喤引。昔王弇洲题王安道《华山图》，称其天骨遒劲，深得马夏风格，天外三峰，高奇旷奥，胜概尽传。今大千造诣通神，何减安道，顾余老钝，未参画理，品藻古今，殊愧弇洲，妙鉴精裁，伫竢方雅。

藏园居士傅增湘谨启

1935 年 11 月 27 日
《北平晨报·闲谈》
署名闲人

且请读一画

　　阴霾的天气，渐渐地透过一些阳光，虽在这冬至之月，倒还不见得有什么大冷，这未尝不是我们当老百姓的一点福气。我们趁着这种微妙的时候，且进些酒食，赚他个一醉半饱，了此一天，在这种年头，只有这是我们做老百姓的一点自由，至于什么经国大政等等，那都不是我们可以妄谈的。好了，张大千先生关洛纪游画展，又在公园水榭自明日起举行了，并有善子先生的大作和小的画的草虫。大千先生的画，自游太华，作风又变，山岳灵淑之气，奔赴腕底。益以其兄善子所画的走兽，我画的草虫（？），真可说是珠联璧合，并不吹牛。那么，吃些个淡酒，啖两方大肉[1]，跑到公园读读画，这未尝不是在这种年头，承两位张先生和小的对于大众，在心灵上一点冰激凌式的小贡献[2]。倘或到了"北风卷地白草折"的时候，那谁还有这些闲情逸致呢？

1935 年 11 月 29 日
《北平晨报·闲谈》
署名闲人

---

[1]　原注：俞涵青先生谓酒愈淡愈佳。汤尔叟自煮肉，色香味均佳，每块纵横三寸又十之四，厚如之。尔叟对客表演，一口吞下一方，连啖两方。

[2]　原注：张大千先生每当慷慨激昂之时，能啖冰激凌十二碟。

颜伯龙画展

颜君伯龙，昔好蹴球之戏，矫健为一时冠。观其人，可以想见其驰骋球场，不可一世之概。比读其画，秀逸飘忽，不类其人，然后知颜君之为奇人也。君居常御粗布服，敞其衣纽，握鼻烟狂吸，每有谈，蕴藉风流，仿佛古燕赵慷慨悲歌之士。今出其所作，都七十幅，自本月六日起，至十日止，张之稷园，公开展览，世之欲识颜君者，不可不前往一观，世之已识颜君者，尤不可不前往一观。

1935 年 12 月 9 日
《北平晨报·艺苑珍闻》
署名闲人

北平画家联合画展

　　天津高、曹、赵三君，特约在平画家萧谦中、胡佩衡、张善子、溥心畬、徐燕孙、张大千、何海霞及敝人，在津永安饭店开联合画展，日期已定于自本月十一日起，展览三日。萧胡溥张，皆为山水名家，善子尤长走兽，徐则工写人物，何为大千得意弟子，此次画展，可谓济济一堂，琳琅满壁。说者谓："合许多山水专家，仿佛菩萨过海，各显神通，而善子画几幅走兽，闲人弄两帧草虫，倒落得清闲去看看闹热。"而或又谓："徐画人物，张亦画人物，二人合展，可惜不在北平，羡煞津沽人士眼福不浅也。"

1936 年 1 月 8 日

《北平晨报·艺苑珍闻》

署名闲人

谭宅书画展

爆竹声中，马马虎虎地年过了，春节也过了。究竟开岁以来，变化得如何，能不能保持着故我，这在关心我这《闲谈》的读者先生，一定更要很严厉地监视着我。闲人无他长，只是读了几天书，钓得几手鱼，偶然吃几杯酒，酒后和知己的朋友闲谈来，很亢爽地狂说一阵。闲人本是山左末族，有时做起事或是说起话来，总不免带一点齐东野人的味道；然而这味道是光明的，是心直口快的，延长起来，总要保持着一条直的线，极力克制着曲的线条。以故十来年写一些东西，谬承读者不弃，很少被视为随意瞎说。今春节过了，将见与民更始，万象更新，我在这里，先写一点艺苑消息，作为春节后的开场戏，因为艺术是曲线的呀！

190

百粤谭瑑青[1]先生，肴馔之精，久为知交所乐道。先生精鉴赏，富收藏，每当春节，即其居庐为书画展，颇为故都人士所重。今年春，先生于其居，西四帅府胡同四十六号陈列法书名画，任人参观，期为八日，国历一月二十六日起，至二月二日止，想爱好书画者，当争先快睹也。

1936 年 1 月 27 日
《北平晨报·闲谈》
署名闲人

---

[1] 谭祖任（1871—1943），字瑑青、篆卿，广东南海人。学者、鉴赏家。谭家菜是中国著名的官府菜之一。

稷园画展

连日的气温，虽已缩退了三四十度（华氏温度），而艺海里的空气，却来得十分紧张，友人们迫着我不得不再往下去谈。但我缩在寒斋，虽觉得"不寒而栗"，而朋友们这种期待，大可借以消愁，那我何苦羁于一谈乎？金君执中[1]、李君端善[2]的画展，在稷园已博得好评，兹不具述，继之则有东阳邵君逸轩所办国画研究所画展，自十九日起，在稷园董事会，展览山水人物鸟兽鱼虫等画，直至本月二十六日止。在居住这古城的人们，当您喝完茶、吸完烟、听戏看电影之余，划船打弹子之后，游泳池似乎还早的时候，您不妨在稷园溜达一下，牡丹虽残，芍药刚发，卫生展览看完之后，不必去凭吊那因不惯风寒的枯竹，凌雪犹荣的古柏，而您径往董事会看看画，坐在来今雨轩歇歇脚，这未尝不是一点好消遣！

1936 年 5 月 21 日

《实报·漫墨》

署名闲人

---

[1] 金执中（1908—1963），字允生，号执湖、允湖，北京人，画家。

[2] 李端善，字叔平，号端湖，北京人。书画家。1938年二人组织"北平画社"。

邵逸轩画展

　　予尝谓："宁在层层压抑之下，战战兢兢，谈华北时事，而不可谈故都艺术界诸公。"此非怵于如何如何，实则"近之"不能，"远之"不可也。自三春以来，画苑诸公在稷园举行画展者，已有五七起之多。绝不因防共协议之如何如何，华北增兵之如何如何，而有所顾忌。高视阔步，大张其剩水残山、残葩枯柳。最近东阳邵逸轩复开画展于稷园董事会。中有三幅最令观者驻足，一为《秋山图》，中有世称"黑萧"先生一题，其意似不满于画北宋之旧王孙溥心畬。一为《冬景》，亦有"黑萧"先生一题，则直指张大千画石涛，实不如邵逸轩远甚。观者则咸私为评量。此外有《芦塘观雁》一轴，齐白石题云："世有得画名者，无不盗前人之作，或用影勾，欺己愚人，殊堪一笑。……"观者对于"世有""无不"，则颇费咀嚼，惟此数次画展，甚少有人出资买一两幅也，不知何故。

1936 年 5 月 27 日
上海《大公报·非厂漫话》
署名非厂

稷园展讯

连日家居侍疾，足未出门者一周。星期日（卅一）便道至稷园，稷园画展有四，不可不记也。汪君亚尘[1]在水榭北厅及两厢。罗君止园[2]则在南厅，两旁壁垒森严，若乡村演唱对台然。罗君在故都授徒，汪君则来自沪上，故北平艺术界为欢迎，始有前日盛大之欢宴。好在罗君独工于山水，所作仿佛顾若波、陆廉夫。汪君写花鸟，鱼尤精妙，四鳃蠕视，龙睛鱼尤为特绝，二君分道扬镳，观之煞是好看。罗君胸佩绸条，上书"止园候教"四字，时往来于琳琅满壁之间。汪君接有不少宣言，仿佛此来对于某校有何作用，空谷生风，使为地主者未免难堪。

雪庐国画篆展在春明馆，皆青年画家之勤求六法，孜孜不倦者。

---

[1] 汪亚尘（1894—1983），字云隐。画家、美术评论家。

[2] 罗文杰（1879—1953），字亦才，号未若、止园。清秀才，后居北京，潜心中医和绘画。

虽未即于精妙，而一树一石、一花一鸟，咸有法度，是于成功，仅时间的问题耳。据云：开会才四日，为人买去者，已四百余元。

陈春甫个展在董事会，陈君无一不能，画笔亦爽朗，倘能兀兀求之，去成功当不远。

1936 年 6 月 5 日
《实报·漫墨》
署名闲人

旧王孙画展

恭王府溥君心畬（儒），世称其画与张君大千，皆具特长，遂有"南张北溥"之誉。恭邸收藏颇富，君又出入大内，得纵观内府法书名画。民国后，避嚣居西山，学画十余年，深得五代两宋遗意，因自号"西山逸士"。"九一八"前后，君闭门家居，不预外事，一以绘画消遣，虽困窘至于货书画，怡也。予曾数为文，绍介君画于世，而人之得君画者，咸珍袭以藏，以为闲人绍介之不虚，犹之乎张君大千来故都，予首为文绍介之，得者尚以为未能尽其艺也。溥君山水、花鸟、人物、狗马无不工，而山水画愈小愈精，杖头卷子宽才三寸，长逾丈，写北宗山水，妙到毫巅，而浑沦之气，为三百年来所未有。今闻君已积得近作百幅，定于本月十五日起，在稷园水榭公开展览。缘君由杭州定织仿宋圆丝绢，其细致若君所藏易元吉（宋人）卷子，以君高简之笔，写北宗山水，当更生色。会期五日或七日未定，而知者咸盼其期较长云。

1936 年 6 月 7 日
《实报·漫墨》
署名闲人

亚尘画展

　　沪上闻人黄君宾虹来游故都，适汪君亚尘亦来稷园开其个人画展。予以侍疾家居，足不出户者旬日，汪君画展之末日，始得抽暇往观，时为六月一日星期一。汪君会场据水榭北厅及东西厢，作品不多，以画金鱼、鲈鱼为最。时南厅有罗君止园山水画展，二者相映成趣，若乡村中之"对台戏"然。罗君予不识其人，据云"画山水有四十年之经验"。视其画，仿佛得力于顾若波。汪君期才三日，又值睦邻之兵甫到，致汪君售出之品不多。闻曾向万国美术所接洽续展，不审有成议否？最趣者，北平孤城，尚不知存否，而竟有人散放传单，认为汪君来此，系有如何如何之作用，兼对于欢迎团体如京华美职学校邱石冥、北平美职学校王悦之、北华美专学校张牧野以及吴迪生等，妄为诋諆，斥为为虎作伥，是亦堪发噱者。

1936 年 6 月 8 日

上海《大公报·非厂漫话》

署名非厂

东洋美展

　　那一天（七日）我去参观东洋美展，感到了一些兴趣。我对日本画，尤其是旧派，我很研究过它的历史和作风。它的画，无疑的是受了唐宋画和康乾画的影响。我国自元末四大家蔚起，把以前的东西，差不多变作四家式的东西。而它却不断地在唐、五代、两宋和吴墨井、龚半千、王忘庵这些人作品上去研究，所以蔚成了很古典的日本画——旧派。不过最近这几十年，他们对于用纸、用笔、用颜色，倒不大讲究了，这是很可惜的一种损失。水榭所展览的，是日本新派的画，这种画在技巧方面，的确是成功的，尤其是画鱼。画鱼在国画上也是很重要的，不过国画重在趣味，有时连水都不去画，即一种濠濮之思，跃然纸上。这次画展以竹尾、竹坡弟兄们的作品为多，最特别的是全场都充满了日本画的味道。

1936 年 6 月 10 日

《实报·漫墨》

署名闲人

画展潮

在此谣言潮之中，画展潮乃如黄梅雨，不断地淅淅沥沥，洒个不停。据稷园董事会某君云："自上月起，来会接洽画展者，直至端阳节前，董事会、水榭、春明馆、来今雨轩餐室，日期衔接排列，后来者必于其隙通融几日，此诚不愧故都为艺术之府，不然，谒画伯若是之多也？"按：汪亚尘画展之后，近有徐北汀[1]山水花卉虫鸟画展，至十二日止。十三日即为花鸟画家汪慎生[2]个展，发起者多晋察贵人，可见汪画之名贵。继之者则有恭邸溥心畬，心畬画世有南张（大千）北溥、南吴（湖帆）北溥之目，写北宗之剩水残山，大有满目凄凉之概，予曾数为文"捧"之。心畬现定于六月十五日起，假稷园水榭公开展览，期为七日。"世难方亟，艺术是娱"（徐北汀请柬语），当此南北东西辟谣，平津驻军强化，逼人之端节将临，而稷园画展潮，大可以安定人心也！

1936 年 6 月 11 日

上海《大公报·非厂漫话》

署名非厂

---

[1] 徐北汀（1908—1993），又名渺尊、徐熹、森翁。江苏吴江人。画家。

[2] 汪溶（1896—1972），字慎生。安徽歙县人。画家。

汪慎生、溥心畬画展

　　今年各位大画家、名画家，都肯把他那最精最得意的作品拿出来，给人们——尤其是爱好国画的人们以欣赏、购买、批评、观摩的机会。大概自稷园牡丹未开直到现在，已经开过画展的，在数量上已成为空前未有之多了。有人说："很像雨后的春笋。"又有人说："倒不如说是雨后的蘑菇，有大有小，倒恰合各大画家的味道。"我们处在谣言而渐至于不言，似乎还是看看画，逛逛公园，比什么都可以消灾免祸。据我所知道的，汪慎生君确定于十三日在稷园董事会启幕，溥心畬爵士却改为七七日在水榭启幕。汪君画有一百六十件之多，有很工细的笔墨。他虽欠我一幅山喜鹊已经三年，但是请读者放心，他大概不久就要还我吧？心畬先生的画，固是好的，不过似我这类穷人，总希他老先生把那不经意的扇头零幅，定价小一点，使我们出他几元血汗钱，也弄上一两件，仿佛一碗蘑菇丁汤，聊以解馋！

1936 年 6 月 12 日

《实报·漫墨》

署名闲人

稷园画展潮

　　汪君慎生画展，已于"游行""关城"……之昨日（十三）启幕。汪君此次画展，据闻就笔墨纸绢等材料而言，有鼠须笔、吴天章墨、宣德纸、至正绢、乾隆石青、康熙燕支……故一入其室，古色古香，仿佛千八百年前古画。大家同处于最前线，大可一任其后方之捣蛋，而同来看慎生画展也。至于装裱之精，红木镜屏之华贵，尤其余事。（汪君赐我山喜鹊，尚未颁下，读者幸勿误会。）水榭中西画展，为多灾多难之京华艺职成绩展览，在私立艺教团体，该校富有奋斗之历程，方始有今日之成绩。在教授方面作品，固膺十选。虽该校学生作品，中西画都甚精能。假如该校有充分经费，其成绩更不可以道里计。此外有中国画学研究会一部同人所组织之艺林书画展，在春明馆，拥有王敬岩、邢一峰、刘恩涵诸公，画件虽不甚多，而佳品亦不少。读者诸君，当此扰攘之际，肝火必盛，不妨到稷园走一趟，看看画，散散闷，涤涤心火。

1936 年 6 月 14 日
《实报·漫墨》
署名闲人

稷园观画展

　　连日干热，使人心烦口燥，忽然阴云密布，狂飙尘飞，吾人所希望之时雨，诚如天旱之望云霓者，而天之予吾人以失望，正如瞻望南天，使人为同一之不快也。蛰居狭仄，类前书"大杂院"，我虽不太习惯，尚电车售票者摇一摇头，而稷园出入十大枚，确未之敢者。汪慎生画展，则已为人买去精品；京华艺展，又复如期开幕，此其中不无可记者，祛热消渴，言之且无罪焉。京华教授吴镜汀，此次出得意之作数幅，要以一小幅画人物车马者为最精。邱石冥作风奇古，且成一家。胡伯琴花鸟，深得明人遗意。胡荫樟山水，以拟王黄鹤者为最精。此外若白铎斋之刻竹，极工妙之致，是皆该校之可记者。张君牧野所办之北华艺职画展，精品甚多，入其室亦可涤心烦，止口渴。吾人处此干热之中，黄灾大奖既已未得，端阳迫人，又若悟空之金箍儿，一了百了，请先不必看南天之风云也。

1936 年 6 月 16 日

《实报·漫墨》

署名闲人

请看扇展

　　溥君尧臣所办扬仁雅集扇展，自君故后，咸意此举将随之而息。不意已于本月十七日在稷园春明馆，由其公子继先志，赓续举行，此艺苑中可喜之事也。吾人际此干热之后，继以不雨，于是惶骇惊疑，以为将有井枯河干……之难。孰料，衡岳疑云，虽依动荡，而津沽时雨，沛然可喜，则又何必故事张皇，以为真要"那个"也乎？有人责我："《漫墨》固不太讨厌，而时常弄这些艺院画展来敷衍，则未免观之乏味。"殊不知我写"小牛肉"……最易，且最易着笔。独至于艺海探珍，则必斟酌至再至双，太专门，不好；太普通，亦不好。有时因为用字不慎，时开罪于人，转不如写"小牛肉""大杂院"易于为刀也。不过敝意以为，际此暂时太平，请大家买一柄扇面，既祛暑，又驱蚊，岂不甚妙！

1936 年 6 月 19 日
《实报·漫墨》
署名闲人

福开森古物馆

（三则）

一

　　美国福开森博士，他在中国几十年，收藏了不少中国的古物。他不肯把这些东西运回美国，他肯把它捐赠所创的金陵大学，同时又由钱孟材这些位朋友，请他把大部分东西，陈列在文华殿，任人参观，这种义烈之举，真值得我国人感谢的！在去年文华殿成立福氏古物馆，我很写了些东西，绍介给大家，今年恰正一周年，时光虽过得很快，但是这不朽的古物馆，也伴着我们这座孤城，巍然在那里存在着。他所收藏陈列的东西，大部都很精，古玉、古瓷、古陶、古铜、甲骨，很有些罕见之品。法书里有王羲之的《嘉兴帖》，朱夫子的手札，而那本宋拓《大观帖》，更是人间的尤物。同时他还得了收藏这帖的人，请何绍基写的匾"观斋"，所以福氏也自号观斋。名画里最著名的，要算王齐翰《勘书图》了。这本东西，流传有绪，开首有宋徽宗题字，后有苏东坡兄弟两跋，也是一件很名贵的东西。

1936 年 7 月 1 日
《实报·漫墨》
署名闲人

二

我们贵国的古物，经过先贤的保藏考订，流传下来，供给我们后人研究参考，这东西不晓得有多少。我们对于这些东西，视为私人的珍玩，一旦人亡物散，又不知流落到何人之手。至于受水火等等意外的飞灾而消灭的，那更不知有多少。自从海禁大开，这些古物从而流到外洋，到现在只恐怕要占中国古物的一大半。本来国家都快亡了，这些东西还值得去注意么！但是上月三十日那天，是福开森古物馆成立周年纪念日。我对他那些东西，都很熟悉的。此次所添陈的东西："甲骨"是王濂生[1]年丈的旧物，虽不多，有几片确是武丁时代的东西。"古钱"是初渭园旧藏，见于《吉金所见录》的。另有宫子行旧藏，其中有极罕见的东西。"缂丝"这东西，在我国古代是装饰上顶重要的东西，其出于女人手的，更是女红上顶高的技术。他搜集了几十幅，陈列在本仁殿，这种古代图案画，也是值得去研究的。

1936 年 7 月 6 日
《实报·漫墨》
署名闲人

---

[1] 王懿荣（1845—1900），字正孺，又字濂生，山东烟台人。金石学家。

三

福开森博士，将其捐存金陵大学诸古物，由古物陈列所主任钱孟材君在文华殿辟为福氏古物馆，假陈诸物。说者谓借此可为三殿保险，语虽谑而近理。今年六月三十日适为该馆成立周年，由钱君柬邀各界往观。予与钱君、福氏均旧交，其物又夙悉，故是日去独迟，适值摄影，得遍观来宾，而去年今日巍然居主位之"燕京三怪"吴玉帅[1]（金息侯所著《瓜圃述异》，指吴为三怪之一，未免不伦。予别有说），并未前来，亦足记也。福氏除古玉、古铜、古瓷……外，新陈者有泉布三百余枚，甲骨虽不多，要以王濂生年丈旧藏武丁时物为精。古锦、古缂丝，有绝精妙者，约八十种，极可观。至于王齐翰《勘书图》、榷场本《大观帖》，则伴此古城已一周年，不具述。

1936 年 7 月 9 日
上海《大公报·非厂漫话》
署名非厂

---

[1]　吴佩孚（1874—1939），字子玉，山东蓬莱人。直系军阀首领。

艺专易长

北平昔有艺术学院，漆黑一团，久为人所诟病。自改为艺专，另起炉灶，以北平居艺学府之地，方冀其延揽专家，宏其美育。某君[1]长校，登台之日，所发表专家，皆非北平所谓第一流人物，于是北平艺苑大哗。同时王梦白且因之气愤致疾。近闻该校已易长[2]，某君长校历两个整年，时期不可谓不长。在此两年中，除学生参加校外运动，不免被打被捕外，但校内绝未发生风潮。说者谓"凡是校内风潮，差不多都是教员所鼓荡。某君自谓'第一流名家脾气大'不用，所用皆情愿谨守课程，惟恐饭碗有问题，自不敢鼓荡，以故在此两个整年，从未发生较大之内潮。此正某君善于办学，能使学生无论所读何书，而皆有书可读。今不知何以易人，则殊令人惋惜"云。

1936 年 7 月 11 日
上海《大公报·非厂漫话》
署名非厂

---

[1] "某君"指严智开（1894—1942），字季聪，天津人。曾于日本东京美术学校西洋画科、美国哥伦比亚师范学习西画。1934年6月担任北平国立艺术专科学校校长。

[2] 赵太侔（1889—1968），名畸，字海秋，山东益都人。1919年赴美留学，1925年归国，任北京艺术专门学校戏剧系主任。1936年任北平国立艺术专科学校校长。

凑班戏

　　我这次很大胆地把我的画要于十四日起在稷园水榭开画展，东西本来就不高明，所幸有几位朋友，也把他们的画加入展览，而我这些位朋友，又差不多和我一样的非知名之士。这种"凑班戏"，在这闷热的天气里，我倒无妨先介绍一下。何君海霞[1]是长于界画的，他虽拜大千门下，但是他不断地研究宋院界画。俞怡云女士画写意花卉，仿佛王忘庵，近来又画些工细的虫鸟，至少也可以说很不俗。王学敏学琴姊妹画山水，姊姊秀润，妹妹冷峭，也是很富于天才的。洪静容女士画工笔花卉，是很有来历的，她画的梨花更妙。曹君叔丹刻图章，画花卉，都秀丽古雅。荣君瀚源富于摹仿，可以说是学什么像什么，这次他的画有很好的。唐君灏澜很能学石涛，受张大千的影响不少。这次承他们拿出些东西来，我们这"凑班戏"，大概不致使我一人唱"独角戏"了。

1936 年 8 月 10 日

《实报·漫墨》

署名闲人

---

[1]　何瀛（1908—1998），字海霞，北京人。书画家。

美国美术文化团

美国纽约有所谓东洋美术文化研究团者，其团长为勋四等松元宗吾，副团长为美国人，团员则为美国各大学教授、美术馆馆长……一行三十余人，日前来平研究中国画之用笔、用墨、用色以及纸绢指头等画法。诸人皆美国女子，有正在妙龄，有年逾半百者。吾国对于此种团体来游，向无组织，一任其于东交民巷觅一二苦力翻译，与之周旋，致彼之所得，皆下流印象，遂以为老大之中国仅如此。此次来游，其团体组合较密，嘱由古物陈列所钱孟材君约请名画家为之讲述，钱君见商，因特约旧王孙溥心畬为讲中国画史，不才亦为之讲述中国文人画，与夫用纸、运笔、用墨、着色诸法，凡四日，彼所误受"那个"之影响，竟一扫而空，是又孤城落日中，堪告我南中人士者！

1936 年 8 月 11 日
上海《大公报·非厂漫话》
署名非厂

书邵氏兄妹画展之后

前天我到稷园看邵氏兄妹画展,妹幼轩作品,一本家学,以那幅《秋柳八哥》画得最妙。兄是师事白石山翁的,但那幅《鲇鱼》,以大笔状其圆滑柔曼,确为不可多得之作。兄妹这种画,如果继续努力,那么与其说"青出于蓝",毋宁说"雏凤清于老凤声"。同时使我深羡逸轩先生有福气!我这次画展,请柬在一星期以前,即交久负盛名的某大印刷公司去印,不想他们生意太忙,这种零碎印件,竟致十二日下午十时方印成,致各方友朋未及送去,这不一定要请朋友们原谅我,还要请朋友们原谅某大公司他们太忙!我这次画展,也未及刊登广告,大概三五天马马虎虎地也就过去。十八日起在春明馆展览的孟竹盦先生,的确功力甚深,很值得一看。

1936 年 8 月 14 日

《实报·漫墨》

署名闲人

感谢朋友——
再会

　　我这次画展[1]，今日闭会，承各方友好不弃，予我以指导帮忙，这使我深深感谢的。我那些位常常见我画的朋友，他们觉得我太大胆而近于妄为，并且平日给他们画的，都是写意的花卉、细笔的草虫，而这次开会，却画了几十幅勾勒的花鸟，足见平日揩油的，就那样敷衍，而这次要"涉利"了，却勾勒起来，未免有伤雅道。又有人说："他这次画展，全变了从前的做法，从前是锥处囊中，这次是放了一颗炸弹。因为就是他即近的朋友，如赵梦朱这些人，也不知他偷偷地画了这些勾勒的花鸟。这次他的画虽很幼稚，但是他肯这样的复古、开倒车，在北方艺苑里，至少也要受些影响。"朋友们这样地责备我、期望我，都使我感激，使我以后益自奋勉。不过有人说我像萧二顺所去的汤勤，萧二顺的功力，我如何比得！而又何况并世无有那雪艳娘呢！

1936 年 8 月 18 日

《实报·漫墨》

署名闲人

---

[1]　指1936年8月14日至18日在北平稷园水榭举办的"于非厂何海霞画展"。

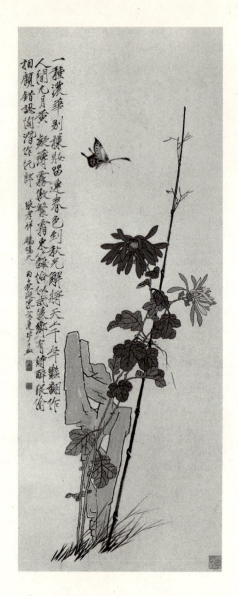

于非闇《菊石图》（1936 年，北京画院藏）

画展又见活跃

　　孟君竹盦诗书画展览，今日为最后一天。闲人获观竹盦画，早在一年以前，时予尚在北晨编辑室也。孟君画，疏秀淡远如其诗，诗予未多读，仅于属云楼见一二首。十八日冒雨赴春明馆读画，见所为诗，诗乃如其画之疏秀淡远也。予谓孟君书不如画，画不如诗，此犹之乎林琴南先生，其画固不如其诗之隽永有味，而先生之画乃独传。以此质之竹盦以为知言不？闻友人言：徐君燕孙正在卍字廊避暑，作画颇勤，每昼夜，拟于秋后开画展。按：徐君画笔高洁，无近三百年习气。所画仕女人物，工写咸精。今既"埋首苦干"，想届期定有惊人笔墨饱吾人眼福也。中国画学研究会，现定本月三十日起在稷园水榭开成绩展览会。该会为华北惟一之研究画学团体，所有会员，皆一时知名之士，此次征集会员出品，皆极精审，是亦新秋中为稷园生色者也。

　　按：翌日刊登订正文字：昨日《漫墨》，徐君燕孙句中"君"字误排，合行更正，并向徐于两先生道歉，希为亮鉴！

1936 年 8 月 21 日

《实报·漫墨》

署名闲人

画展具结

北平开画展，向止在稷园董事会商租房间，并无对于官家要负如何之责任，甚至于具结。予此次侍疾家居，间涉笔墨，偶因至友敦促，特假稷园水榭开画展五日，而竟须缮具甘结，呈诸官家，此破题儿第一遭，是亦谈故都掌故者，不可不知也。曩者吾传艺苑交际花王青芳被捕事，自尔，官家对于画家画展，认为允宜防患于未然，不者，画几笔灰色，涂几笔大红，都恐于国家大政、地方治安、社会风纪（？）等等，具有讽讥嘲詈煽动诱惑之危险。于是具结之文曰："今有某区界住户门牌姓名职业，定于某月某日至某日在某地开什么什么展览会几日，任人参观，所陈画品系×××字画等件，并无对于社会讥讽及反动等画品，为此具结是实。具结人姓名盖章。"此"反动"二字，最使我不寒而栗！

1936 年 8 月 27 日

上海《大公报·非厂漫话》

署名非厂

中国画研究会与黄山影片

中国画学研究会第十三次成绩展览，我曾为文记其涯略。该会拥有名画家多人，故其每年开会，颇为平津人士所注意。前日（二日）该会除陈列画件于稷园董事会，复于晚八时在社稷坛映放黄山影片。黄山为我国名胜之一，奇峰怪石，而松云尤胜，自明季即为写山水画者不可不游之地，而黄山派之山水，在画派中更为晚近人士所重。此片为江翊云、傅沅叔、周养庵诸公嘱联华影片公司所摄，黄山云海，摄入镜头，极宇宙之奇观，而始信峰一段尤饶奇趣也。闻该会以是日放映，电光银幕皆不合，拟于今晚再映一次。想新秋之稷园中，平添不少奇趣也。按：年来各处建设，若风起云涌，西子湖既已建设得不中不西，非复庐山真面目，莲花峰复又洋灰铁筋，洋楼洋房，则此片对于黄山之为黄山，至少要保存真面目于万一也。

1936 年 9 月 4 日
《实报·漫墨》
署名闲人

影攝人同會覽展績成次三十第會究研學畫國中

中国画学研究会第十三次成绩展览会同人摄影

济贫画展

耍笔杆助赈

我虽不必去看红叶，而我的确知道平郊一带的穷民。且不必是四郊，就这偌大的北平城，里面的穷人已够瞧老大半天的了！像我们这笔耕为活的人，除了在报上喊几句，那么，除了唱唱戏，在我也只好再耍耍笔杆，替穷人尽点力。因此，我灵机一动，只好找那位苦中作乐的张大千先生去。等到我会着了他，他首先说："人家连树叶还没的吃，而我们还要弄四川腊肉，这未免太无心肝了。"我一听他这话，正是我找他要他帮忙的意思，他既先获我心，我们在二十分钟里，商量在十二月五日起，开三天展览会，画款所入，全部助赈。由我们俩合画二十幅，各画五幅，起码纸要用乾隆内库，墨要用吴天章、曹素功，颜料要用御府所收。在这半个月中，要出全力画这些画，每画皆要尽其所长，绝不马虎敷衍。除掉稷园水榭南厅房租再求董事会减免外，收集画款，概委托管翼贤、穆蕴华两君，我们所请帮忙照料之人，除备茶水外，概不支会中一文。我想我们这样办起来，大慈善家而爱好我两人画的，出钱不多，既得了画，又助了赈，而我们也落得在这十五六天中，又练习了几十张画，又得到了大方家的指教，这岂不是一举而数得的事？而张先生来平数月，宿疾获痊，也正是跃跃欲试的时候了。

共襄义举

我和张君大千为赈济西郊赤贫画展，承各方面帮忙，真使我们感激之至。依目下这种闭门作画的情状看起来，大概总会在预定的下月五日如期开成。这里除了几位在会场帮同照料的朋友，他们暂不愿先宣布出来。那么，《实报》的管社长，《北平晨报》的田雨时先生、穆蕴华先生，他们都要会前会中帮忙的。此外稷园董事会诸位董事，对于赤贫，非常怜悯，愿将三日的房租，捐作赈济之用。还有那边中央照相馆李紫绥先生和光华照相馆宋美然先生，也愿捐助二成照片费。此外就是精于裱画的周龙仓先生，他也要把我们这三十幅画，加以托裱，纯尽义务。于是这种义举，都由各位先生完全助成。另外张君及门巢章甫君、何海霞君，也要特别卖卖气力。

要卖气力

为赈济西郊赤贫画展，将于本月五日在稷园水榭开幕。我和张君大千合作二十幅画，已全数竣事。同时我发见了我不少薄弱之点。但在我也未尝不算是不努力。张君个人的五幅，计有《水月观音》《金碧山水》《华山挂犁松》《黄山破石松》《仿石溪山水》。本来在举行赈灾的惯例上，似乎什么都要加价，戏可以卖到十元，电影可以卖到四元。但是我们这次画，就张君个人而论，反倒低减到一半。所以然者，是求这三十幅画赈一部分穷人，那只有这样，问心才觉得过得去。不然的话，张君也不一定要卖这么大的气力。我在这里特先声明一下。

再谢帮忙的朋友

我和张君大千这次画展，在事先既欠充分的筹备，自然在画面上尚不免有些不惬意的地方，所幸捧场的慈善家太多了，这区区三十幅有些不敷分配，大有后至向隅之感，这是我们要和大慈善家深深抱歉的。当事先我们粗定了几条约信，价自三十元至百元，这消息传出之后，菊园主人白永吉特地找我们，他说："我先定那最高价的两幅——一百元——不论您们画些什么，我是为助赈的，对于画面全不在乎。……"我们接受了白先生这种热情，所以张君在我家抓了张旧纸，一个人跑到东方饭店画了那幅《巫峡清秋》，我画了那幅《牡丹》，这纯然是替赤贫志感，并没有什么秘密。总之这一次承各方面朋友间接替赤贫者帮忙，这是我们顶感谢的。

济贫画展会后

济贫画展，颇蒙各方面不弃，热情援助，故得于一日之间，只余一幅，于翌日为人定去。会期虽仅三日，而一日有半之时间，已全部售出，不可谓非"画展年"中之打破以前纪录者（时人谑今年画展之多为画展年）。此非关乎画，乃西郊穷人该当平添此两千多元赈济费耳。会中承管翼贤先生赈我帮忙同人两席西餐，来今雨轩赈我帮忙一锅牛肉，两桶大米饭，并特许可以使用竹箸。董事会捐十八元房租，四元二角煤火。《北平晨报》捐印画签，《实报》捐印目录，中央照相馆捐照合影，并与光华照相馆各以所售画片所得提捐二成，此咸足深致感谢者。而穆君蕴华、管君翼贤，会前会中之帮同策划，牺牲时间与精力，且不能计。同时张夫人黄凝素女士，以张君作画失踪，因而致病，则尤使我抱歉万分者。至于我们友好吉珍斋老板萧静亭，会期三日，早至晚归，累至减食。（据说是吃牛肉吃得太多，大概不一定。）永吉斋老板张佩清，每日两餐，半归自备。雅韵斋老板苏凤山，心广体胖，出汗不少。集粹山房高徒，不惯西餐，挨饿两顿。巢君章甫，书画之余，又复布置会场，书写签条，而犹贾其余勇，与参观人较量高低。何君海霞助画之外，则又持筹握算，圈点钩乙，惟见汗流浃背，目眩头昏，凡此允宜大书而特记者。又画共四十幅得款一千九百八十元，戢劲成[1]先生定画扇面十页，助洋二百元，共得二千一百八十元，布幛、图钉、煤火（董事会减收）、茶水、酒资等共用四十二元，而董事会所捐之十八元房租，则在画款二千一百三十八元之内，并未特别提出，用特声明。

---

[1] 戢翼翘（1885—1976），字劲成，国民党高级将领，曾任国民政府军事委员会北平分会委员。

应当请她们吃晚饭

济贫画会中尚有些零零碎碎之事，堪资谈助者。穆蕴华先生同他一位朋友，在星期日到会场中，直至五点钟才顺着曲廊闲溜达。那时园中游人已稀，他两位走着，忽听后面有女子的声音："你二位往我家里坐坐，好不好？"声清婉。穆先生四顾无人，才晓得这话是对自己说的，马上回过头来望她一眼。"往我家坐坐罢？我的晚饭还没着落呢！"她又这样紧逼了一句。吓得他二位三步两步跑出稷园。七日那天，穆先生告我上面的话，这时他正"眼同"《实报》的楼凤鸣先生监视着收款。等我们收完了款，我拖着穆先生再兜圈子，希望再照样遇见她们，而我确想在济贫划款中，先捐出几块洋钱，请她们吃晚饭去。

结束画展

我和张君大千济贫画展，承《实报》社代劳，办理非常妥适而迅速。计共得款二千一百六十三元三角，购得小米三万七千四百四十二斤。这样除掉"在场出力人员"，我们已致其感谢外，那么，由选购小米，监印米票，照料运输，以及调查贫苦，监放米票……这些位热心帮忙的朋友，尤使我和张君大千感谢不尽的。在我和张君，不过费去几天的工夫，而这种劳人费马的热心义举，这当然要请穷苦的朋友，要感激《实报》《北平晨报》和那位林雁宾先生。而同时我还觉得在这种年头，住在这"大城里"的长衫穷苦者，他们有的真比已经换了短

在北平稷园开赈济赤贫画展会四位画家，右起：张大千、于非闇、何海霞、巢章甫

褂的人还难受，只可惜我们的力量太小，我很希望有人对于这长衫穷苦者，而也注意一下。

1936 年 11 月 20 日—12 月 28 日
《实报·漫墨》
署名闲人

开岁画展第一人

　　我们在那圣诞节的鞭炮声中，于是乎一块石头，果真落到了平地。只可惜我在那一天（二十五）已经拒绝朋友，不曾听得杨小楼《单骑救主》，这未免有些"阿英听"些，而是一种损失。但是既已大放其鞭炮，那么，我只好趁这欢欣的时机，先绍介一下元旦起的徐君燕孙画展。前几天有徐燕孙、郭毅庵二君请张大千吃饭，我因为和张君另有些事，我恐怕张君借此推托，我只好"劫持"着他，而做了一回不速之客。在这筵席上，才晓得徐君燕孙已有三十幅好画，已定于阳年元旦在稷园董事会公开展览。昨天在《北平晨报》上，并且读了徐君《一践前言开画会》和《我的画展》两篇大作，同时并有穆蕴华、胡佩衡、厉南溪三篇绍介文，这本无须我这人微言轻的闲人再来绍介。不过徐君的画，我是老早就佩服的，这次画展，开在鞭炮声里，可以说是开岁画展第一人了。

1936 年 12 月 27 日

《实报·漫墨》

署名闲人

教育部第二次全国美展闻见录

　　我写这篇文字，是纯处于客观的地位，把所见所闻关于一切"全美"的东西，作一个无有系统的报告。有人说："二届'全美'是要熟审过去八年间吾国美术之进步，与其趋向，并且足以增进一般人美术兴趣，并助长其审美能力。而国难方深之日，有此会可以造成普遍的审美风尚，俾举国上下，负重而趋者，均获一种精神的供养与精神的调节，不致为任何苦恼或挫折所征服。"这话很可以说明二届"全美"的意义。我这次由三月十七日到达南京，正赶上各位审查员开始审查（十六日起），陈列完毕，是在三月二十九日下午，我于三十日晨登车回平。我虽未完全看到那些落选的作品，而已选定陈列的作品，我在那里曾徘徊了四五天。那么，我虽于全部美术品，不免有不太懂得之憾，而全般看起来，觉得这些美术，都是我全民思想技术的结晶，我国如果是灭亡的话，那么看到这些东西，似乎还不至于。或者起人留恋保爱之心吧！

　　以上是我在写这篇文字之前，先做个楔子。下面是本文。

　　教育部第二次全国美术展览会会场，是在南京国府路，坐北朝南两座洋楼，西边的是国民大会堂，东面的是美术陈列馆。这次的展览会，系连国民大会堂也借用过来，作为入场的进门。进门后向西行，是国民大会堂的两甬道，这里光线较强，陈列着摄影名作，如盛学明的黄山、钟山隐的西园一角、郎静山的黄海峰树、张印泉的蓬莱一峰等等，真是美不胜收。

　　由此上楼，西面是图书刻印陈列室，即第一陈列室。善本古书，有北平图书馆、北平历史博物馆、故宫博物院、中央研究院、中央图书馆、浙江图书馆等，而西北科学考察团的汉代木简，有六盒之多，这是顶使人值得研究的东西。私家藏书出品者，要以朱希祖为最多。全部图书，共编二百三十一号，但会场逼仄，陈列颇嫌拥挤。刻印在最后一室，并无特别名贵印谱（古印），近人作品，以张大千最惹人注意。全部共编四十七号，未免太少。

　　第二陈列室在国民大会堂正面，楼上所陈列者为美术工艺，计分铜器、陶瓷、玉器、漆器、杂品、图案、织绣。在铜器方面，有故宫博物院、古物陈列所、中央博物院等，都出的是精品。在陶瓷方面，有故宫博物院、西湖博物院、古物陈列所，计全部陶瓷一百五十四件，故宫所出宋元明清瓷有一百一十四件之多。而北平刻瓷家朱友麟所刻瓷，有五件在那里陈列着。玉器的出品，全为故宫博物院所独占，计三十三件。漆器，故宫博物院所出明清计十一件，此外皆福建的新漆器。杂品有雕竹木、雕牙、雕晶石等，皆故宫博物院出品。图案里也很有些新的设计。织绣共有十一件，但都可看出我国女红的秀美。

第三陈列室，满陈列着中央研究院殷墟发掘的古物和影片、图案。所发掘的东西，大概分殷时人的衣服、装饰、饮食、起居、兵战、音乐、陈设、建筑、丧葬、书契十类。这种东西，最使人注意。由第三陈列室下楼，经过国民大会堂的东甬道，在这里也陈列着摄影名作，而张善子那一张《黄山松》，下面坐着他那多髯的"老八"，也真富有画意。由此步出国民大会堂的会场，入于美术陈列馆。

美术陈列馆共有三层，楼下面是第四陈列室，陈列着建筑图案、雕塑、西画。建筑图案，在古的方面，有北平历史博物馆的金山寺，中国营造学社的观音阁模型。在今的方面，有十四件，而戚继光的纪念馆，倒有两件，可见人们之崇拜英雄了。雕塑有滕白也、刘开渠、王如玖、金学成诸人的作品。西画如王悦之的《弃民图》，曾一橹的《北平大西天》，刘海粟的《泰晤士落日》，徐悲鸿的《眺望》，吕斯百的《汲水者》，而那一幅写民族与毒蛇猛兽相搏战的巨画，更惹人赞赏，可惜我一时忘记了作者的姓名了。西画入选陈列者，共二百一十五幅，但是国内有名的老作家，却很少参加，不知是何缘故？

二层楼是陈列现代书画的第五陈列室。由四月一日至四月十日，共陈列四百九十三件，除三月三十一日以后收到的外，计共审定五百六十九件。这里边的书法才六十一件，既少而且好的很不多。至于画的方面，据一般人的批评，走正路的画法，有苏州出品，北平出品，而既多且精的，要推北平的出品，为全国之冠了。我对于这次北平中西画的出品，另有一个统计，可惜在我写这文时，还未计算出来。

三层楼是第六陈列室，陈列着历代书画，在公家方面，有故宫博物院出品的晋王羲之《快雪时晴帖》，唐褚遂良书《倪宽赞》卷，孙过庭《书谱》卷，颜真卿《祭侄文稿》卷。五代荆浩《匡庐图》轴，关同《山溪待渡》轴，董源《洞天山堂》轴。宋巨然《秋山图》轴、《雪图》轴，赵幹《江行初雪》卷，李成寒《江钓艇》轴，郭熙《早春行旅》轴，徽宗《文会图》轴，徽宗诗卷（古物陈列所出品），夏珪《溪山清远》卷（古物陈列所），《司马光拜左仆射告身卷》，宋人《独乐园图》卷，宋人《笺牍》册，《宋贤书翰册》，《宋十二名家法书册》，《宋诸名家墨宝册》，徐道宁《关山密雪》轴，王诜《瀛山图》卷，朱锐《赤壁图》卷，崔白《双喜图》轴，李唐《万壑松风》轴，陈居中《文姬归汉》轴，江岑《千里江山卷》，苏汉臣《五瑞图》轴，牟益《捣衣图》卷，马麟《层叠冰绡》轴，宋僧法常写生卷，宋人《赚兰亭图》卷，宋人《花王图》轴，宋人《小寒林图》轴，宋人《岷山晴雪》轴，宋人《梅竹聚禽》轴，宋人《枯木竹石》轴，元钱选《荔枝》轴，李衍《双松图》轴，高克恭《云横秀岭》轴，赵孟頫《鹊华秋色》卷、《枯木竹石》轴、鲜于枢合册，元人旧迹册，元人集锦卷，陈琳《溪凫图》轴，张中《枯荷鹨鹒》轴，吴镇《竹谱册》、《清江春晓》轴，陆继善摹禊帖册，唐棣仿郭熙秋山行旅图轴，颜辉《画猿》轴，倪瓒《松林亭子》轴、《雨后空林》轴、《竹树野石》轴，倪瓒王蒙合作山水轴，卫九鼎《洛神图》轴，杨维桢《小像卷》，刘贯道画《罗汉》轴，陆广《仙山楼观》轴，萨都剌《严陵钓台》轴，方从义《神岳琼林》轴，元人仿米氏云山轴，元人《古木寒鸦》轴。此外尚有明清人的书画，我觉得不必抄录了，现在且谈私人出品的。王一亭出品唐画《钟离铁拐图》。苏兆祥出品敦煌石室唐画。溥心畬出品宋米芾书尺牍二首卷、米友仁楚山秋霁。叶遐庵出品宋僧法常写生卷、元杨维桢字轴，王雪艇出品宋晁补之《渔逸图》、元黄公望墨笔山水。吴湖帆出品宋梁楷《睡猿图》和他出品的仇英仿龙眠白描《大士像》，都题着"天下第一"。张乘三出品宋人《阳生启瑞图》。方雨楼出品宋人画《岳阳楼图》。刘海粟出品《旧题关全山水》。章佩乙出品《旧题杨升山青云白图》。顾公雄硕出品《旧题刘松年兰亭修禊图》卷。周养庵出品《旧题阎立本维摩像》、元《李康画伏羲像》。庞莱臣出品元《柯九思双竹图》、元人《飞鸣食宿雁图》。张葱玉出品元王渊《棘林鹑雀图》。徐邦达出品元《张渥仿李龙眠九歌卷》。蔡元培出品元人《瀛洲春霭图卷》。

据一般人的评论，中央研究院在河南殷墟发掘的古物，这是在中国文化史上、学术上，一种有价值的收获。至于一切的古物书画，都是比参加伦敦艺展时精美得多，这很可以代表中国全般的美术。可惜筹备的时间太短，开会之前，未能在交通方面予以各方面参加以便利，这是在开这全美展览上，未免稍欠狭隘，而未能宏其作用。同时并希望这种会，要分年在各通都大邑轮流着举行，使人们看到了中国的美术，是这样的可爱，自然更坚强了人们爱国的心志，这和"国防影片"是有同一功用的。

1937 年 4 月
《实报半月刊》第 13 期
署名于非厂

赈川灾

自有民国以来，四川一省，几乎除近两三年来，没一年不打仗。老百姓好容易盼到暂时免掉了兵灾，而天公又不作美，又干涸起来，成了自有民国以来简直没有的旱灾，这是多么惨痛的事！当我和张大千在稷园开书画展的第二天，傅沅叔、邓宇安两先生，亲身来访，对于川灾，要我帮忙，这我如何敢辞！而张君大千为桑梓的关系，更是义不容辞。所以当天我二人即决定了，仿照去年赈济西郊赤贫办法，合作二十幅，个人各作五幅，即在水榭定妥房间，全数助赈。同时我们自己请朋友在会场照料，一切饮食、装裱开销各费，均归我和大千二人担任，不动画款分文。作品，因为是我和大千合作，自然比我们上次书画展，更要努力，而价目则要减低到二分之一，或只取三分之一。大概仁人君子，看在灾民身上，不至于不帮忙罢！

1937 年 5 月 25 日

《实报·漫墨》

署名闲人

艺风展览

在太庙的艺风社展览会，连日去参观的人，真是打破了以前在那里开会的纪录，这是很值得注意的事。日前（二十八）我在"本包厢"曾写了一篇"艺风画展"，这里边对于国画，不免发些牢骚，似乎在这"北京码头"，不应当说那些迂腐的话，使孙福熙先生不痛快。因为如果带了东西，走到上海、南京，或杭州的码头，一样的也不愿意人家再劈头说那一些话。不过，孙先生是认识国画的，是熟悉南北情形的，当然也能谅解我那些牢骚话。此次在太庙举行，合南北的艺术于一堂，自然如在广东、上海、杭州一样的满载荣誉。而同时把守在故都，不大容易看见的作品，绍介给故都人士的面前，俾太庙欣赏参考，这尤其是值得感谢，值得我再写一下子的。

1937 年 5 月 31 日

《实报·漫墨》

署名闲人

北平太庙举办艺风社展览的画家合影，左二孙福熙，左三卫天霖，左四王静远，右三王青芳（1937 年）

北平漫画展

　　很有人说："您应当积极地对艺苑多尽点力气，不应当消极地绝口不谈。你如果是不谈的话，是艺苑诸公的损失，而尤其是《实报》的损失。"我听了这话，我自己不禁哑然大笑。贺天健先生来平开画展，我未及写篇绍介之文，这是我对不住朋友的地方。前天（五日）是沈珊若、毛孟琰、汪燕生、蒯彦范四位联合画展在水榭，共有一百零二件，计沈君五十件，毛君十四件，汪君十八件，蒯君二十件。日期共三日。连日轰动平市的"北平漫画展"，在春明馆那间宽敞的房间，只是摩肩接踵的大家在欣赏，在赞叹，总是很满意地挤出会场，才觉得是热，是揩汗，是需要把扇子来扇扇。而这些位大漫画家，差不多都是《实报》半月刊的大将。

1937 年 7 月 7 日

《实报·漫墨》

署名闲人

春明扇展缘起

　　我好久不写文章，尤其是关于艺术的。我在未曾检讨这是什么缘故以前，在今日我倒乐意写这篇东西，作为春明扇展的一个楔子。

　　这一次扇展的动机，大概是受画潮的诱惑，有几个学生，他们不知天多高地多厚，他们不度德不量力来和我商量："我们可不可以开个扇展？"我觉得在这北京艺海里使他们拿出才学步的东西，供大方家来批评指导，这或者对于他们的进修上，不无利益。因此，我和张大千先生一商量，我就许可他们展一下子。"我们定在春明馆，这地方恰是堪供我们开会的。但是用何名义呢？"他们这样问。我想了想，我们既无社会的组织，又不愿成什么团体，我当时就本着"雨来散""平地茶园"的组合，就着春明馆这地方，"临时就喊作春明画会吧"。

　　这会里面的主干，都是张先生的门徒和我的高腿，有的在学山水，有的在描花草，有的在写人物，有的在画花鸟，都是些"才学乍练，俗中透俗的玩意"（杂耍场中的版本），不过蓬蓬勃勃的生气和他们殷殷向学的虔修，这又是我不能不许可他们在这北京艺海里，摇摇旗，呐呐喊，作为学业上的一种机会和测验。

"我们恐怕不成吧？岂不给先生丢脸!"他们异口同声地向我这样问着。这一问我很迟疑，我想，我根本就不成，他们自然要加上个"更"字，但是把张先生请出来，请他画几柄扇子陈列陈列，岂不可以壮壮门面，借资号召？我主意打定，我又很慎重地对他们说："我可以请张先生画几柄来。"他们觉得有张先生的大作摆进去，胆子又壮了起来。"那么先生是不是也给画几柄?"他们这一问，我只好向他们笑一笑。他们在表示满意之余，还要我写这篇缘起，我也不好意思拒绝。

1938 年 6 月 19 日
《新北京报》副刊
署名于非厂

介绍春明扇展

春明画社扇面展览，为集张大千、于非闇、唐灏澜、孙云生、谢天民、萧建初、田世光、洪怡、俞致贞、王学敏、王学琴、荣瀚源、郭致一诸画家最近作品而成。张于无庸绍介，唐、孙、谢、萧为张大千入室弟子，或工山水或擅人物，或传乃师衣钵，习古贤名迹，虽在兀兀研求，未臻绝顶，而蓬蓬生气亦颇可观。田、洪、俞、荣、王、郭为于非闇门人，或长于花果，或工于翎毛，或写渐江之长松瘦石，或学老莲之粉蝶幽篁，骨力虽未臻绝诣，而敷色确已祛乎甜俗。故此次扇展，于北京艺海中，亦堪称点缀。惟各人特长，尚有待于介绍，特就所知，书之如后。

唐灏澜，名怡，工写山水，喜为长松怪石层峦叠嶂。颇有古趣。

孙云生，长于山水，兼写人物，秀润天成。

谢天民，山水仕女兼擅，天分极高，故其所作，可直追古人。

萧建初，写山水学董华亭，得冲和淡雅之趣。

田世光，擅长花鸟，学宋院画，可以乱真。

洪怡，擅写生，尤长于花鸟。为画家赵梦朱弟妇，故其画能融合各家，时出新意。

俞致贞，画宗宋人，敷色典丽，勾勒圆劲。

王学敏，画山水学新安派，于瘦劲中有浑朴之致。

王学琴，书法冷峭，入于画，故其山水，有孤介之思。

荣瀚源，学陈老莲写花鸟，有古拙之致。

郭致一，山水学文衡山，尤长于用墨。

上就记者所知，略为介绍如上。闻张大千、于非闇所画扇面，均极精妙，盖此次与学生合作，自不得不出以精品也。会期自本月十九日起，至二十六日止。想届时当有一番盛况也。

1938 年 6 月 19 日
《新北京报》副刊
署名记者

周元亮画展

元朝人画山水，是承南宋之敝，壹以韵胜，不用说黄（公望）王（蒙）吴（镇）倪（瓒），就是赵松雪、盛子昭、唐子华、马文璧、王庭筠这些人，也都是独以韵胜的。自辛亥革命，这看画的眼光，也随之而生了变化。大涤子石溪诸贤，都大走其死运，王麓台、王石谷等竟大倒其霉，于是山水画的作风，也随着时代而丕变了。这很仿佛光宣之际，书法大倡其南北碑，结果，连刻石的刀法，都弄到笔锋上去，而世运越发地像南北朝那样的紊乱了。吾友周元亮[1]，他在过去摒除了一切，而专心致志地研究书画，他所走的路子，是排除时史的习气，由清之"四王""吴恽"，直溯元代的四家，上而要合荆关董巨。他这种研究的路线很正确，是王道的坦途。有一天他枉过蜗居，他告我最近要将他的近作四十帧，在中央公园水榭开展览会。在这样肃杀的天气，稷园是冷落极了，他这样一来，拿他这黄钟大吕字正腔圆的画风，来为稷园生色，这真是值得去看的一个画展。

1938 年 11 月 29 日

《新北京报·哭之笑之随笔》

署名于非厂

---

[1] 周元亮（1904—1995），字容庵，斋名寒梅小筑、听籁轩，北京人。山水画家。

张大千昆仲加入冬赈画展

张善子、张大千兄弟，久已回川，其昆季张君文修现施医于罗贤胡同。君精岐黄，于妇孺尤有专长，历在沪皖悬壶，活人无算。自来北平，每日就诊者视其弟大千居时求画者尤众。君复有秘传，戒除鸦片，法既简便，苦痛毫无，别具奇妙。君携来其兄善子弟大千最近得意作品若干幅，经张君佩卿婉商，特提出一部，加入慈联会主办稷园冬赈书画展。此次冬赈书画展，其缘起如何，愧不能知，惟既系冬赈，又重以张君佩卿之见邀，此与君之济世活人之旨符合，君特又邀大千弟子萧建初君加入作品。萧君为川人，山水学董思翁，笔墨高古，已可乱真。大千弟子中有吴君子京者，亦随君来京。子京画宗新罗，善饮，量颇宏，亦已其得意精品加入展览。大千昆仲既南下，此间觅二氏画者当不乏人，今君既以其贤昆仲精品来，张之稷园水榭，则求两君画者，当必乐于踏雪往观也。旧王孙溥心畲，亦有其精品数十件加入，心畲闭户作画，写残山剩水，极得南渡后遗意。预计此冬赈书画展，其为被赈者造福当不鲜也。犹忆前年予与大千合开西郊济贫画展，不半日得款二千元，扫数充赈，今年穷困者何啻千百倍于曩年，则君慨出其贤昆仲所作加入展览，予何可无一言以为介？

1938 年 12 月 25 日
《新北京报》"社会版"
署名于非厂

溥心畬画展

　　旧王孙溥君心畬，此次在稷园水榭开画展，这是一件给予北平画坛上一个最大的冲动。心畬的画，在中国，在日本，都有相当的声誉，这用不着我来介绍，也不是我来介绍可增减其声誉的。自来一个成功国画家，他的条件是要诗、书、画三者俱备，缺其一即不成。心畬诗才清新，书得晋唐风味。他当民初以至于现在，他潜伏在戒台、萃锦园，从不问外界之事。假如以他的资格而要稍稍活动的话，那么，他至少也不至于和现在一样闹穷。他惟其甘于度这淡泊的生活，所以他这次的展览会，在他是很有意义，而我也愿意来写一篇文字。

　　本来开展览会，不是什么荣耀的事，这和乞食差不多，碰巧还要被人骂两句。心畬自他老太太仙逝，他闭户写经，还要刺血和朱来写，他这举动，很有人笑他愚，但是在我认为他这种举动，很可以风末俗。他前天差人送我一幅《平林高隐》图，寥寥数笔，极荒寒之致。我由

240

溥心畬赠于非闇《平林高隐》（1939 年，私人收藏）

是才知道他最近要开展览会。我现在患病，不能到水榭去读画，但心畬的画，是合诗书为一体的，取法极高，绝不受画匠的绳墨所拘束，这正可见他的特性和他所以声誉日隆的最大原因。在沪上有南张（大千）北溥，又有南吴（湖帆）北溥之称，北溥之所以为北溥，这虚名本不是浪得的。

我今写这篇文字，人家讥我是捧角也好，骂我是受贿（《平林高隐》图）也好，我虽和心畬不大往还，但我很知道他一点大节，所以我抱病写这篇，刊在报上，我还希望记者去访问访问他，描写一些旧王孙的风度出来，给读者作茶余酒后的消遣。

1939 年 5 月 24 日

《新北京报》

署名于非厂

至友何君亚农[1]，嘱予为文绍介刘君锡永[2]。君谓："刘君为山西望族，其太尊翁富收藏，以所藏王石谷画为海内第一。刘君幼即寝馈于此，故其画笔超逸，无晚近狂肆气。"君语竟，并以石涛所画便面见示，谓："此即其先人之物，廉值得者。"何君此便面，为石涛至精致品，长题，几占扇之大半。观此可以想见刘君先人收藏之精，而何君固不知予固久已识刘君也。予识刘君在七八年前，观其画法超脱，似有得于石谷，予固不知其先世庋藏之富。今刘君自本月五日起出其精品，在稷园公开展览，刘君多才艺，出其所得，当为稷园生色。晚近囿于结习，山水画群诋石谷，石谷晚年之作，固多甜熟，而经意之作，则迥

---

[1]　何亚农（1880—1946），原名何澄，字亚农，别号真山。文物鉴赏收藏家。

[2]　刘锡永（1914—1973），字祚胤，北京人。擅长国画、古装连环画。

非率尔操觚者所可轻诋。刘君先人所藏石谷，予曾见两卷，一水墨，一浅绛，皆晚年笔，合宋元为一炉，不愧大手笔。刘君以此入，其于画已据根蒂，则其一树一石一水一山，当有来历，以之上窥董巨，探讨倪黄，系所谓由正路以上穷于高明者耶？予久不晤刘君，知其画，证以至友之言，特为之绍介如上。

1939 年 7 月 5 日

《新北京报》"戏剧版"

署名于非厂

春明画展

春明画会是我和张君大千集合画友若干人在前年组织的。我们虽是个团体，但是和"雨来散"的一般，没有会址，没有会费，没有参加过任何团体。因为第一次画展，是假得春明馆，所以我们这个画会，就很自然地借得了这"春明"二字，这是我们画会的缘起，很简单的不是什么了不得的组织。

张君远在青城山，他不时地还用航邮寄几张画来。我们住在此地的画友们，也东涂西抹地画出几幅画。因之日积月累，凑合了百十幅画。我们这种闭门造车的工作，深知此间为人文荟萃之区，卧虎藏龙，不少的大画家、大方家、大名家、大鉴赏家……我们很诚意很虚心地要接受这些位大家的批评和指导，所以我们才大胆地借稷园水榭，从本日起开这第三次春明画展。我们也没有应门人之请，也没有被朋友怂恿，干脆就是如上边所说，这是我们画展的缘起。

我们这些位画友，也必须有一篇介绍的文字，不过这期间还有点小曲折。在我写这篇东西之时（四日上午），还有一两位画友是不是参加，我还不曾得到确息。原来我有一位世谊的老朋友，蒙他的不弃，愿意拿出他的精作，作我们的"大轴子"，那么，我除掉竭诚欢迎，我还以佳纸为赠。不想这位朋友因为太忙，临时打了退堂鼓，因之还有一两位的作品，是否参加，在此我既得不到参加的目录，我也只好从略。我们画友画山水的，有何君海霞，他这次出品，即有《松溪访友》《春树白云》《停琴听阮》《江乡清晓》《西岭春云》《水殿春深》《飞阁高逸》《元人诗意》《秋林闲步》《松韵箫声》《仿马遥父》《清溪钓艇》《寒林高吟》，共十三件。萧君建初的出品，有《仿董文敏》《仿王廉州》《黄山破石松》《东坡行吟》《青绿山水》，共五件。萧君允中的，有《仿唐伯虎山水》《仿董文敏》《松下老人》共三件。谢君天民出品有《竹林消夏》《仕女》共二件。唐君闳璁的出品，有仿黄鹤山樵[1]的画、《溪山深莽》《华山云海》《万壑松风》《松阁幽泉》《黄山纪游》、仿渐江宫纨对幅、《溪山晴翠》《万松高士》《空谷白云》《平沙烟树》《拟渐江小册》，共十三件。郭君致一的出品，有《溪桥红树》《古木飞泉》《水光云影》《秋林书屋》《溪亭坐隐》《临文衡山》《集锦屏》，共七件。孙君云生山水，件数不详。画花鸟草虫的有田君世光的《泉石雏鸽》《海棠双雀》《蜀葵稚鸡》《梅竹瓦雀》《桂岩双兔》《古木伯劳》《芙蓉白鹅》《雪鸠图》《红叶雏鸽》《牡丹孔雀》，计十件。荣君瀚源的出品，有《桃花斑鸠》《碧桃竹蝶》《芙蓉竹雀》《墨笔水仙》，共四件。俞女士致贞的出品，有《五爵图》《富贵图》《荷花鸳鸯》《芍药双蝶》《翠羽梨花》《牡丹蝴蝶》

[1] 王蒙（1308或1301—1385），字叔明，自号黄鹤山樵。元末画家。

《花鸟镜屏》，共七件。王女士学敏的出品，有《墨梅图》《海棠花鸟》《仿浙江山水》，共三件。王女士学琴的出品，有《天竹》《红梅双鹊》，共二件，以及洪怡女士的出品，《紫藤》《牡丹》《桃花纨扇》，洪悦君的《人物》《戏蝉图》《举案齐眉》《调鹦图》。此外，还有吴子京等诸画友，我因为还不曾看到图目，只好从略。

此外，张君大千的作品，有《拟赵文敏萧翼赚兰亭图》、《仿新罗白猿拗树》、《仿新罗丹山白凤》、《衰柳行吟图》、《仿石涛山水》、《清游古渡卷》、《黄山纪游》（一、二、三、四卷）、《红荷》、《白荷》、《绿荷》、《黄荷》共十四件。我的画也大胆地写在这里，作为本文的结束，有《御鹰图》《浴鸽图》《耄耋图》《锦春图》《留春图》《云山图》《争春图》《水仙》《水仙仙蝶》《牡丹蛱蝶》《连理牡丹》《暗香疏影》《鸳雀》《野凫》《月季》《春吉了》《胡伯劳》，共十七件。

1940 年 1 月 6 日
《新北京报》"春明画展特刊"
署名于非厂

画展介绍溥杨两女士

旧王孙溥心畬君，鬻画燕市，所从学者颇众，在今年稷园画展在白热化中，其及门前有萧龙友君之女公子琼，另有其女公子韬华及杨子余君之令妹淑贞，皆能传溥氏衣钵者。两女士画展，自五月八日至十二日在稷园水榭南厅。杨君并柬请友好云："敬启者，溥心畬先生，因弟子之从学者，虽略具门径，而先生夫敢自信，欲请益于当世，以励其所学。谨择阳历五月八日至十二日在公园水榭南厅，将其女公子韬华及四舍妹杨淑贞（即溥先生弟子）平素之习作，供陈阅览，届时敬请光临指导。"语意极为恳挚。按：溥君自寓居颐和园，足迹鲜至城市，今春入城，馆于杨君处，历三阅月，故杨女士此次展品，异常精彩。转以溥女士之家传，相得益彰。特乐为之绍介。

1940 年 5 月 9 日
《新北京报·艺术之宫》
署名于非厂

春明画会任务已达

春明画展，已经四次，虽所作多幼稚，以之就正于当代大方，颇不为所弃。而新闻界诸君子，肯出其宝贵之篇幅，牺牲其宝贵之光阴与精力，为之撰文字，为之制铜版，为之刊专页，是皆非厂九顿首不足为谢者也。非厂不自量力，辄以其所知所能，贡诸友朋，未敢自私，数十年来，殆如一日，春明画会原为与张君大千二人合力创此，专就从学诸友，以其所学，恐落于向壁虚构，流入恶道。为之导者，又惧于学与识之不足，恐使莘莘者误入歧途，坠于魔道，始有历次画展之举，所以就正于方家，不致以自误者而又误人也。此会延至今日，展览竟历四次，虽未能得到方家之好评，而恶道之讥，亦差幸获免，此画会之任务已达，不必再有画会之名存在。良以本会既无经费，又无会址，复不受任何方面之辅助。开阖自由，动止随意。用特郑重声明，自本届画会结束后，春明画会，即时停闭；画会名义，即时取消。任务已达，非有他故，此文写于未开会前（十五日），各方幸勿误会。

1940 年 8 月 18 日
《新北京报·艺术周刊》第 78 期
署名于非厂

为与张君展览事说几句话

张君大千自青城寄来三十几幅画，由其令兄文修先生约我联合展览。张君人在青城，画是一批一批地寄到北京的。画到了一二十幅，我还一幅不曾抹成，这已使我有点望尘莫及了。况且张君的画，因为人不居此，以货物做比喻，实在是一种"快货"，我处在这种情势之下，自不免有些胆怯，而况岂特胆怯！比及距展览的日期愈逼近了，假如是张君画一齐都被定光，我却一幅不动，岂不辱兹盛会！环境愈感不安，书画越不起劲，幸而有人捧场，所以会虽是展览了，而知友们想得我一幅画，反倒向隅，这是使我深抱不安的。好在我自己生活简单，我以后更比较清闲，我在阳年一定还要画出三十幅画，替办粥厂，施棺木，济贫乏，筹一笔小款。我想我的知友们，一定会替慈善事业打算，而肯使我补过的。今借此宝贵的地方，特向知友们郑重声明，敬希原谅。

1940 年 11 月 17 日
《新北京报·艺术周刊》第 91 期
署名于非厂

对于辛巳画会进一言

春明画会，是因为"任务已达"，我才宣告"解消"。不想我亲爱的画友们，很像"野火烧不尽，春风吹又生"的样子，他们中之一部分，又组织了一个画会。这会的名最好要是叫作"春草"，而这些位画友，他们却暗寓着新春元旦生发之机，他们竟名之曰辛巳画会，趁着元旦的那一天，在公园大胆地揭幕了。他们这种"劲干"的精神，实在令人佩服。

这里边的画友，有的是张大千的及门，有的是赵梦朱的高弟，此外还有从我来研究的几位朋友。我很惭愧，我所见既浅，画尤不工，那么和我研究的，自然等诸自愧了。本来国画的研习，绝不是在画面上去寻求，即可成家的，至少要读些书，做些诗文，写写字，跑跑路，基础渐固，然后再看看□□的作品，昔贤之评隙，这然后方才谈到画画，我这些朋友，他们只想走小路，这是我很痛心的事！但是他们开起会来，却也有些小的成绩?！

他们一方面在水榭展览，一方面要我写文字。我不愿意说某君画笔如何如何，某君意境如何如何，某君长于画绢，某君善于运墨，我

251

只能说某君字写得不好，某君款落欠斟酌……一类的废话。现在且不去谈，我希望这个"凑班戏"，再变化一下，变化得各自成家，那么，由春明而辛巳，由辛巳而某某二君之"挂并牌"，由挂并牌而各个独"挑大梁"，那才是我们画友的成功哪。要知社会上的鉴赏、批评是很严厉的。

1941 年 1 月 4 日
《新北京报》"辛巳画会第一次成绩展览特刊"
署名于非厂

筹赈画展缘起

　　以画筹赈，在我这是第二次。第一次是在西山看红叶时，竟看到了吃树叶的同胞，我和张大千先生合开了回画展，售画所得，由管翼贤先生们，将全部画款赠给了吃树叶的同胞。这次我看到了比我还穷的同胞，我除了我这一双手之力之外，我实在没有比较有力量的办法。因为《实报》《新北京报》的施棺运动，实在办得又切实又便利，而这些位寿终正寝或内寝的同胞，在早先四块大洋可以买一具"狗碰头"（棺名）的，现在起码要十几元。而同时在陕西巷私立临时救济会附设一所粥厂，他们办理得都非常认真，穷苦的同胞，确实沾了实惠，确实不曾用棺材改铺板，拿粥去喂狗喂猪。我因此才大胆地画出三十幅画，叫卖所得，除装池及水榭开支之外，全部捐赠给予上三机关，"三七廿一"，作为施棺施粥一点小补助。这是我此次卖画筹款的动机和目的。

　　在第一次（事在民国廿五年）筹赈时，张先生画十幅，我画十幅，合画十幅，共为三十幅，这次由我个人共画出三十幅，计一尺宽、二尺长的十件，一尺宽、三尺长的十八件，另外有横卷二件，共为三十件。费时四十二日，每日平均为七小时。其中只有两件是不着色的，其余都是重色。我想北京不乏慈善之士，我的画虽不成东西，但是看在穷苦同胞的面子上，总会要来这次帮忙的。

今将这次画目，抄在下面：

（1）《墨笔水仙》。（2）《墨笔兰花》。（3）《水仙拳石》。（4）《兰花绮石》。（5）《芙蓉》。（6）《洋秋葵》。（7）《兔》。（8）《栗鼠》。（9）《猴》。（10）《猫》。

以上小幅十件，每件七十元。

（11）《浴鸽图》。（12）《草虫图》。

横卷二件，每件二百二十元。

（13）《荷花》，一百二十元。（14）《猿》，一百二十元。（15）《獐猿》，一百四十元。（16）《鹰》，一百元。（17）《杏花山鸟》，一百三十元。（18）《牡丹》，一百三十元。（19）《山茶》，一百三十元。（20）《柿山鹊》，一百二十元。（21）《石榴山鹊》，一百二十元。（22）《双鹊》，一百元。（23）《五爵图》，一百二十元。（24）《竹鸽》，一百元。（25）《辛夷花》，一百三十元。（26）《锦鸡玉兰》，一百四十元。（27）《桃鸠》，一百三十元。（28）《山鹩腊梅》，一百三十元。（29）《牡丹鸡》，一百三十元。（30）《岁朝图》，一百四十元。

以上十八件。

1941 年 1 月 6 日

《新北京报》"于非厂先生筹赈画展特刊"

署名于非厂

为辛巳画会再进一言

辛巳画会，自元旦揭幕起，共展八日，为期不可谓不长。会中分子，约分三系，有从张君大千游者，有传赵君梦朱家法者，有从我学画者，其成绩如何姑不谈，所谈惟在其枝节。

国画之特点在乎题识，唐人不署款，宋人多具名，此虽可为没字碑辩护，但题识在画面上，却占极重要之地位，此不仅为书画同源，且画之不足，继之以诗歌，诗歌之不足，继之以题识，夫然后其画方完整。会中能书者固不多，能诗能题跋者尤少，此宜努力者一也。

画贵师古而不泥古，以眼前之物为画本，以古代之方法处理之，画工笔如此，大写意亦复如此。现代摄影术大兴，无论为山水，为花鸟，为走兽，为昆虫，均可摄取，媵以天然色彩，固无须乎有工笔，有写生之画。而画之有别于摄影者，则全在乎以我心灵，驭彼万物，换言之，则国画对于实景实物之择选去取，乃有一番艺术的功夫，非可泛取，非可茫无目的也。画会诸君，既限足迹之未周，复为师门之所囿，依样葫芦，则何贵乎有画。此宜努力者二也。

学与画虽可拆之为二，而学愈深纯则心愈虚，所谓满招损，谦受益也。学惟其无止境，故求之愈亟，心愈细谨，画虽小道，其为技可通于学。画会诸君，对于画不可谓不尽其力，而形诸笔墨，见诸文字，誉之惟恐不至者，在人为提掖后进，不得不稍加谀辞，在我则认为逆水行舟，不进则退，殷殷焉以古人期，不入古人之室不止，纵小成，尚望诸大成，纵获誉，犹惴惴乎惧招毁，盖誉我者，我固引为知己，而毁我者，必且深知我之所招毁，乃从而毁之，是，尤我之知己也。不自满，乃能成其学，此宜努力者三也。

雕青嵌绿（见《辍耕录》卷二十八画家十三科），乃属末技，非可以此傲人。画虽不废着色，而用墨运笔乃为重要，此国画之特点，征诸世界而独具者也。淡着色在昔贤已嫌其多事，况用重浊之色乎？用重色而不流于匠役者，要在有一段画卷之气映浮纸面耳。顾世人以为不加细，不用石青大绿，不描金银，其画乃不足贵，于是乎金碧相竞，虽多所取润，人乃弗较，非然者，纵神理完足，人且以水墨画而轻之，此在已成家数，偶一为之则可耳。诸君学画者，为学要养其气韵，致力于骨干，至于"工巧有余而殊乏高韵，设色轻薄，独以柔婉鲜华为有得"（《宣和画谱》语），则转落下乘，径趋恶道，此宜努力者四也。

画会为学术团体之一，组织允宜严密，以其成绩，公开展览，就正于艺苑诸君子，宜如何谨慎将事，乃揭幕已近在两三日矣，尚有一笔未画一色未着者，比及开幕无暇装托，盛以镜框，框边之色与面既不调合，而框小于画，以画就框，拘笔墨者，观之令人起局踏不安之念，而且今日携一纸来，张之壁上，明日又来一幅，倚之墙隅。有谓艺术家多"马虎",惟此乃足以代表艺术家之味道,斯则窃非所取,盖学者的艺术家,无不规律化,此宜努力者五也。

非厂不敏,一课徒之教书匠耳!春明画会,每开会一次,我则倒霉一次,开至四次,我实倒霉四次。所幸春明画会已解散,我得以稍解消其倒霉。不料野火烧不尽之辛巳画会又来与社会相见,社会上指导者,意存忠厚,不忍加以正面批评,我自不得不板起教书匠之面孔,提出五点,来与社会上指导者补其不足。盖我画尚未有小成,则辛巳画会诸君之大成,恐尚不能以道里计也。前两期我因事请假。即此敬祝读者诸君,千祥云集,百福骈臻,诸事随心,大吉大利。

1941 年 1 月 12 日

《新北京报·艺术周刊》第 96 期

署名于非厂

大风堂弟子画展

大风堂者，张善子大千昆仲读画作画藏画谈画教画之所也。弟子，谓学生，一曰门徒。大风堂弟子者，谓从张氏昆仲学画之门徒也。从张氏昆仲学画者遍海内，皆可称之为大风堂弟子。兹所谓大风堂弟子者，特就北京一隅而言，犹之乎上海有称大风堂弟子某某，此与所谓"出张者"迥别，盖其弟子之在北京者，由张君昆季名医文修先生率之，而有是称也。

往者张善子大千昆仲北来，吾以不文，谬为绍介，颇开罪于当代画家。今善子已千古矣，大千抱痛，遁迹山中，其为画，人且以得其片楮为荣。十余年中，不谓遽变如此，岂予始料之所及耶？善子好养虎，因养虎而识其动止，语默，而卒以画笔出之，其所作遂虎虎有生气，非以猫为蓝本者所可比其万一。方冀寿之大耄，俾其所得，传之其人，而不图竟以赤痢与世长辞，此其损失，不可谓不大。所幸张氏昆仲喜收徒，循循善诱，衣钵之传，则端赖于大风堂诸弟子。吾往者既屡为绍介张氏之文矣，今其门弟子，传张氏衣钵，嘱为文以为绍介，予不敢辞，亦不必辞也。顾大风堂弟子中，在北京者，已蜚声于艺坛，纵予不为此文，北京之人亦熟知之，斯则虽近于多事，而在我以为向之于其师者，今则以之与其徒，则予马齿日增，徒令我增忉怛耳。

大风堂弟子画展，本月十四日（星期一）起，至十六日止，在稷园水榭南厅揭幕，弟子之在京参加者得八人，特为绍介如下：

（1）宋继美。宋济，字继美，原籍四川广汉。其祖宦京师，遂家焉。受业于张君善子之门，习画虎，宗善子法，栩栩如生，乃大风堂嫡传弟子也。

（2）吴子京。以字行，安徽歙县人。幼受业于张君大千，山水走兽花马皆精能。性嗜酒，每衔杯，辄以安乐王自号。君为张氏门弟子中受业最早者，群以大师兄目之。君所作不似张氏门中作风，殆别具慧心者。

（3）何海霞。名瀛，北京人。张君大千在北京收徒，自何君始。何君素工界画。长于摹拟，自入大千门，所见既多，偶写元明小品，颇可乱真。君正在中年，则将来成就，当未可量。

（4）萧建初。四川人，擅长山水，笔极健旺，予见其拟董文敏一幅，于生辣中颇有奇气。亦晚近不可多得人才也。

（5）萧允中。名佛存，河北人。君生长琉璃厂，所见既多，笔墨自少平凡。能于明之董文敏而上窥元人，是其特长。

（6）谢天民、孙云生。孙君，河北人，谢君，浙江人，皆师大千，一点一拂，无不神似，为传大千衣钵者之健将。二君作法，骤视之，无分轩轾，细按之，谢君荒率，是其天真；孙君谨严，为守师法，二君盖各有所长也。

（7）唐灏澜。名怡，北京人。自入张君之门，谨守师法，不逾规矩。近始稍变，力学金碧一派，间学界画。盖君自视，无其师雄健浑融之气，而以细谨出之，用以襮其所长。

上为此次大风堂弟子画展诸君子，皆有为之青年也。往者吾于辛巳画会诸画友，曾谬为先知，为文以告学画之途。今大风堂弟子画展启幕，诸君子又皆予所夙知，矧与大风堂主人为至友，则吾之为此文，绝不敢以谀辞妄为绍介。诸君子颇亦自知其师之所处，与夫北京为文化渊薮，则此次以大风堂诸君子之画迹观之者，将大有人在，是则予所兢兢焉为此文者也。

1941 年 4 月 14 日
《新北京报》"大风堂弟子画展特刊"
署名于非厂

辛巳画会来津求教

　　此次以辛巳画会名义来津展览，并非像人家携件来津，卖钱多少万，然后载誉而归，可以买房子买金戒指，确实因为从我研究画的诸友好，实在甚少出路，津沽这条路子，也的确不少闻人，拿我们这些位闭门造车的诸画友，来津就正有道，借以打开一条出路，这是我办这辛巳画会来津展览的动机和目的。本来这些位有为的青年男女，他们不研求致用的学问，而来研究这天人均至的国画，这岂是为前途打算而是属于误入歧途的，因为国画这种东西的成分，是合人品、国学、书法……而成功的，如果不立品，而仅凭一技，求借此吃饭，已自不易，更谈不上成名。作品不无可取，而胸无点墨，书法拙劣，这也是难期成功的。我们这些位画友，在做人上由我来任监督，这几年还不曾有什么放浪形骸、不近人理的举动，一面我又设法引诱他们在读书，在写字。北平方面已略为人所提掖，所奖饰了，在天津尚少这机会。这次来津，不敢说是展览，是专为就教于津沽人士的，一面可以窥知我这领导者是否有误，一面可以见我们画友用功的方法有无差错，用备我们回到北平，再从事于修改补救的工作，同时我们欢迎当面的批评和文字的指教，如果津沽的有道，肯以文字来指导我们，那我们更是感荷之至了。(通讯处：泰康二楼集粹山房文玩字画处转)

1941 年 5 月 18 日
《新天津画报》第 1 版
署名于非厂

观程枕霞蜡像展

　　日前观程君枕霞蜡像展于水榭，往复凡三次。说者谓所著衣饰不尽合，考证未能精确。又谓所取面型近村妇，无大家风度。二者论皆有据。惟程君蜡像，所制确已精妙。世界蜡人像，惟法国为能，法国蜡人馆，其所陈列，无论为古代，为近人，其服饰咸求其真，此固尽人而知。至其蜡人，遇高温度而能不融化，其秘密乃保守之而不传，此在世界固无如何也。程君制蜡，其传自荷兰某人，某人盖无意而传，适为有心者得之，能在高温度而不融化，可贵也。据程君言，其制曾经红海，经红海往往漆盒为融，此独否，是其制已与法人制者东西媲美。至于衣饰之考据、面型之改正，此可集人力而为之，不甚难也。

1941 年 6 月 15 日

《新北京报·非闇漫墨·卷三》

署名于非厂

朱友麟刻瓷

本月二十五日起，将与朱君友麟展览近作于水榭，至二十七日止。友麟擅刻瓷，现年五十九岁，宛平人。当光绪二十七年时，创立农工学堂于彰仪门大街，内设瓷工科，友麟考入始学刻瓷。时瓷工科科长为唐君玉书，旋唐君知香河县，该科即由朱氏主持。后学堂改为工艺局，朱任教授，至民国，创设师古斋于劝业场，始专为人刻瓷。按：刻瓷不知始于何时，宋元御府藏瓷，往往刻数字于底，则其来甚远。康乾之际，内府工匠，能刻御铭于上，备众体，自后展为绘画，亦不过白描而已。据闻海上刻瓷用钻石，京师则用钢锥，二者显有不同。朱君在学堂时，其师为南人，用钻石刻。而后，复得京师钢锥之法，乃合二者为一，故其术特绝。十余年前尚能为人刻像，与摄影无毫发异。近目力退减，已不能刻。予与朱君遇，惊其技而悲其遇，曾与至好力揄扬之，复就其刻像用阴阳之法，故为渴笔破墨之画，嘱其奏刀，比刻成，植之案头，骤视之，以为墨画而尚未刻也，其技之精如此。君为人木讷而谨愿，不能口滔滔，然自为宣扬，又深闭自固，喜恬静，以故知者盖少。与琉璃厂比户而居，而左邻右舍往往终岁不交一语，盖专其心与力于刻瓷，他不之顾。此次朱君特将其历年得意之作若干件，假水榭南厅陈列，拙作十余幅加入之，作为从旁呐喊之资，吾两人已一百一十余龄矣，均患目力之退减，而所出各件，又皆细若毫芒。我之画不足观，将借朱君之刻而招致观者，亦云幸矣。

1941 年 7 月 20 日
《新北京报·非闇漫墨·卷三》
署名于非厂

谈与朱君展览事

"只谈风月"乎？谈之，已不太方便矣。无已，姑谈画展事。谈画展乎？谈亦有罪，谈吾与朱君友麟画展事，或不致开罪于人。朱君木讷不能言，吾为呐喊者，画之才纵不够，为朱君呐喊，则有余，纵力竭声嘶，听者或若耳旁之风，此时良足以祛暑热，不致认我为夏柳之鸣蝉，秋笼之叫蝈蝈，天愈热愈觉其聒耳也。吾与朱君友十余年，从未谈逾"一盏茶时"，对坐，三数语辄默。大凡天才艺术家，默然木然望之若偶像，在世界名人中占大多数。盖其心与力咸集中于其艺能。朱君精于刻瓷，复能模山范水致力于绘画，其心与力，实已萃集于此，无谓之酬应，无聊之谈天，皆不足以动其精纯之思。此正艺术家之风度也。往者观宋元名窑，朱君为人仿刻康乾御铭，其精工虽久以鉴别瓷器负盛名者，往往莫辨。流传海内外，宋元名瓷刻御制诗铭出朱君手者，正不知凡几耳。此次与君联合画展，似不如往者与张大千昆季之热闹，而伏案涂抹，费时实亦不少，拙画临晋唐人，亦有若干幅充数。盖水榭南厅，栋宇宏敞，数十件刻瓷，只宜陈之几案，素壁明窗，不得不有以点缀之，而拙作实惟其职是任。

1941 年 7 月 25 日

《新北京报·非闇漫墨·卷三》

署名于非厂

办画展

　　与朱君友麟展览后，未旬日，又与辛巳画会诸友联合展览，虽作字作画无多，而朱君刻瓷之技，确已博得好评，诸画友之作，亦已获得批判。我虽冒暑氛竭兼旬[1]之力为之，以至于致疾，不恤也。而友朋之帮我忙者，尤可感。以书画作公开展览，近几年始大盛。论其地点，无论沪宁津沽，自以稷园水榭为胜，其地址清幽宏敞，固非天津永安饭店一团酒肉气所可比，即沪上与南京，亦无之。吾尤喜在冬季雨雪之际张画数十幅于水榭，聚至友数人，哄谈三日，画之售不售，非所系于心，而每年张画于其时，稷园门票必多售若干纸，较之此次与朱君及辛巳诸画友因消夏而来，拥满水榭，汗热蒸熏，使人不耐者，尤有奇趣。统计今岁才偷过半年，而元旦曾开画展于此，四月间展览于

[1] 兼旬：二十天。

津沽，今又两展于水榭，尚不知来日将又如何？在我预计，济贫书画展将在冬初举行也。友谓我办展览有瘾，诚然，诚然。然经吾办而享大名者，将继此而愈众，此则为我帮忙办画展者所同慰焉。

1941 年 8 月 10 日
《新北京报·非闇漫墨·卷三》
署名于非厂

郭味蕖画展

　　乡人郭味蕖[1]君，精研六法，山水花卉，力追明清各家，极有神似处。君状貌奇伟，美须髯。精于篆刻，复工书法，此次来游京都，携其近作若干件，假稷园董事会，于月之二十四日起，公开展览四日。日前君来寓，为画展事见询，并出视其所为《画展前言》，中有云："吾人作画，须知甜熟不是自然，佻巧不是工致，卤莽不是苍老，拙恶不是高古，丑怪不是神奇。历代作家，未有不从工笔渐渐放纵而来，愈放愈谨严，正似书家作书，先从正楷入手，渐作行楷，由行楷而渐作草书，日久指腕灵活，则学大草。要知古人作大草，笔笔送到，以缓为佳，所谓迫忙，不及作草者是也。若信笔糊涂，油滑甜熟，春蚓秋

---

[1]　郭味蕖（1908—1971），原名忻，后改慰劬、味蘧、味蕖，晚号散翁，堂号知鱼堂、二湘堂、疏园等。山东潍坊人。画家、鉴赏家。

蛇，足为字病，画亦然也。戴鹿床尝为何子贞作画题云：子贞出楮索画，楮甚涩。涩楮涩墨，涩墨涩笔，涩笔涩思，思不涩不奥，笔不涩不敛。墨不涩不惜，涩寡过，涩亦功也。万事涩胜滑，画其一焉。子贞其无诃！"此论精确，颇中时习，特为拈云。

1941 年 8 月 27 日
《新北京报·非闇漫墨·卷三》
署名于非厂

绍介唐灏澜、田公炜画展

在这严冬的季节，呈示着静止状态的公园里开画展，是件顶富有诗意的事，尤其是我和张大千画展之前，有唐君灏澜、田君公炜的近作展。唐君是画山水的，出自大风堂张君之门；田君是画花鸟的，出自赵梦朱君之门。这不但是富有诗意，尤其是件有趣味的事。同时，在水树还有一个画展，是用钳形的形势，占据着东西北三面，做成一环——唐田二君在南厅，就是北平有名的颜君伯龙画展了。

颜君的话，用不着我来绍介。唐君画山水，曾受过张君大千的指授，写山水宗大小李将军，而以清倩之笔出之，合南北宗为一炉，很有成功的地方。田君画花鸟，长于勾勒，在松秀中很有骨力。在近年来画坛上，这都是很少见的做法。本来二君都是我的画友，在过去几年中，他们的努力很可观，现在的作品，确实是二君努力潜修之所致。此外还有位童子，就是唐君的少爷名鸿的，岁数虽小，而画几笔花鸟，在线条上很有成功，有的且有人所不及的地方。这次也拿出他的习作若干幅参加。公园水榭，是开画展的一个最好的地方，夏天可以听雨，冬天可以观雪，尤其是在这冬至月的初旬，走走曲廊，踱过桥厅，炉边看画，古人所论卧游之乐，此正其时。读者诸君，何妨破费些工夫，来走走这静止的公园呢！

1941 年 12 月 19 日

《新北京报》第 4 版

署名于非厂

联合画展的自白

　　我和张君大千联合画展，我不记得已有多少次，他的大名日高，我附骥尾来趁闹热，在这一次尤觉着难得。因为他在敦煌莫高窟一带，正在研究唐时的壁画，胸怀既较着高旷，事情也较着简单，那么，他的作画，自然来得称意。

　　他的令兄文修先生，是位很有学识的国医，是我家自家母而下的一位常年医药顾问，这和同德医院的刘院长，是我家常年"无恙"的西医顾问一样。文修先生得了他令弟寄来的画，很郑重地不轻示人，由绿衣使者递来的渐渐有四十幅，他约我合开画展，我真惭愧，除了日夜赶画外，哪里还谈得上什么寄托，什么遣兴呢！况且在其间，我又发生了牙齿等病！

　　大千这次的画，我泰半拜观，确乎是有新的发见了，他所画的，与以前我俩画的，的确又高得多了。他这次有山水，有人物，有花卉，有翎毛，有草虫。有的用寥寥数笔，有的景状□□。在这仲冬时节，寂寥的稷园，不敢说为公园生色，至少也可以招致些位观客。而稷园的老爷们，在来年还要加倍抽成！

　　我的画本不值一谈，尤不便自我来谈。不过，我这次的画，才三十幅，并且都是二尺以内的小幅。所以在翎毛方面，以长幅的占大部分，因为用的颜料比大千充足些，所以红红绿绿，弄得乌烟瘴气。我在冬日喜欢吃生的赤萝卜，因为患牙齿病，吃萝卜只能含而不敢嚼了，无奈何倒画了四五幅。我本自幼习草虫，习篆书的，有一两幅画，我大胆用草篆之法勾勒，自觉着也有些似乎是成功。其中有一两幅仿唐画，则是我由莫高窟唐画中抄变而来的，算不得什么。在作画之中间，因为我除牙痛之外，又犯了心中堵塞之病，精神恍惚，坐卧不宁，所以在画面上，颇多不调合的地方。总之，这次所谓联合画展，我实在还够不上摇旗呐喊的地位，不过是充充数，趁趁闹热而已。

1941 年 12 月 24 日
《新北京报》"张大千于非厂联合画展特刊"
署名于非厂

吁请北平艺术家

最初是除了飞来的不闹穷，后来才知道飞来的而有特别办法的和那卵翼下的不闹穷，其余也一样的闹穷。北平的艺术家，艺术和修养，是全国闻名的，但是笔耕所入，除有几位在特殊的例之外，大家都在清淡，而追不上物价之上腾。

本报发起冬令济贫运动，本来在整个的文化城里，差不多都要受到冬令的威胁，这运动虽感觉它的范围只有一天一天地扩大，但我们的呼吁，也只有尽我们的全力在向各方面呼吁着。方奈何先生曾和我商议，拟吁请北平艺术家举行一个义卖美展来济贫，我想北平艺术家，在过去八年是如何的自好，如何的清修，对于眼看将要"老弱转乎沟壑，壮者散之四方"的北平穷苦同胞，一定肯给予极大的同情，而乐于救济的。为此我也向北平艺术家诸先生致敬！

1946 年 9 月 13 日
《新民报·土话谈天》
署名闲人

再吁请北平美术家

本报办理冬令济贫北平美术义展，兹事体大，本不是极短时间极少人数所能办的，这全赖诸位美术家和各方面参加义举的人士们的指导和帮助。不过，我们对于诸大美术家的团体和个人居址，有的是不知道，有的是不清楚，有的是门牌号数差了退回来，有的是这个团体和那个团体的会员，我们只吁请帮忙了这一团体，而那一团体我们就省略了，因为这两个团体都是这几位美术家参加或组织的。关于无法投递，或是省略，或是根本不知道，这只有请诸大美术家格外原谅的。

还有徐悲鸿先生，我听方奈何先生说，他对于我们这次的举办，他要出动全体的教授和诸同学来帮忙，并且把他这多少年的作品和他聘请由后方来的诸大美术家的精湛作品，全拿出来陈列，这是我们顶荣幸的事！因此我再吁请北平美术家。

1946 年 10 月 5 日
《新民报·土话谈天》
署名闲人

义展再呼吁

十年前的十月里，我和张大千在西山辞青（看红叶），我们因为好奇，去到后山看吃树叶的同胞，归来之后，我二人都犯了"傻气"，合作了二十幅画，各画了五幅画，相约画要精，纸墨要古，取价要廉。经过了两个星期的筹备（每画要托覆背），自十二月五日起，在公园水榭义展三日，会中除少数茶水开支，房租董事会捐助，托裱周龙苍尽义务，每日照料会场，两餐均归朋友自理，画款所入，全部捐赠给吃树叶的朋友，第一日即全部为赞襄义举的定完，未到三日即闭幕了。十年后的今日，这古城需要劳动诸大美术家、大善士来帮忙，抚今追昔，不禁惘然！

1946 年 10 月 15 日

《新民报·土话谈天》

署名闲人

义展明日揭幕

　　本报所办的济贫义展运动，承徐悲鸿先生特别帮忙，这两天已有艺专同学来会场帮同整理展品，这是最值得感谢的。

　　听说，徐悲鸿先生方面除了参加义展的作品外，另有集体画展专门陈列，徐大师所聘来后方大家的作品，要使故都人士看看抗战几年后方美术的作风和修养。

　　我们预备在今天，把整个会场（中山公园中山堂）布置完毕，但是各方面赐来的作品太多了，地点有些容纳不下，这在布置上发生了不少的困难。这一点要请诸位作家原谅。

　　邱石冥先生来本社，他愿把他所领导的京华美专作品辟一专室，这我们也一样来接受。

1946 年 10 月 19 日
《新民报·土话谈天》
署名闲人

请解义囊

　　本报所办冬令济贫义展，在各方面援助之下，今日在公园揭幕了，共分三个会场：中山堂、水榭、董事会，这举动，可以说是我们大胆的演出。

　　北平这地方恫瘝在抱[1]，慨解义囊的多得很，自然会念到将来风雪交加下的呻吟者，那么，我们这次义卖的成绩，一定不会坏。

　　辉煌乔丽的中山堂，我们因为展品太多，把它隔成五段，我们没有顾到作家与作家之间的应该如何如何的排列，我们只是为义品的如何展出和尺寸的大小。

　　北平作家的作品，虽不能说都完完全全在这里，但所差也是有限的几位，而且各作家所赐给的作品，都是他精心杰作。我们为了呻吟的贫穷者，所以把作家的笔润，大胆地降低到了水平以下。昨天我碰到陈半丁先生，他对于济贫很同情，他请愿捐钱，他不愿画画，因为某一次的艺展，使他很伤心了。

1946 年 10 月 20 日

《新民报·土话谈天》

署名闲人

---

[1]　恫瘝（tōng guān）在抱：将人民的疾苦放在心上。

画家和画会

今天这一段，也是"清理积欠"。有两位读者先后来信，一封是想知道些北平画家，一封是问北平的画会，这两封信，都是说《北京人》版里应当有这些绍介文字。是的，北平的画会是值得绍介的，北平画家，更是《北京人》版里应当绍介的。不但是画家，书家亦然。

北平自沦陷后，各书画家不能走的，都是坚贞自守，威武不屈地搞自己的书画。"书道"虽然日本人也在提倡，但是书家绝不受他的影响。日本人虽在提倡日本画，弄出些不中不西不三不四的东西，但是那种轻浮浅薄的味道，只有几位青年被诱惑，画家们仍然是欣赏着、努力着自己的国画。北平画坛作风，自来就不是上海，更不是其他地方，他们都是研究古法、参考新知的作风，其成就也就超越古人，各擅胜场。虽然有些作品过多，不无瑕瑜的话。

《北京人》版地盘太小，固定特栏又多，搜集当代北平书画家的资料，又非我亲自动手不可，若仅是某书画家的姓名、籍贯、住址、电话和润例，那也就太干燥了，我畏难，我没有这勇气，只好宁付阙如。

北平画会的组织较完备的，自然首推中国画学研究会。因为它有固定的地点、日期、时间，有人任指导，有时还有古画可看。其次要算溥雪斋弟兄们画会。此外有雪庐画会、四友画会等等。至于胜利后的中华全国美术会北平分会和艺术协会等等，那对于入会学画，是没啥子用处的。

1947 年 2 月 24 日
《新民报·土话谈天》
署名闲人

北平画坛

　　前些天我答复问学国画的先生一段土话，现又接到四位读者来信，问我北平画坛的情形，这的确除了《鼓楼》版，只有在这里答复较为方便。北平画坛，自胜利后，可以用两个字来形容，就是"沉寂"，但表面上虽是在沉寂，而内心里却是坚强，仍在研究他所自好的东西，大家都在饿得起饭，偶然来一次展览会，也不肯去他求，他们这种态度，不仅是现在，在未沦陷之前即是如此，即沦陷之后，更形坚卓。所谓沉寂，一面是自己搞自己的作品，一面在待时——现在笔润并不太踊跃的话。

　　北平画会最大的，自然是中国画学研究会，最近由负责的几位画家在预备整顿，而同时湖社画会也有"合流"的可能，假如这样的话，以两方完备的组织，合拢到一起，这是在北平画坛沉寂的气氛中，加以甚大的鼓荡。

北平画家作品的作风，还不同于其他地方的。假如我们国家还需要国画的话，那么，北平画坛的作风，也许占国画史上很重要的一页。不过，北平画坛，肯闹"噱头"的很少很少，都是以学者的态度，搞自己的作品，这一点并不是我标榜，确乎是这种情形。

1947 年 3 月 12 日
《新民报·土话谈天》
署名闲人

中华全国美术会北平分会

中华全国美术会北平分会定于今日（六月一日）在中山公园中山堂，开北平分会会员书画金石展览会。我虽然也是会员，也参加了一幅拙作，还要再呐呐喊，再写篇东西。至于已写出的东西印得出、印不出，或者在什么刊物印出去，我到现在写这《漫墨》时，还不大清楚。

中华全国美术会我几时加入，我仍弄不清楚，因为是故友张善子先生他给加入的，他并且还代付了若干届的会费，并且介绍人还有张道藩先生，这都是沦陷期间张大千先生告知我的。四强之一胜利之后，北平美术界，也颇为"天上飞来的""地下上来的"所正视，也开了不少的会，也参加了不少的东西。究其实北平这地方，太故步自封，太不识相，太不懂得活动，结果北平美术界这位不屈不挠、坚贞自守之士（这只有我在吹），被来的人看得一钱不值，简直不如北平的骆驼，因为骆驼既不是马，而又肿起脊梁。

日本的和尚，除了干"告别式"之外，还要从军，还要干"特工"，还要……北平美术分会的会员，却只是很自由地怎样来发展光大北平的美术，讨论的范围，广泛到了天安门前那些被摘了帽子的光杆树，认为虽然是劈柴贵，也不能算计到那个观瞻所系的地方的德国槐。最低限度也应用"轮摘法"，不应一视同仁地"摘去顶戴"。会员们集会，除掉美术外，据我参加所知，并未讨论过旁的，并且仪式自由，并不曾受过训练，也未参加美术外的一切活动。假如在这几天开会的话，我想会员里，起码要对于长安街红墙上那些黑一块白一块的痕迹，加以惋惜，加以慨叹了。

北平美术分会在中山堂开展览会，这是一年一度的例会，本来是定于美术节那天，结果，推到今日。这里面的作品，用不着我来说，我所要特别提出的，就是该会会员除对于美术外，别者大概都谈不到。

会期是三天，我想经过多日多次多人的集议，自然比较去年那一次会会进步，会来得圆满，会引起人们的注意。不过，我自己却只有一幅，而且是精装崭新的宣裱法，因为我既没钱多裱，我又不愿意租赁镜框。好在我的画，在会场，有也不多，无也不少，并算不得啥子稀奇，恕我不自为宣传了。

1947 年
《一四七画报·非闇漫墨》第 12 卷第 10 期
署名于非厂

凑闹热的文字

六月一日，中华全美北平分会在中山堂公开展览，事前令我写篇文字，刊在报纸上凑闹热，我除在《漫墨》中写了一些，我又另写了一篇，至少我所看到的报纸上未刊出，这实有重复抄在这里的必要。但我写东西从不留稿，原稿已交给朋友，我只好撮举大要，写在这里。题目是《绍介花鸟画家赵梦朱》。

自来画花鸟画的，向分"勾勒""没骨"两派，"勾勒"是以骨干为主，"没骨"是以意态为主，"勾勒"的方法最古，以花鸟为构图的对象，是始于唐末的，到了宋初才有"没骨"画法，这并不是南唐徐熙，而是他的儿子徐崇嗣所创始的，徐熙仍是"勾勒"派的画家（见拙作《论徐熙画》）。由宋到元，这两派在并行着。后人遂分他们为徐黄二派，黄是黄鉴，徐是徐熙，其实，"勾勒"并不始于黄鉴，"没骨"也不始于徐熙。在"没骨"画中，又分工笔和写意两派。到了元季，又把"勾勒""没骨"混合起来，变成了勾花点叶的画法，于是又产生了"大写意""小写意""兼工带写"种种的方法。由明到清，衍变愈多，而纯尚骨干的"勾勒"画法除了陈老莲几人外，简直无人肯干，尤其是"白描"，尤其是用重色。

雄县赵梦朱，名恩熹，他在二十年前，从绍兴金拱伯游，研究写生花鸟。那时见到古代名画，他一面研究"没骨"写生（即工笔，以写生为对象），一面研究"勾勒"的方法，他的"没骨"写生，生动活泼，遂把他的"勾勒"画给掩盖下去，可是他的嫡传弟子田世光，确是传了他的方法而相当成功的。赵梦朱感觉"得天下英才而教育之，三乐也"的乐，他虽在各处教学，而他自己却很少有剩余时间来作画。但平心而论，北平倡导"勾勒"画的，确乎是赵梦朱，这是事实，不容否认的。

赵梦朱人品极好，对于后学末进，总是殷殷地教诲，因之传他的"没骨"画的人很多。犹忆北平某艺校聘赵梦朱去当讲师，却是西洋画系、图案系的用器画，而赵梦朱也怡然受聘，教起来更起劲。所以有人谑某校长，说他有"知人之明"，这很可见赵梦朱的多才多艺，他研究花鸟，是吸取现代的科学方法，尤其是投影画法。

以上是我那篇的大意，因为我的画也是受赵梦朱的启示，不过我喜欢用重色，我在求拙，求古朴。因与赵梦朱是通家至好，只有我知道他，他是现在北平画花鸟用"勾勒"法的一位倡导者，所以我仍把这篇文字撮举下来。

1947 年

《一四七画报·非闇漫墨》第 13 卷第 1 期

署名于非厂

于非闇、赵梦朱合作《园蔬草虫图》

吴幻荪画展

晋顾恺之的《女史箴》(故宫流出，现在伦敦)"日中则昃，月满则微"那一段，是我所见中国最古的山水画，这当然在王维《辋川图》之前了，这画纯然是写实山水。

自"笔底烟云，脑中丘壑"之说大行，专门干写实山水的，以迄清末，并找不出多少人来。晚近张大千君是一位成功的，吴幻荪[1]君也正在努力干这种工作。

张大千君是"走星照命"的。"两到黄绝顶""太华峰头作重九"，这是前些年张君所用的两块印章。自青城、峨眉、玉门关遍游之后，又到西南，所见到的名山大川，差不多都收入腕底。吴君幻荪连日举行扇面个展，是用北宗的画法，写莫干、雁岩、黄山、华山诸胜，这

---

[1] 吴哲生（1905—1975），字幻荪，号苿萸，别号吟碧馆主，北京人。画家。

是很值得大书特书的。原来山水画自创为开合照应诸法，足不出户，可以虚拟山水，这很仿佛做文章作诗的，只拘之于起承转合，衍成了一种"程序"，而诗文遂不可救药一样。同是一株树，同是一座山，有左右前后上下反侧的看法不同，还有四时朝暮、阴晴风雨等等的探取不同，这样只有写实的一法，才能妙参造化。吴君此次颇博好评，我写这篇，未免有刊出稍晚之憾了。

编者按：吴幻荪君画展，已于昨日闭幕，闻此次颇得好评。闲人先生此稿，前日送来稍迟，深惜昨日未能刊出。今日补刊于此，诚不免有黄花之感，然闲人先生所评，是真知吴君作品之价值者，可作吴君画展一个总评观之可也。

1947 年 8 月 4 日
《北平日报·太平花》
署名非闇

画展
绍介谢子衡

山水画家谢君子衡[1]，北平世家也。日一见枉，即晤谈，君谓画山水，笔墨应由博反约，守一家法，笔墨既玄，然后就其所见所历所经，为山为水，为树为石，为林屋，为冈峦溪涧泉瀑坡陀烟云风雨，未有笔墨不立而能写山水者。王维先有笔墨，而后写辋川，二米先有笔墨，而后南徐山，推之马夏写前唐山，黄公望写虞山……乃举不胜。闻其言，心安神泰，钦其人，恨我闭门却扫，少延教焉。君又言："作画五十帧，自本十四日起，假公园水榭展览三日。"君之言独重笔墨，知已得个中三昧，抑画虽小道，在浸提已难言矣。闲人不自量，初"捧"张大千，继"捧"溥心畬，二君今皆声闻朝野，窃幸非阿好标榜。今谢君独毅然举行个展，因摭拾谢君笔墨之言而为之绍介。

1947 年 11 月 14 日

《北平日报·太平花》

署名非闇

---

[1]　谢陶均（1916—2011），字子衡，北京人。中医专家，山水画家。

金石书画品鉴录

漫談

東風

新的晨

華嚴樓隨筆

子谷厂

[一]

[二]

张桐侯八顷纪功碑

张桐侯八顷纪功碑，世所传本，每行作五字，其五行。余家曩藏一纸，仅两行半，每行作九字，贼首之首作□，并未剪装，裱作长幅，高可委地。顺德李文田定为北宋拓本，庚子兵燹竟失之。兵燹所失字画碑版至夥，而尤令人深惜者，则有王耕烟[1]、恽寿平、王烟客合作之《碧梧草堂图》，石涛《龙门纪游》大册，以及《爨龙碑》未残本，此本为阮云台未访得以前拓本，在余家已百数十年矣。先大父好碑版，此本向不示人，暇辄展玩，谓较刘燕庭本，尤为完好云。

1927 年 1 月 13 日
《晨报·非厂漫墨·八》

---

[1] 王耕烟，即王翚（1632—1717），字石谷，号耕烟散人等。江苏常熟人。与王鉴、王时敏、王原祁合称清代山水画"四王"。

袁子才与思元主人书

曩岁于东四牌楼以铜元二枚得袁子才[1]与思元主人书，共三纸。书法至拙的为子才真迹。末幅有朱印二，一为"袁枚"，白文；一为"乙未翰林"，朱文。思元主人，即豫亲王也。录之以补《随园尺牍》：

"袁枚顿首。思元主人座右：枚三月间，在邗江托伊侍郎代呈信物两种，五月还山，适江宁粮道朱白泉世兄入都，又托其带上自制松烟四匣，上镌'思元主人吟诗之墨'，背镌'随园恭制'字样，副以毛颖一床，嘱其转达。正翘企间，忽于立秋前七日，江苏通桌使处递到手书，并布包三个，知伊公代呈信物，已蒙收到，深慰下怀。更复和其拙作，赐以鼻烟，相知之深，相待之厚，无以复加。但可惜一切信物，都像在水中捞起，俱已霉烂，诗册一本，字尽模糊，想世子文字惊人，

---

[1] 袁枚（1716—1798），字子才，号简斋、随园。浙江钱塘人。清代文学家。

故被龙宫攫去，而织女机丝之巧，又足倾动鲛人，故尔冯夷小施狡狯耶！除将诗册教人细认录出一半外，谨将水泡荷囊一枚，裹以原来匣锦，寄呈一览，以见无微不信之意。女弟子都在三吴两浙间，此时尚未知悉，佳人福薄，大抵如斯，世子闻之，亦当笑吃吃不能休也。论改豫字，随令改刊，蒲快亭并未抵宁，命传口谕云云，俱未领悉。刻下朱观察谅已到京，世子见时，亦可略询袁翁近状焉。因使斋函，小伸谢悃，恭请金安，统祈乘鉴，临颖神驰。枚再顿首。""枚八十生辰，四方所赠寿诗，不下千余下首，择其尤者，梓成一集，世子龙赐鸿篇，亦已借光简册，兹特寄呈一部，伏希省览。"

风雨楼主人论画史

　　丙寅嘉平大雪三日，为近十余年所未有，风雨楼主人邀余小饮，出所藏西庐老人[1]《空山积雪》共赏。主人为山左望族，藏名迹至夥，《瘗鹤铭》水前拓本，较匋斋所得多卅余字，视苏斋所考尤多，主人性恬淡，寡交游，栽花种竹之暇，益肆力于金石书画。是日出佳酿，佐以柑橘，因为余纵论画史。主人谓："同光画派，视道咸为一变，山水古法，至伯年已无复顾及之者，渭长以衣纹篆隶之法，创为双钩花鸟，开前古未有之格律，为画界放一异彩。赵扐叔冲和浑穆，直接冬心，缶庐一派，迄今弥盛。宣统而后，主复古者，则由'四王''吴恽'上溯宋元，写意写生，又歧为二：主写生者，谓师造化，然无以脱先民

---

[1]　王时敏（1592—1680），字逊之，号烟客、西庐老人。明末清初画家，与王鉴、王翚、王原祁合称"四王"。

窠臼；主写意者，谓舒性情，顾亦莫避墨猪之诮。宋元院体及青绿诸法，迨将灭绝。主创作者，天才本拙，学识复浅，只以耳食之说，任意涂乙，甚则欲合欧西画派，冶为一炉，其佳者殆等于欧西杂志中之滑稽画。然设遇杰出之才，从兹力事研讨，将来成就，当未可量。同光而后，谓之时派，时派之弊，释道大行，石涛、石溪，以清静之资，得山水灵淑之气，清幽浑穆，别有所归，故西庐极称之。矫时派者，力事临抚，以迄于今，设更数十百年，则同光画派之后，必皭然为一代宗工矣。"乃相与举杯，时酿已若冰，冷沁心脾。余以其言颇精辟，乃取以实吾篇。

1927 年 2 月 19 日

《晨报·非厂漫墨·二三》

洪毅夫书画

检讨[1]洪毅夫[2]，名汝源，壬辰翰林，以不附拳匪，指为教民，被伤几死。检讨擅六法，所作山水，松而不懈，得虚灵简古之致，在同光画派中，是以古为师者。余家藏四帧，法宋元四家，以少许胜人多许，品在小松铁生之间，真士夫画也。

1927 年 2 月 25 日
《晨报·非厂漫墨·二六》
署名非厂

---

[1] 检讨：职官名。宋有史馆检讨，掌修国史。明清时隶属翰林院，位次于编修，与修撰编修同称为"史官"。

[2] 洪汝源，字毅夫，号莲坞，湖南宁乡人。光绪壬辰进士，授检讨，署绥宁府、保宁府事。

　　龟兹左将军刘平国关亭颂[1]，在汉刻中是以篆籀作隶者，高古近"鲁孝王石刻"，在今新疆"阿克苏"山崖上。光绪初，始访得，遂宣传于世。惟颂在山崖，就石势之隆伏，刻为八行，行十余字，风高工拙，佳拓至为难得。所传善本，以"长沙徐氏"为第一。"永明周氏"所拓，得字独完，工惜稍拙，即余所藏者也。按碑云：

　　　　龟兹左将军刘平以七月廿六日发家

　　　　从秦人孟伯山狄虎贲赵当侯竺□君

　　　　□□卑程阿茉等六人共来作制亭□

　　　　□□□关八月一日始斫山石作孔至八日

　　　　迄坚固万岁人民喜长寿亿年宜

　　　　子孙永寿四年八月甲戌朔十二日

　　　　乙酉直建纪此东乌累关城皆

　　　　将军所作也□□

---

[1] 关亭颂碑全称"汉龟兹左将军刘平国摩崖"，亦称"刘平国治路颂""刘平国治关亭颂"等。东汉永寿四年（158）八月刻于新疆拜城东北喀拉克达格山麓的山崖上。

考《汉书·西域传》，龟兹有右将军，无左将军。徐氏补注云："后书班超传有左将军。"遍检班传竟无之，徐盖误记（徐氏名松）。今此刻正作左将军，颇足以补班书之漏。然刘平国似为中朝官，不能遽认为龟兹有左将军之证。平国发家从，修制关亭，亭者置烽火之所；车师传[1]所谓至校尉府"胁诸亭，令爓积薪，分告诸壁"是也。"斸"或作"斵"，当是"斫""凿"之异文。"乌累"即"乌垒"，《西域传》云"都护治吾垒城"，余见宋刊本，作"都护治乌垒孙城"，或以为因"乌孙"致误，今读此刻，可证宋椠"垒孙"二字当是"累"字之讹，浅人不知，遂径改为"乌垒"矣。"坚固万岁……"当时颂词，汉人多如此，如："敦煌淳于伯□颂"，"颂"作"诵"颇有味。此刻书法尤妙，在疏密相间，错落有致，分行布白，与"盂鼎""散盘"绝类。后来石刻，惟《瘗鹤铭》差足近之。吾尝谓自"格式"兴，趋于齐整，书道遂大坏。秦以前之金石刻，章法独密，或正或奇，无少呆滞。汉人分隶渐尚"格式"，遂有以丝阑为界画，纵行横行，整齐特著，"章法"于是乎废，所谓"碑式"也。直至今日，甚有并丝阑而亦刻诸石者。析"章法"为"款"为"识"，以为款识宜如此，碑志不宜如此；匪特碑志，举凡一切正式文书胥宜整肃。而学为书者遂壹意于运笔结体诸法，曰我秦篆也，我汉分也，我颜柳欧赵、魏晋六朝也，兢兢于笔画之中，无复有顾及"章法"者。商周金文姑无论，"二世诏版"之所书，其"章法"又何尝不寓整肃于错落耶？

1927 年 3 月 6 日
《晨报·星期画报》
署名非厂

---

[1] 此处引"车师传"似应是《通志·四夷传》车师条。

吴愙斋书法

　　往岁颇慕吴愙斋[1]书，百计求之，得所书杜诗扇面，篆法奇古，颇得漆书遗意，惟"扢"竟直书为扠，拟于金文无所见，拟于周器中得其二，皆作人拄杖形，其意乃大类于埃及之古文。吾于是遍检愙斋所书《论语》，其中所杜撰者，乃不一而足，深叹治古文之匪易也。小友馨一（本名桂），愙斋犹子也，谂吾好愙斋书，殷殷自浙东以愙斋手札寄吾，且介吾得识易一厂[2]，一厂以所撰"欲挂云帆济沧海，闲与仙人扫落花"楹帖，书以为吾赠。时吾主讲第二校，馨一在一厂为姻娅，从吾学，故联云云也。《愙斋集古录》，精审赅博，为当代巨制，其间亦间有讹误者。所为《说文古籀补》，亦精博，惜所收失于漫而不审。愙斋画笔谨饬，偶未脱蹊径者。

1927 年 3 月 21 日
《晨报·非厂漫墨·三十》
署名非厂

---

[1]　吴大澂（1835—1902），字清卿，号恒轩、白云山樵、愙斋、白云病叟等，江苏吴县（今苏州）人。清代金石学家、文字学家、书法家。

[2]　易顺鼎（1858—1920），字实甫，号哭盦、一厂居士等。清末民初诗人。

瓶斋

往岁于友人处见一瓶，高尺有五，左右两兽首，衔两玉环，类哥窑，古趣盎然，云得自新乡土中者。友人为雕座，制锦囊，嵌以玻璃，珍视当拱璧，非至交，非其人，不轻视也。吾细叩其宝贵处，友谓土中掘得时，尚有宋时货币若干枚，是足为宋瓷之证，且瓷之质，又非宋莫办，宋瓷在今日，若吉光片羽，宁不足珍。吾因曰："宋时玉环，真可谓愈煅愈凝者已。"乃相与叹赏，因额其书室曰"瓶斋"。友吴姓，字子培，好藏书，琳琅满架。去腊以误药终，年仅四十，家人以瓶殉焉。

1927 年 3 月 27 日
《晨报·非厂漫墨·三一》
署名非厂

钱叔美松壶画稿

　　读钱叔美《松壶画诀》[1]云："尝与朱山人野云言，画之中可付梨枣者，惟人物鸟兽、屋宇舟车，以及几榻器皿等。宜各就所见唐宋元明诸家山水中所有，一一摹出之，各别门类，汇为一书，庶几留古人之规式，为后学之津梁。野云欣然，于是广搜博采，共相临摹，两年而成十二卷。即篱落一门，自唐以下，得七十余种，他可类推。欲梓行，以工巨未果。今稿本不知散失何所矣！"日前友人来，谓曾见人物舟车屋宇图谱，共十卷，计二十大册，即亭之式，为图至六十七种，但已佚去数册，莫能定其为松壶稿。惟闻昔为吴世才孝廉所藏，辗转入某爵邸，邸今只余一老姁，遂并以所藏王黄鹤秋林觅句卷售之碧眼儿，三年前即以远渡重洋矣！因相与唏嘘者久，慨自欧力东侵，吾国文物重器，大有西去流沙之概，固不仅此区区者也。

1927 年 4 月 13 日

《晨报·非厂漫墨·三三》

---

[1]　钱杜（1764—1845），字叔美，号松壶等，浙江钱塘（今杭州）人。出身仕宦，清嘉庆五年（1800）
　　进士，官主事。善书画，能作诗。著有《松壶画诀》《松壶画忆》《松壶画赘》等。

清初水墨山水

　　往岁吾得两画，一水墨山水，纵三尺，横八寸，明库绢本，无款识，无印章，画笔恣肆，脱略前人蹊径。仅于左下角石隙处，书"第三幅"三细楷，朱书一"能"字。一水墨梅花，纵一尺，广几二尺，纸本，沿纸之四边作墨梅，花繁密类冬心，而苍朴过之。尤妙者，自四边以梅花逼近纸心，当心处衬成寒月，直如置身孤山，皓魄窥窗，花影扶疏之势。右下角有朱书"神品"二字，亦无题识，吾师王润暄先生定为清初名手所作，谓曾见内府所没和珅家物，曾用朱书第其品秩。崇侍御秋浦雅爱之，悬斋中默坐对之者累月，今已佚矣。

1927 年 4 月 13 日

《晨报·非厂漫墨·三三》

刻铜名手张寿丞

　　往岁厂肆有张寿丞[1]者，一字寿臣，以刻铜名。墨盒镇纸，以得其镌刻为荣，门庭若市，大有应接不暇之势。吾见所刻二镇纸，为吴窭斋篆书，非第镌刻精工，不爽毫黍，试以两指爪入其刻入处，则全镇纸即可提起，盖其刀直下而深入也。又所刻墨盒两方，为石门吴待秋所画，渴毫枯笔，丰神特绝。又所刻石章，亦奇古，吾戚家有数章，吾仅印得一枚焉。友人谓民国初元，项城[2]所铸颁各铜印，皆出张手，未审是否。

1927 年 4 月 17 日

《晨报·非厂漫墨·三五》

署名非厂

---

[1] 张寿丞，河北新河人。刻铜名家张樾丞堂弟。

[2] 袁世凯（1859—1916），字慰庭，又作慰亭，号容庵，河南项城人，故人称"袁项城"。北洋军阀首领、北洋政府总统。

刘子泉善丹青

　　刘子泉[1]先生，名广钰，京旗人，善丹青，笔致苍老。辛亥后，以画自给，举凡山水人物花鸟，靡不为之。惟不署名，厂肆争求之，觅人署款，用以乱真，以故所见较多，临摹规抚有绝精者。唯利于求售，画笔渐俗，晚乃益甚，闻已于曩岁仙去矣。吾家向有所临钱维城立轴，系中年所作，虽敷色微嫌俗浅，当不失为精品。往岁北京大学曾有画学会之设，先生任指导，此正如杂剧中之沈三元、刘景然，所谓"戏包袱"也。

1927 年 4 月 17 日

《晨报·非厂漫墨·三五》

署名非厂

---

[1]　刘广钰（1867—1925），字子泉，北京人。曾任北京大学画学研究会导师。

金冬心写付罗两峰小像跋

往岁与师曾陈君[1]会于陶然亭，相与论冬心[2]写梅。师曾谓冬心写梅凡三变，晚乃自成一家，吾甚韪之，盖吾前在啸园，获读冬心写梅几三十幅，确不同也。及读《梦园书画录》[3]，冬心写付罗两峰小像跋语云："……聘学诗于余，称入室弟子，又受画，初仿余江路梅，继又学余人物蕃马，奇树窠石，笔端聪明，无毫发之舛焉。……"虽心知所见梅，或出两峰手，然不敢定也。后见冬心写付项贡夫小像跋，始知世传冬心画，多出项手也；吾安得起师曾共商榷之。跋云："项生均，初以为友，尝相见于花前酒边也。一日，将诗代修，执弟子之礼，游

---

[1] 陈衡恪（1876—1923），字师曾，号朽道人、槐堂，江西义宁（今修水）人。美术家、艺术教育家。
[2] 金农（1687—1763），号冬心先生。清代书画家。
[3] 清代方浚颐编著《梦园书画录》，二十四卷。方浚颐（1815—1888），字饮苕，号子箴，又号梦园，安徽定远人。

吾门，乃拜请曰，愿先生导日教之。其为诗，简秀清机，其长身，如鹤之臞，而高出一头也。近学余画梅，梅格茂削中有古意，有时为余作暗香疏影之态，以应四方求索者，虽鉴别□□处士，亦不复辨识非予之残煤秃管也。嗟乎！前年得罗生聘，今年又得项生，共结诗画之缘，予也，衰聩放废，窃有乐焉；世间富贵利达，何暇问哉！因自写小像付之。要使其知予冷澈之吟，寒葩之寄，是业之所传，得其人矣。辛巳三月七十五叟杭郡金农记。"

1927 年 4 月 23 日
《晨报·非厂漫墨·三七》
署名非厂

湘妃竹扇

　　往岁于某邸，见所藏竹簏凡三柄：□□扇均为湘妃竹，骨共二十有四，每根斑纹均相对，螺旋文清晰如画，无纸面，劈竹为之，环扣合粘，巧夺天工，近轴处，刻乾隆二十一年臣某恭制。一全骨均为水磨竹，两大骨镌蝇头楷，为杜子美秋兴八首，极工细，署刘厚庵刻于飞来峰。一牙骨，制绝大，刻唐诗两绝，黄小松为丁龙泓刻者，其刀法，纯用小松摹印法，正刀直入，崩剥任之，极浑古拙朴之致。小松刻印，世多知之，以刻印法刻扇，吾初见颇疑为伪托，然确为小松刀笔耶。今闻此三扇，已入于某要人之手，故记之。

1927 年 7 月 20 日
《晨报·非厂漫墨·四二》
署名非厂

宋牧仲所收

博而不精

　　友人以所得苏长公[1]手写陶诗一卷，嘱为题识，谓是宋牧仲[2]家物，辗转而流入市肆者，吾一见即识为赝鼎，盖黄色两绢即非宋时物也。牧仲所收，博而不精早有定评。虽题识印章，不为伪托，不足珍也。

1927 年 7 月 24 日
《晨报·非厂漫墨·四四》
署名非厂

---

[1] 苏长公，即苏轼（1037—1101），字子瞻，号东坡居士，四川眉山人。北宋文学家、书画家。
[2] 宋荦（1634—1713），字牧仲，河南商丘人，官至吏部尚书。鉴古家。

印章边款

　　印章边款，亦犹刻印，刀即笔，笔即刀，忌先墨书，随其划而刻，若镌墓铭也。然古今来长于此者，究有几人？丁敬身黄小松而外，吾恨未多见也。往岁观一砚，砚背镌翁苏斋长跋，独其右角刻"淳熙四年渔乐堂诗砚"九字，以刀作笔，划而刻之，古茂特绝。怡寿堂藏黄小松犀纹砚，背镌其获砚之由，三百五十余字，运刀如风，不事雕琢，雄强茂密，独步今古。近观吴安吉所刻各砚，仍是安吉书，非能尽安吉刀也。

1927 年 8 月 4 日
《晨报·非厂漫墨·四六》
署名非厂

听松阁二砚

听松阁二砚,一为宋牧仲所藏,背镌"涅而不锱,磨而不磷"八篆文,两螭环之,长洲文寿丞刻,正面有鸲鹆眼二,两相对,大小亦同,牧仲于其间刻"宋荦珍藏"四细楷。一为宋砚,刻"熙宁四年松云草堂诗砚"十字,作隶书。砚为碧端,损其一角,为闵正斋(贞)故物,正斋于两侧制为长歌,纪其渊源,今不复记忆矣。碧端砚余所见仅三方:一为乾隆御砚,上刻乾隆所制砚铭者,状若宋犀纹,凝腻若玉,碧若三秋荷盖,声若金,若磬,若铜铃,为成亲王(乾隆十一子)家物。一为万竹草堂诗砚,作椭圆形,背镌吴仲圭万竹草堂图,仲圭为个叟作者,正面边缘刻个叟砚跋,都百余字,盖砚在个叟家已历五世矣。尤奇者,背面当心处,乃生一葡萄眼,仲圭就眼处作月,妙造自然,极幽静之致,惟碧色视乾隆砚少黯,与正斋物殆相伯仲。曾藏有拓本,今亦随吾家物而散佚矣。个叟遍检而莫知其人,殆亦隐君子耶?

1927 年 8 月 13 日
《晨报·非厂漫墨·四九》
署名非厂

戴醇士设色窗帘

小友刘浚疏家，有戴文节公（醇士）设色窗帘四幅，云文节与其先人过从甚密，一日，新居甫竣，即止文节于此。以库绢预制四帘，笔、墨、色彩绝精，并置案头，而以罗晓齐所作四帘张窗间；罗画苦俗，色彩鲜艳如匠人画，厂肆张笔润，求者麇集，文节最斥为妄谬者也。文节来居，其意若晓主人意，又若不晓也者。主人除寒暄聚饮外，避弗见，十余日，窗帘易，罗画竟拭案垢矣。文节画，于古人未能脱尽藩篱，识者每以追抚耕烟惜之，是画以人重者也。惟此四帧，在浅见如吾，窃谓当是文节压卷。一摹梅道人，苍茫浑厚，雄健异常；一摹王黄鹤，渴毫枯墨，滃郁若湿；一摹黄子久，富春山色，视石谷所摹，尤饶士气；一摹赵松雪，断石疏树，置之秋色卷中，当不多让。

1927 年 8 月 15 日
《晨报·非厂漫墨·五十》
署名非厂

观清道人画

　　友人家藏清道人[1]所作墨笔山水一巨册，纵尺有六，广二尺许，为乾隆仿澄心堂纸。光绪中，道人来京师，厂肆争乞书，道人故与友人善，时相过从。一日初夏，道人微醺，友人出所藏纸共赏，道人爱甚，愿以书易一二纸，友人故吝之，谓须为作画，每二画易一纸，且非山水不可。道人狂喜，时日已暮，道人亲裂纸挑灯作，一夜而成三十二帧，纵横恣肆，深得无法之法，视世所传，若出两人，即道人亦自惊得未曾有也。秉烛者云，只见道人就纸圈之，横抢之，忽攒眉，忽微笑，忽点首，若以为可者，忽凝思，若犹豫而莫决者。其笔或速若投梭，或迟如停滞，既毕，颓而卧，不旋踵而齁声作矣。吾始闻友人言，深以澄心纸苦不堪作画，且乾隆所仿，亦仅形似，质固弗如远甚；友

---

[1]　李瑞清（1867—1920），字仲麟，号梅庵，晚号清道人，戏号李百蟹。教育家、书法家。

人家又何如是之多，既观道人画，未尝不叹为神来之笔。而友人先德，曾两司纸库，所得自易易也。道人于册后，自为长跋记其事，都千余字，全摹郑文公，至工整。吾不知书，于道人书，每惜其摹拟过肖，甚少新意，然世固以是重之。

1927 年 8 月 17 日
《晨报·非厂漫墨·五一》
署名非厂

读扇面巨册

    在友人处见扇面一巨册，云近得自某邸者。册中多清初名手，以恽寿平[1]《竹溪清隐》为最佳，董思白[2]《夏木垂阴》，当是文敏得意之作。余如烟客、圆照、巢民等，特皆应酬文字，非能尽所长。耕烟扇凡三，一中年仿大痴浅绛，未染甜俗，是学古有得之作。册后殿以无名折简，山石树木，郁郁苍苍，直觉前无古人，后无来者，真神品也。其为画，杂树五七株，映小溪，山隙茅屋二楹，间以坡脚，对面层峦葱郁，极幽静之致。皴法多横，以竖画破，瘦劲如铁，圆浑如箸，山花树叶，乃以草法出之，若续若继，浓浅以分，大类于西洋之钢笔画，真可俯视宋元诸子；左方石隙有朱文小印，曰"仆本恨人"，愧不能详

---

[1]　恽格（1633—1690），字寿平，号南田，清初书画家。

[2]　董其昌（1555—1636），字玄宰，号思白，卒后谥"文敏"。明代书画家。

也。吾乃请于吾友，另劳之，置之压卷，俾屈伏于数百年之后者，得吾友而一伸焉。册后有张湘涛相国长跋，于画理似未尽晓。册首尾乾隆九玺，"古稀天子"一印，至侵画格，殊为可惜。友人善岐黄，写竹石花果，力摹清湘子，此册则以其生死人得，亦足豪矣。

1927 年 8 月 27 日
《晨报·非厂漫墨·五二》
署名非厂

百鹿樽绘样

　　康熙百鹿樽，觅名手绘样呈进，不下百幅，惟李音斋（大钧）所进当意，图成于十二年，经二年樽始成，亦仅得两对，皆李画也。此见诸载籍者。光绪所仿，虽本李制，然千人一面，大小远近，殆若板刻，仅以鹿为禄，取吉利耳。连日酷热，辄随二三野老于绿荫深处共话，有所称为髯叟者，谈吐典则，好饮酒，喜诗，类隐君子。因谓其先德曾司典守图样，康雍乾隆所制，都为数十橱，封存之，人莫敢启也。庚申之难，曾一启之，仅获观楼阁宫观诸图，即一椽一檩，亦详绘其尺寸藻饰，是盖算房所呈进者（算房司建筑工程，预计其制度、材料、绘饰、装潢……若今之工程师，除绘图立说估计工料外，遇有特制，如修造圆明园、颐和园等，尤须用厚绒或陶土等制成小型模型呈进。司估计者，俗称为算房某氏；司制模型者，俗称为样子某氏）。叟又谓辛亥之际，吾家曾有一册，极大，皆鹿樽瓷绘，由宫中携出，须事装治者，隆裕之丧，始复送还，今不知尚存何所矣。吾闻叟言，颇涉冥想，以为尽出司中所蓄，开一展览，则吾华艺术，当更震耀寰宇也。

1927 年 8 月 27 日
《晨报·非厂漫墨·五二》
署名非厂

金石碑刻之学

　　年来金石碑刻之学，蔚为大观，士大夫遂不惜重金，争相购求，业此者无不利市三倍，非特剜剔补填诸拓片，视为奇货；即纸色较旧，墨拓较清者，亦往往出重值而竞致也。即以毛公鼎而论，当在吾乡时（约在咸同间），第一次只拓得百片，每片值十金，第二次则百金矣，自是而后，遂不复拓。今则一片之出，乃至倍蓰，或竟数十元，则其故吾乃不能自秘。吾非好揭人者，吾为此，自矢尤不敢偶涉于人。吾曩书厂肆事，虽间涉及其私，然仍非此中人语，则吾之所谓自秘者，固仍有其不能不秘者在，而吾仅举其足为外人道者，约略言之耳。豫中有某氏者，小有收藏，精镌刻，于勾勒之术，研之靡精。园固多废石，暇则勾勒孤本，举凡泐残断裂风剥雨蚀之纹，莫不摹仿毕真。拓制之后，从事装潢，故一物之成，往往年余始竣。往岁王爵生（埁）所得定武兰亭，吴窓斋所得毛公鼎，皆某氏园中物也。业碑帖者，初亦不知其伪，及出品日众，搜求日易，遂踵以求之，需即索之，某氏之技，得以大行，而其值翻日以落，盖物以罕而见珍也。《吴天发神忏碑》，端匋斋[1]曾得一善本，勒于金陵，镌刻至佳，闻曾礼聘某氏，而某氏却之。世所传散氏盘，亦多某氏刻（非故宫拓出者）。且今之工于其术者，又岂独一某氏耶？

1927 年 8 月 29 日
《晨报·非厂漫墨·五三》
署名非厂

[1] 端方（1861—1911），字午桥，号匋斋。清末大臣，金石学家。

书画鉴定

　　连朝阴雨，辄作画释闷。友自吾乡来，携所得张子青（之万）[1]抚黄鹤山樵长卷，过我斋中共赏。要吾作长跋以记其得画之由，吾特笑置之，友乃恚甚，自谓此画经某人鉴赏的系至精之品，且藏之者，又为吾乡之闻人，深以吾为短于视。吾之笑乃益纵，不可抑，致友悻悻去，吾之过也，吾之闷竟尽释。吾于六法，原不尽晓，吾之遇特奇，故吾一寄之于书画；于鉴定尤茫然，则缘于所见者寡，知吾者当諟吾言也。独于子青画，辨析尚不隔膜。盖子青终身学耕烟，学麓床，惟不能脱却蹊径，于峦溪大嶂，层峰叠峦，其才力乃弗能及；黄鹤之渴毫枯墨，纵横恣肆，绝不相容，不相出入，是非必精于鉴定者始能知，即浅陋若吾者，固敢一望而知为赝鼎也。藏之者，特取其画笔之佳而

[1] 张之万（1811—1897），字子青，号銮坡，直隶南皮人。晚清大臣，书画家。

珍视之，初不因其为子青画。设此卷不署名，则将永永珍视之；设此卷而另以其近似者署之，亦不能留落人间，为友所得。在书画商有所谓误道儿货者，此画即是。盖商觅名手临抚此卷，倩另人署题，另人误署子青款，画遂毁。据吾所知，有所谓罗莴儿者，以善署款名，有乱真之誉。往岁所见某君藏《鹊华秋色卷》[1]，与清宫藏本无二，署款题识，均出罗手，真神技也。罗曾以内府所藏某卷，由内务府某人倩名手摹副本，罗竟以误道儿获罪，惊惧死，其事颇足为证。书画商有言，宁买假似真，勿买真似假。良以书画之作，关乎年齿，关乎环境，关乎纸墨，即同为一人作品，而优劣以分；即同为一年一月一日之作，其兴会淋漓、解衣磅礴之作，自较勉强敷衍、愁闷苦痛之所作为佳。故善于观画者，当其卷轴既开，胸中已有定评，然后审视款识，辨别年月，考订题跋，初不能因其为某人所作而即重视之也。曩闻某商外出觅货，寓店中，有寠人携一长卷求售，稍一开卷，即合置之，故作鄙视状，谓怜其寠，竟予以十金，使携卷去。寠固不知画，忸怩受金，不肯携画去。商则裂画作蝴蝶舞，以其头尾余纸投诸火，寠始感谢去。商俟其行，拾画合之，遂归。盖所以绝其反复，画固巨迹，非必观署款也。

1927 年 9 月 10 日
《晨报·非厂漫墨·五五》
署名非厂

---

[1] 元赵孟頫《鹊华秋色图卷》，纸本，设色画。故宫旧藏，现藏台北故宫博物院。

家藏葫芦瓶

吾家曩有一瓶，高几三尺，作葫芦形，青花白地，康熙官窑也。上绘葫芦百枚，无一相同者。枝蔓花叶，画笔绝精。陆凤石（润庠）[1]相国雅爱之，为作长歌，因系先大母奁中物，不敢请也。庚子兵燹，与王耕烟大轴、石涛山水大册俱失之。日前友人得一瓶，疑系吾家物，亟往观之，形制颇佳，色泽亦非近百余年物。惟所绘葫芦，约而计之，其数虽百，其形仅三十有二状耳。此与吾前所记百鹿樽，同为绝品。

1927 年 9 月 15 日
《晨报·非厂漫墨·五六》
署名非厂

---

[1] 陆润庠（1841—1915），字凤石，号云洒、固叟。官至太保、东阁大学士、体仁阁大学士。辛亥后，任溥仪老师。

汉瓦当文

汉瓦当文，如"长乐永康"等，或颂或祝，或标明宫观，语多吉祥。惟光绪末，河南民掘得数枚，皆恒式，中有一枚独大，镌一"晦"字，事为端匋斋（方）所闻，一时褚德仪王孝禹辈，群相惊诧，莫能详焉。日前过听雨楼，主人出瓦当拓片见示，中有一"朔"字，式亦独大，则"晦"字不足异也，特其制不详耳。

1927 年 9 月 26 日
《晨报·非厂漫墨·五八》
署名非厂

韩幹《明皇试马图》记

近有投书于吾，谓读吾文，知吾精于鉴赏，颇以为誉，吾乃滋愧。吾非文学家，于文，尚未能窥其涯际。吾之所谈，特常识耳，为人人心目中所有。吾多暇，吾胆至巨，吾尤敢以常识实吾篇，塞报余白，兼以提起吾人之旧观念，非所以自诩其多识也。投吾书者，并以王摩诘[1]《桃源行》照片嘱鉴定，谓海上某画报曾影印，而甚疑其匪真者。王摩诘《桃源行》早见著录，吾深愧不能详。惟投吾书者之质疑，吾特敬以慧眼报之。

韩幹《明皇试马图》，世以焦秉贞[2]临本为最善。吾友听雨楼主人，

---

[1]　王摩诘，即唐代诗人、画家王维。

[2]　焦秉贞，济宁（今属山东）人。清代画家。通天文。天主教传教士汤若望门生。官钦天监五官正。擅人物画，以写"御容"称旨，康熙中曾供奉内廷。

曾得一油素勾本，与焦画特异，焦画人马皆左向，此独右向。旁有记云："乾隆丙戌三月，和相进呈骏马，上喜甚，驰御垣箭道三匝，以《明皇试马图》赐和相，命匠钩取存稿本……（已断去约当五字，匠字亦磨灭，或是臣字）本年七月，和相拟上石，聘名手勾勒，得十二纸，此竟见……（亦断去，约当十一字）拾得，携归斋中。凡我子……（已断去，约七字）诚敬志。"读此文，似韩画真迹赐和珅，而焦画故变其向。然韩画并藏大内，焦摹当不敢故异，则是本所记，转增一层云雾矣。

1927 年 10 月 1 日
《晨报·非厂漫墨·五九》
署名非厂

沈石田墨笔屏十二条

　　顷见沈石田墨笔屏十二条，为天聋道长作者。纸本，纵五尺三寸，横一尺二寸。摹各家，其中《辋川积雪》《潇湘烟雨》两轴，与各家所摹绝异，有耕烟一跋，于此两轴，尤为推崇，谓是石田精品。刘文清沿边作细楷，都数千言，惜未能搔着痒处。隔绫尚有"宋牧仲""铁梅弇""钱梅溪""怡寿堂"……诸鉴赏印。尤奇者，每幅左角，有"安得海印"四字，白文，一若嘉道而后，此画遂隐，直至安氏[1]始收藏之者。仓卒获观，不暇抄录，仅记耕烟数语于后："……石田翁善摹古人精神，辋川巨迹，潇湘名胜，均能从精神流露处着笔，已自高人数筹，固未可以笔墨中求之也。续镫庵中，获此神骏，使我静对累日，觉四肢百体，无所不畅。……"

1927 年 10 月 12 日
《晨报·非厂漫墨·六二》
署名非厂

---

[1] 安氏指安得海（1844—1869），一作安德海，直隶（今河北省）青县人。清廷总管大太监。

《秘戏图》本

  《秘戏图》佳构殊难得，盖传神阿睹，意在有无间，绝非伧夫俗子，丑亵毕呈者所能梦见也。大内向藏此物，自宋元以来，都若干卷册，此见诸载籍，恨无由一赏鉴耳。前在某邸，见所藏仇实父画册，仅余四页，云是高宗时由大内携出者：一绘一仙女，琼花缤纷，两蝶作蹁跹舞，女凝睇，若不胜其情者；一女侧立水阁前，桃花数枝，两燕栖止，相偎依，吻接，女一手支阁柱，若有思；一两鸭上下戏水，若将葳事，女俯伏灵石，左手素纨落水，痴若莫觉；一竹隙两白鸽，状至狎，婢牵女衣指点之，女作羞惭状。四画立意颇佳，结构亦妙，惟细审笔墨，似非出自实父，说者谓系画苑临副本，差近之。又清宫所藏《杨妃出浴图》，不著作者姓名，而"内府图画""清秘""绍兴""双螭"……诸印，当时宋明内府图书。惟在轻縠隐约间，冰肌半露，未免托意未高耳。

1927 年 10 月 22 日

《晨报·非厂漫墨·六三》

署名非厂

友人藏颜平原、高房山书画

　　颜平原书，尚有谢赐御粟一表，都二百五十余字，曾入秘阁，为鄂文成公家物。跋尾已断佚，连于表者，似是松雪跋，仅余二十余字，左角有"柯九思"朱文印。庚子兵燹，友人得于东四牌楼小贩，向不轻示人，吾得见此表，乃在数年前，曾录吾笔记中。今友人已南去，吾记又飞矣，吾深恨不得以此表实吾漫墨也。友人尚有高房山《归舟图》长卷，纵尺有五，横丈有二，墨笔，纸本。云烟变灭，纯由巨然化出，参以二米，蔚成高画。尤奇者，于激流沙碛中，纤者拖缅，长几三尺，细若游丝，直同界画，允为一气呵成者。友人颇宝爱之。吾尝谓友，高尚书当不作此，特好事者故为是矜奇耳；然细审笔墨，又非尚书莫办也。他日友人倦游归来，吾当设法摄出之，质诸精于鉴赏者。

1927 年 10 月 22 日
《晨报·非厂漫墨·六三》
署名非厂

方环山画笔

苍朴

方环山（士庶）[1]画笔苍朴，为娄东一派。吾在怡寿堂见一帧，纸本，纵五尺五寸，横四尺二寸。仿大痴，山峦浑厚，树木苍古，气运极生动，自题曰百余言，吾已不甚记忆，仅忆其有"得四百年旧宫纸，石洪子又贻以君房墨，庭中桂香正浓，不禁解衣盘礴，一写大痴笔也"数语。此帧作于乾隆己巳中秋，旁有钱梅溪（泳）隶书长跋，推崇备至。又环山画吾尚见一帧，亦摹大痴者，微嫌景碎，题颇有致，特录之："赵令穰每一落笔，静秀之光，扑人须面；而论者犹以不读书少之；夫读书，何也？以通于画也。或告我曰：一能读书，于天地化工之气，山川性情之变无所不见；于古今崎岖历落之事，禽鸟花月之魂，天寒岁暮之态，俱有所欣感，排宕而出，而出者不知也。"然则"读书"二字，岂徒一书理为然哉？

1927 年 10 月 29 日
《晨报·非厂漫墨卷二·一》

---

[1]　方士庶（1692—1751），字循远，号环山，安徽歙县人。清代画家。

与友论书画流散

　　昔于松风阁见日本人某所临巨然《烟雨图》，谨饬严整，似未能脱略海上习气，上有王冶梅一跋，述此画流落颇详。跋曰："巨师妙迹，在吾华流传甚稀，寸金尺璧，海内争以瑰宝视之。况此巨幛，曾入秘府，吴仲珪称为天下第一品，董华亭诩眼福为几生修到者也。纯庙巡幸江南，此帧曾入睿赏，不知何以流落贾人，东渡扶桑？今为仓田公所得，倩名手临抚，此其一也；美人沙咤利，观此为之不怡者久。"吾尝与友论吾华文物重器，自海禁大开，以迄于今，可谓遍布世界。友人因谓："帝制时代，君主务以珍宝聚为一家所有，而其物尚得以集于吾国。国体既更，其流入民间、散之寰宇者，吾人观须游彼都而一旷眼界焉，宁不可惜！"吾笑谓友曰："彼如肯陈之于室，任人观览，不犹愈于封闭庋藏于一人一家之室耶？"友又言，近日本人之习国画者，为功绝勤，即以山水言，凡南宗北派，罔不临抚，兀兀以求，无间寒暑，及其既进，则携纸墨，入山潜居，以观其朝暮晦明阴晴风雨之状，几若以画终其身者。至于溯长江，入荆楚，走燕赵，出三峡，南入滇黔，东游闽浙者，尤大有人在；且国中富豪又往往以资助画家为荣，故其画虽未至，而将来固未可量也。

1927 年 11 月 2 日
《晨报·非厂漫墨卷二·二》

鉴定之难

　　友人得墨竹一轴，装潢绝古，非近百余年物，左角有项子京收藏印"天籁阁""停云馆"诸印，隔绫有赵㧑叔一跋，谓是文兴可所作。㧑叔精鉴赏，或当不虚，谓苦于无所据耳。谓纸质为宋时物，亦似不然。于以知鉴定之难也。

1927 年 11 月 2 日
《晨报·非厂漫墨卷二·二》

颜鲁公《中兴颂》

颜鲁公《中兴颂》，左行，若满蒙文字自上而下，自左而右。柳诚悬及无名氏所写金刚经，亦左行，于以知唐文多此体裁。或谓唐时，回藏诸民，交通至便，左行遂为时尚，吾乃不敢曲同此说。友人以唐开元造像拓本见贻，铭未砖质，正方，每边长今尺七尺二分，凸文，隶书，共六十八字，节度使判官越公司参军李堂造。铭文亦左行。文曰："开元十二年甲子闰拾贰月吉日，节度使判官越公司参军李堂敬造牟尼仏（古佛字）一龛于越稽山永安寺。雕镌已就，色相星开，当愿见在，长幼无灾，大界苍生，并同受福，以存长寿。"由是可知左行书，在唐人乃一体也。

《兰亭帖》诸本

　　《兰亭帖》刻于隋开皇间，真本在智永处，手模上石，为褉帖石刻之祖。唐何延年云："右军永和中，与太原孙承公四十有一人修被褉，择毫制序，用蚕茧纸，鼠须笔，遒媚劲健，绝世更无。凡三百二十四字，有重者皆具别体。就中'之'字，有二十许，变转悉异，遂无同者，如有神助。及醒后，他日更书数百千本，无如此者。"唐人重结构，于此益信。唐刻《兰亭》在贞观间。太宗嗜书，因魏徵言，《兰亭》真迹在僧辩才处，特遣御史萧翼赚得。武德四年，《叙》入秦府。贞观十年，始命汤普彻、冯承素、诸葛贞等，各临拓以赐近臣。当时褚遂良、欧阳询各有临本，人并崇尚。然二人自出家法，不复拘拘点画。后之所谓武定本，欧临是也；所谓唐绢本，褚临是也。

1927 年 11 月 17 日

《晨报·非厂漫墨卷二·五》

说石鼓

石鼓，说者纷纭，莫能定其为何时物。有谓为周宣王时者，有谓为宇文周者，有谓为嬴秦时者。其为物有谓之石鼓者；有谓之石鼓文者；又有谓为猎碣者。独郑夹漈（樵）谓"石鼓者，其立碑之渐与然"，可谓特识。近人马君衡，由其出土之地、文辞、字形，定为秦刻。虽主郑樵之说，实足辟千载之谬。谓之秦刻石，尤觉允当。马君文，见北大《国学季刊》第一卷第一号，民国十二年一月出版。

1927 年 11 月 19 日

《晨报·非厂漫墨卷二·六》

王烟客临子久长卷

　　友人谓，向见烟客临子久长卷，长百四十余寸，纵仅四寸三分，纸本。有"淳化轩"朱文印，乾隆七绝一首。惟卷已霉毁，装裱仍乾隆时制也。按：高宗得《淳化阁帖》，遂辟淳化轩，以李廷珪法制墨（宋淳化帖用澄心堂纸，李廷珪墨印拓），谓之淳化轩墨，形制特异，色质俱佳，岂是卷即藏于是耶？

1927 年 11 月 19 日
《晨报·非厂漫墨卷二·六》

两汉碑碣

　　两汉碑碣，百体争华，各具情态，得其一，即足以名世，况博取之乎？吾曾数至阙里，两登泰岳，摩挲抚拓，怡然忘倦。吾人生数千百年之后，得以窥见先民用笔运刀之妙者，独赖此数十碑碣耳。惟是椎拓既久，石已大坏，剥蚀漫漶，与日俱深，求其锋铩尚存，完整少缺者，惟《礼器》一碑尚存遗型，碑阴上半，崭如新凿，真若有神物呵护也者，故吾窃以为初书隶书，宜自《礼器》始，非仅以其用笔之妙，若星流电转，纤逾植发也。且自隗[1]以下，多为后人剜剔刷洗，顿失原形，旧年拓本，又后珍同球璧[2]，自莫如宁专勿博耳。——影印之佳者，仅可供参证，以之临抚，究觉隔一尘，临画尤甚。

1927 年 11 月 28 日

《晨报·非厂漫墨卷二·七》

---

[1]　隗（wěi）：高。
[2]　球璧：泛指珍宝。

清湘老人（石涛）山水长卷

友人言："向在某巨室，见清湘老人（石涛）山水长卷纸本，纵尺有二，长三丈二尺，右角略损。通幅写潇湘烟雨，无一笔无一意，稍涉米家藩篱。画笔纵横处，可以想见其解衣盘礴之概；而工细错综处，绝无仇唐辈之整饬纤巧气。一点之巨，有大如梅瓣者；一画之微，有细若游丝者。而如此巨幅，为树仅四五耳；是非清湘之神迹耶！后有包慎伯[1]一跋，定为'天下第一石涛画'。刘铁云、吴让之辈，均诧为仅见，顺德李文田至疑其匪真，可见其推崇矣。当匋斋在日，与巨室本为姻娅。巨室官滇中，得此卷归，匋斋极叹赏，愿以所得两宋砚易，巨室不可。愿以两砚为质借悬斋中，期十日，巨室又不可。至相报以恶声，匋斋赧然去，自是交遂绝，巨室不顾也。巨室现筑小园于海滨，

---

[1] 包世臣（1775—1855），字慎伯，晚号倦翁、小倦游阁外史。安徽泾县人。清代学者、书法家、书学理论家。

言其斋曰观涛，非至交，莫肯出此卷云。"吾闻友人言，恨不能一睹神迹。清湘画，自道咸以来，人于"四王""吴恽"之外，始渐领略此老山川灵淑之气。殆乎晚近画风丕变，几不家家画于翁之概，吾于梅（瞿山）外，尚未见有深获其精神者焉。

1928 年 1 月 12 日
《晨报·非厂漫墨卷二·十一》

包慎伯手札

于友人处见所藏包慎伯手札数通，皆论书者。慎伯书一生规抚晋人，自谓于右军书颇能得其神秘，然运笔柔曼，似尚未能至也。札中有数语云："自得唐拓《十七帖》，右军丰神笑貌，跃然心目中，以腕取之，觉向所为尚非是，益叹古人为不可及。……李北海、褚河南辈，神韵隔尚数尘，设早获是帖，所为书自当较进，然尚得力求之也。……"观此札，想见昔贤精求遒益之概。

1928 年 1 月 21 日
《晨报·非厂漫墨卷二·十二》

倪云林长卷董思白题识

　　向见倪云林长卷，有董思白题识。董题云："倪翁画笔超逸，不同凡品，此卷当是翁中岁以后所作，故气势雄厚，虽尚未脱尽关仝笔法，而层峦叠嶂，古木幽篁，高洁之致，已自跃然纸上，予所见倪翁画，当以此为第一。"吾遍检董集，均无此跋，故录之。

1928 年 1 月 21 日
《晨报·非厂漫墨卷二·十二》

观石涛画

　　吾家向藏石涛立轴，吾以见之习，故往往收入笔端，莫之或觉，友朋戚好之厚爱吾者，因之时使吾获赏济师妙迹。吾今又见三帧，不可不记。一为横幅，纵尺余，广至六尺，纸本，卷端有汪道宽题曰"石涛墨戏"四字。枯树四株，佐以乔松，巨石四五，夹以飞泉，茅屋两楹，俯临寒流，修竹环焉。笔墨寥寥，极苍古朴逸之致。画仅占全纸三分之一，左题五古数百言，自署经岁作此，亦占三分之一，再左则为空白，而通幅视之，转觉气象万千焉。一为直幅，长六尺三寸，宽三尺一寸，纸本，下部群松出云，夹以塔影，中部以上，巨笔狂涂，峰云隐见，攒点渴苔，密若积粟，想见当年解衣盘礴，旁若无人之概。陈君师曾题曰"天下第一石涛画"。一纸本小中幅，纵三尺余，广九寸许，怪石嶙峋，卧以枯藤，巨松两株，下临清溪，旁一草亭，兼葭环之，树后列巨嶂，屯以凝云，松锋兼叶绝工，人惟知济师之笔墨纵横，而不知其细而不纤，工而不巧，为尤绝也。隔绫有戴鹿床长跋，盖为某相国题识者。

1928 年 2 月 12 日
《晨报·非厂漫墨卷二·十三》

汉印作伪

　　程荔江藏印中，有一李广印（后归陈簠斋），吾友听雨楼主亦有一李广印。日前游厂肆，吾两见李广印，式同，制亦同，何一李广而有印若是之多耶？汉张敞印，吾见凡三纽，一在蓬莱许家，一在徐君子美家，一在澂秋馆，三者相较，无一小异者，仅刀锋笔画微有弗同耳。吾曾本此以求其故，凡李广辈之声名较大，人人习知者，当其印之出世，值必较昂，人亦乐为之购，作伪者遂得以施其技，然岂一印为然乎？

1928 年 2 月 12 日
《晨报·非厂漫墨卷二·十三》

友人以晋元康铜镜拓本见贻

友人以晋元康铜镜拓本见贻，文字精美，铭曰：左龙右虎辟不羊，朱鸟玄武顺阴阳，长保二亲乐富昌，寿比金石如元康，三年五月造，大毋伤。又新莽铜镜铭曰：新有善铜出丹阳，和以银锡清且明。左龙右虎掌四彭，朱爵玄武顺阴阳，八子九孙治中央，家常大富宜君王。友人谓此镜为前年安阳出土，制作绝美。两镜铭文，竟有一句仅差一字，一句易三字，惜吾不获见原器也。

1928 年 2 月 26 日

《晨报·非厂漫墨卷二·十四》

宋元人画

在友人处读所藏

　　日前在友人处读所藏宋元人画，宋画院中确有独到处，不得以填朱敷粉少之也。中有一帧，失名，碧桃数枝，栖两瓦雀，寒月映托，桃花须瓣，在朦胧有无间。一雀作已醋状，一雀偎之，目微启，伸翼欠伸，若惊寤者，羽色花光，均以淡墨晕之，极寒峭之状。敷色法类西洋画，布局构章，又似东瀛一派。左方宣和钵，押于枝隙，并未稍侵画局，而项子京"天籁阁"诸印，多至十有一方，为之减色不少。元人画，自以黄鹤山樵为最佳，山樵画在元人中可谓善变，此幅万木参天，苍翠欲滴，山峦瀹以淡墨，走以流云，松雪题为学古有获之作，洵非虚语。山樵好写秋山，此则夏景；山樵好敷色，此则用墨，尤为难得。原藏天籁阁，继归诒晋斋，隔绫有潘文勤长跋，记之颇详。惟松雪题八十余字，稍侵画局。

古代铜器赝造

古代铜器之传于今者至夥，赝品亦愈多，于是辨色之法，在鉴别上亦为重要。吾性虽好古，吾力乃有所不能，吾尝于友朋中之富有者，稍稍乞其一二拓本，吾冀于篆籀小获其法，于愿为已足，因亦得以侧闻其说。或曰："铜器入土，经千余年，则色纯青，苍翠欲滴。铜器入水，经千余年，则色纯绿，莹澈若玉。其青而不翠，绿而不莹者，是为前年以下物。其流传世间，出土在千年以上者则色紫褐，有朱砂斑，愈洗愈显，不及千年或赝造者，则色不入里，多浮滑。"或谓："古铜以褐色为最上，铅色为最下。"或谓："黑漆色最上，水银沁次之，青又次之，绿胜于褐，褐胜于朱砂，惟黑漆最易赝造。"

1928 年 2 月 29 日
《晨报·非厂漫墨卷二·十五》

观南田山水册

　　往岁，在吾友处观南田山水册，为南田晚年临古之作，洪杨之乱，得自浙东者。日前赴友处索观，则已为有力者要索去矣。此册纸本，纵八寸许，横尺有二，首册有张叔夫题"南田神品"四隶书，画仅八开，曰临吴仲圭，临赵大年，临王蒙，临巨然，临米南宫，临赵松雪，临黄子久，临倪云林，各系以诗，幽逸淡雅，一如其画；末有李文田、丁宝桢两跋，每开均有石谷题识，盖石谷嘱为某人作者，惜已佚去数页耳。友人为吾乡望族，藏书颇富，丁宝桢抚东时，极爱此册及所藏监本《左氏传》，因为题识，然多门外语也。年来友人感于环境恶劣，善本书乃不能为主人所有，遂及于画，曾为吾泣涕言之，吾为治一印，曰"身尚不存，物于何有"，友亦怃然。

1928 年 4 月 1 日
《晨报·非厂漫墨卷二·十七》

宋元画鉴

吾年来蒙各鉴藏家不弃，辄肯出其所藏，使吾饱读，使吾得以稍识其真伪。举吾所见，吾皆记之于册，以示不忘。吾于宋元人画，虽不敢谓善读，而吾之所见，辄有为鉴藏家所不措意者。马远《夏山图》，此已见之著录，可谓名迹。左方董思白题识，乃是题马远枫江长卷者。而临摹之精、作伪之妙，精鉴若吴荣光[1]，若宋荦，俱为所蒙。此幅当出明末清初名手，亦颇可宝。王黄鹤《秋山萧寺》长卷，向藏晋府，明人品为叔明第一精作，董思翁所见，与文氏停云馆所藏，以年月考之，似为二本。吾前所见，为项子京收者，则仅有"晋府图书"一印，无文董题识，而画笔绝佳的出山樵手。吾在山左，又见一卷，有文氏"停云馆"印，有董思翁题记，亦为真迹，视项氏本略逊，

---

[1]　吴荣光（1773—1843），字伯荣，号石云山人。广东南海人。学者，善金石书画鉴藏。著有《筠清馆金石录》《筠清馆帖》《辛丑销夏记》等，编有家藏真迹及拓本刻成《筠清馆法帖》六卷。

章局亦少变。今吾所见，复有二卷，一为董思翁题识，与见之山左者，董题仅易二字，无文氏印。一为内府所藏，有"停云馆"印，有"项子京"印，有沈石田、文徵明及清初人题识，格局俱与见之山左者，无甚变易，而用笔之精，如出一手，盖无能识其伪者。且四卷均作于至正二年，滋可异也。岂山樵于此一年中，写如许之《秋山萧寺》耶？友人谓所见尚有两卷，皆在南中，亦《秋山萧寺》，布局亦大略相同，作于何年，则不甚记忆。吾尝谓吾国书画，每因皇帝所好，遂为一大聚散。如隋唐人好右军书，搜集民间，命人临抚，兰亭遂有开皇、贞观、肥瘦……之不同，至宋人南渡，变态愈多，几不识庐山真面目。堆画亦然，聚于徽钦，又散于徽钦。南渡而后，又复搜集，元人崛起，散之民间，历元而明，又复小聚。清人入主，聚自高宗，穷搜博访，据为一家。道咸而后，稍稍散之，兵燹于庚申庚子，所遗者殆不及十一。宣统之际，又复散之，以迄甲子，以迄于今。吾人入故宫，入陈列所，观其所藏，徒增浩叹。向之一聚一散，尚得周流于吾华土城，今之散，则遍及世界，俾世之人，咸知吾华文艺之美，即细民若吾，亦得大饱眼福焉，岂不盛哉？惟经此一散之后，恐不复再有聚之者矣。

1928 年 5 月 3 日

《晨报·非厂漫墨卷二·十九》

赵㧑叔诗书刻画无一不精

会稽赵㧑叔[1]，诗书刻画，无一不精，吾尝于所著《清末画派》文中亟称之（见《星期画报》）。㧑叔尝曰："予之诗文书画，得乎天者七，得乎人者三；惟刻印，则天五人五；是以能续钝丁之绪。"吾谓㧑叔治印，能取镫镜陶瓦入印，自矫浙派靡靡之习。惟一生坷坎，郁郁不获伸，故其所治，时有优劣，然自当在吴让之上也。独其为书，时出新意，不囿于时，不泥于古，篆隶楷行，均有独到。出其笔以作画，遂得前无古人，独辟蹊径。第其品，当曰"书第一""画第二""治印第三"。世之知㧑叔者，未审以为何如？

吾尝拟广为搜集，如赵㧑叔、陈师曾、吴昌硕……诗文书画篆刻各品，荟为专集，摄印行世，比合而观，自较零缣寸楮，为益绝巨，惟限于力与势，当徐图之。

---

[1] 赵之谦（1829—1884），初字益甫，号冷君，后改字㧑（huī）叔，号悲盦、无闷。浙江会稽（今绍兴）人。清代书画家、篆刻家，与吴昌硕、厉良玉并称"新浙派"的三位代表人物。

『城皋令印』考

友人近由秦中得两铜印，碧色斑斓，类松云石，文曰"城皋令印"。按《东观汉记》马援上书云："臣所假伏波将军印，书'伏'字，'犬'外向。城皋令印，'皋'字为'白'下'羊'……"此印蒙文不作"皋"字，岂已更易者耶？一黑润若漆，即俗所谓"黑漆古"者，文为"司红□□计鈢"。司空即司工，吴窸斋已前之，迄无佐证。今得此鈢，红即工字，古文又作"宐"，小篆遂误以为空，益可证吴说非向壁虚造者也。

1928 年 8 月 6 日

《新晨报·花萼楼随笔·二》

署名于非厂

吴昌硕书石鼓文

安吉吴昌硕（俊卿），数十年致力于石鼓文，其所书，用邓顽伯吴让之法，而力变之，尤能不为吴俊卿方劲所局，真可谓前无古人也。友人与安吉为至戚，且为入室弟子，所藏安吉书石鼓文一卷，盖就阮氏天一阁本临抚者。分行布白，俱与原石无异，而用笔奇伟雄峻，不知是篆是隶是行楷也。友人谓安吉书此，尽一日之力为之，自谓平生所书，此当第一；尚有为日本人所书库纸本，亦为得意之作，安吉曾为长歌记之。

1928 年 8 月 6 日
《新晨报·花萼楼随笔·二》
署名于非厂

锌版作伪

钟鼎文字，为时所重，作伪之术遂日工。市肆间时见有散盘颂鼎……拓片，索价仅数元，固一望而知其翻刻也。自制版术日有发明，借锌铜各版以作伪者，名书画外，惟印谱为多，亦至难辨。吾见吴让之、赵次闲等印谱墨拓边款，紫泥拓印，无能识其为复制者。盖制以锌版，蘸紫泥而拓之，固与原印无毫发异；而锌版边款，椎而拓之，尤与原石莫辨也。友人以所得《散氏盘》嘱题识，细审字口，不类原器，又非翻刻者。此中人语吾曰："此乃锌版复拓者，就原拓制为锌版，毡蜡[1]椎而拓之，即无异原器。如某国所来毛公赝鼎拓片，初来时，每纸索数百金，及其既多，十数金即可得一纸，即此制也。"

1928 年 8 月 11 日
《新晨报·花萼楼随笔·六》
署名于非厂

---

[1] 毡蜡：椎拓。

藏墨

吾近得墨两丸，皆方于鲁制。一方形两螭含一珠，一圆形"长乐万年"四篆书，款皆在边，作细楷，制作与世所传方氏墨迥异，然非赝品。尤足珍者，每丸均附有原匣，漆已渐剥，字画清晰，与墨文无毫发异。闻此墨为某故家所珍，子孙不能守，竟为吾楼[1]添此法物，尚不知他年将归何氏有也。昔裘文达公[2]有言："我且不存，其他何有！"吾虽无此旷达，而举吾之所经，要不过烟云过眼耳。

1928 年 8 月 13 日
《新晨报·花萼楼随笔·八》
署名于非厂

---

[1] 指作者室名"花萼楼"。

[2] 裘日修，字叔度，新建（今属江西）人。清乾隆元年（1736）进士，官至工部尚书、太子少傅。卒谥文达。

黄鹤山樵书画

黄鹤山樵所书谦卦，纸本，装为两册，为长洲沈氏藏本。清初，为吴兴某氏所得，和珅曾力求之，遂辗转藏某邸。吾在估人手见之，纸墨如新，深叹先辈宝藏之工也。册前有沈石田题"黄鹤山樵篆书真迹"八字，第一幅为山樵画《写经图》，绢本，下为所临李阳冰谦卦，末谓从赵文敏[1]得笔法，写阳冰书，觉可直追盛唐云云。自唐以来，世人盛推阳冰书，至谓与李斯并驾。吾所见阳冰书，若谦卦，若城隍庙碑……古拙之趣，已为结构所拘，于李斯书，谨具形式，而开唐宋以来，若徐铉，若郭忠恕，若梦英辈之"书篆"也。——将笔尖剪齐，以求笔画匀停，就字形而画之，只求其横平竖直，规矩谨严，若作界画然，

---

[1] 赵孟頫（1254—1322），字子昂，号松雪道人等，浙江湖州人。书画家，死后追封"魏国公"；谥号"文敏"。

吾于此等书法，谨谥之曰"画篆"。——至邓顽伯出，始矫斯弊，而铁线篆之名迄今犹盛。山樵书，在此"画篆"大行之会，独能任笔锋之所之，不为谦卦所囿，可谓卓识。世人皆知山樵画，吾观此册，知山樵书在当时，已为创格也。

1928 年 8 月 22 日
《新晨报·花萼楼随笔·十七》
署名于非厂

花萼楼杂缀

叙曰：生今之世，辄不自揆，日以迂说腐辞，纷投各报，虽其为说，有时或为一二人所不弃，而又未尝不自勉自愧焉。惟吾之说，向不识所谓荦荦大者。吾稍读诗书，自律不敢或放，淫诐毁誉之辞，复不肯劳吾笔墨。故吾之所欲言，所恒言者，惟愚夫愚妇之所识，与夫吾所好之金石书画而已。吾幸生今世，吾尤幸而食息于北平，使吾得以成迂说。故吾之爱北平，吾之不惜日形诸笔墨者，以颇适吾性也。《北平画报》李君乐天，谓吾之说可以实画报，吾诚不自揆，草斯篇以应，因书于端。十七年九月十九日于照识于花萼楼。

（1）吾不喜论画，而喜读画。吾所读唐宋以来诸画，颇能识其趣。吾以为古人名迹，其所以益于吾人者，不在一点一拂；而人之学画者，当求诸笔墨之外，不得为名迹所局。昔王石谷居续灯庵后，画大进，自成一派，以能融会贯通，不为古人囿也。辛亥而后，名迹日出，前人诧为稀世之珍，翙为眼福者，人人可以饱读。于是人才辈出，蔚成风尚，近年来北平以画名者，乃日众。吾非画家，吾尤不能画，吾见人之慕徐熙，慕恽寿平者矣，吾又见人之仿黄公望，仿王麓台者矣，几于无一笔不妙肖，吾佩服至极，吾窃以为纵有出蓝之誉，固仍是徐、恽、黄、王也。况师弟子相授受，门户派别之说，尤足以组其自见耶？或曰"画贵创造，不当临摹规抚"，此论似是而实非。夫所以贵乎文人画者，画之外，尚有学识在。学识足以养之，人品高，画品亦高，游心于唐宋以来诸名迹，而一以己意出之，故其画迥异凡尘，绝不因人成事也。不然，与画匠奚异？

（2）偶读《墨余录》，载《新本草辨味·志钱性》一则，颇可喷饭，特为录出："钱，味甘，大热，有毒。能驻颜，彩泽流润，善疗饥寒，能利邦家。恶贤达，畏清廉。贪婪者服之，良。否则冷热相激，令人霍乱。其药能役神通鬼，如积而不散，则有水火盗贼之灾。如散而不积，则有饥寒困乏之患。一积一散谓之道，权衡有度谓之德，取与合宜谓之义，使无非分谓之礼，博施济众谓之仁，出不失期谓之信，入不妨己谓之智。此七术精炼，方可久服，令人长寿。若服之非理，溺志伤神，切须忌之。"

（3）秦篆《峄山碑》，传刻有二本：一宋淳化中郑文宝刻于长安者；一元人摹宋张文仲本刻之邹县者。按唐封演云："其石为曹操排倒。"又拓跋寿登峄山，亦使排倒。杜少陵诗云："峄山之碑野火焚，枣木传刻肥失真。"何此碑之不幸耶？吾观秦刻石，若琅琊台，若泰山铭，合以权量诏版，益知此碑为徐氏所书，非斯翁真迹。说者谓："郑刻犹存玉箸遗意，斯篆不绝如线，此尚可意会，非李阳冰辈所能仿佛也。"吾人虽不必过于信古，而枣木传刻，在唐已然。况篆书自汉一变，魏晋一变，唐又变之，宋元以来，愈趋瘦削，所谓去古愈远，篆法愈坏。柳枝玉箸诸说，一若真为上蔡的传也者；吾获见秦刻多，吾知斯翁篆法不若是也。此碑两遭排仆，卒为火毁，必郑刻祖本在未排前拓得，始能一字不损。但椎拓之术，开皇（隋）始有，假令为隋唐拓本，岂能一字不损？此又吾蓄疑已久者也。

（4）往岁得《淳熙秘阁续帖》四卷，计首卷、三卷、七卷、八卷。用碧罗笺上石，毡墨若积翠。按：此帖淳熙十二年三月奉旨模刻十卷，皆南渡后续得晋唐人遗墨。首卷，则钟繇、王羲之帖。次卷，则羲献书，内黄庭经小楷有"臣褚遂良临"五字。三卷，则欧阳询、萧瑀、褚庭诲、孙思邈、狄仁杰、张旭、颜真卿书。四卷，则明皇批答裴耀卿等奏状。五卷，则李白、胡英、李邕、白居易帖。六卷，则张九龄三相，暨李绅告身。七卷，则李阳冰篆，李德裕、毕诚、李商隐书。八卷，则怀素颠草。九卷，则高闲、亚栖、齐己书。末卷，则杨凝式并无名人帖。皆有"内府图书""宣和""绍兴"小字印，"睿思殿印"。吾所得虽未及半，而字口初无所损，且首卷有"晋府图书"朱印，有"天籁阁""瓯香馆"等印，而卷首吴仲圭题"秘阁续宝"四字，左具长跋，自道得此之繇，尤足宝贵。

1928 年 10 月 7、14 日
《北平画报》第 9、10 期
署名非厂

花葶楼杂缀（题图）

于非闇用印"花葶楼"

乾隆三绝

　　吾前得乾隆纸：一江南织造李诚制，一仿金粟山藏经纸，皆曾实吾《漫墨》。近来复得二纸，一高丽贡纸，一乾隆二十八年仿金粟山笺。前者视近世所创高丽发笺而薄，发丝作黛色，晕成环纹，左角记细楷一行，曰"乾隆二十年九月入库"。后者似螺纹笺而厚，作浅碧色，当心有小圆印，曰"乾隆二十八年仿金粟山笺"朱文，斜钤纸之正面，前者与所传发笺同大，后者长三尺七寸二分，宽一尺八寸四分。又得墨一丸，重九两五钱，淳化轩藏。吾拟磨此墨以书此纸，钤吾所得乾隆紫泥，合成乾隆三绝。惜吾书法拙劣，不忍污此佳楮也。

1928 年 10 月 9 日

《新晨报·花萼楼随笔·三十九》

署名于非厂

读陆上游画

陆上游（道淮）[1]为吴墨井高足，犹石谷之于杨子鹤也。吾见上游画恨少，然已十余帧，不规规于墨井法度，时出己意，以自成家。康熙以来，士大夫画，若"四王"，若恽，若吴，若钱，若陆……皆能表现承平时代之作风，继往开来，蔚成大观。近友人得上游大轴，饱我眼福，峰峦林木，绝似石谷，与去年所见石谷临本，盖同为北苑巨幛也。二人取境各异，易损不同，比合而观，颇悟画理，惜北苑大幛，不获观耳。石谷此帧作于康熙庚寅岁暮，上游则作于康熙辛卯初秋，录其题识于后："摹古而能得古人之意，虽不似其规模亦佳，盖变化在离合间，久之，自能成家为善，否则徒寄人廊庑耳。去冬过海虞，于清晖先生所，得见北苑巨幅，乃福堂叶相国家藏旧物，后归宋漫清冢

---

[1] 陆道淮，字桐源，号上游，上海嘉定人。清代康熙间画家。师从王翚、吴历，擅长画山水及花卉。

宰，冢宰以邮书千里，嘱清晖临副，余因得纵观，取其大意写此，或反以欲增丑态，不知古人之意何如也。陆道淮并识。"

1928 年 10 月 21 日
《新晨报·花萼楼随笔·四十四》
署名于非厂

黄山谷书《欧阳修集古录序》

黄山谷书《欧阳修集古录序》，在吾乡许尧冲家，吾见在二十来年前。纸作鹅黄色，有横纹，墨黑如漆，与吾所见宋人纸颇异，苏东坡跋文与可竹卷接尾，正与此纸同。每字大五分许，精妙视鲁直书陶诗册尤佳。中脱三字，故此序真迹，得传至今。吾乡王莲生（懿荣）曾得宋椠集古录残卷，愿以所藏汉官印二十五纽为寿，假钩此序，卒未果。今秋乡人来，吾首问此序近况，则许君已物故，此序为其婿某所得，不知流于何所矣。许君尊人字远峰，与莲生为姻娅，屡试不第，弃之去，颇肆力于小学，著《说文解字笺》十二卷，考订极详。《个翁吟草》二十卷，得淡之趣。所居环植丛竹，晚岁居此，日事吟咏，因自号曰个翁。

1928 年 10 月 29 日
《新晨报·花萼楼随笔·四十九》
署名于非厂

唐怀素《自叙帖》

　　唐僧怀素《自叙帖》，世传有三本。在赵宋时，一在蜀中石阳休家，黄鲁直以鱼笺临数本者是也。一在冯当世家，后归上方。一在苏子美家，文寿丞所祖刻者也。怀素所书《律公》《圣母》两帖，吾皆获见宋拓本，独《自叙帖》，素师自道学书甘苦，直至有明，方得入石传拓，兹可异也。且世传三本，吾乃获见其二：一卷共七纸，有苏长公长跋，为东坡所书小楷《自叙帖》祖本。东坡题云："僧藏真书七纸，开封王君巩所藏。君侍亲平凉，始得其一二，而两纸在张邓公家。其后冯当世又获其三。虽所从得异者不可考，然笔势奕奕，七纸意相贯也。君邓公外孙，而与当世相善，乃得而合之。余尝爱梁武帝评书，善取物象。而此公尤能自誉，观者不以其过，信乎其书之工也。然其为人傥荡，本不求工，而能工如此，如没人操舟，无意于济否，是以覆却万变，而举止自若，其近于有道者耶？"此卷即世称冯当世本，咸同间为海盐陈氏所得，光绪末，张湘涛相国曾题识，拟刻于武昌，而未果，不知现归谁氏矣。一卷为清宫藏本，有李后主"建业文房"之印，升元四年二月文房副使邵周重装，即长洲文氏刻于嘉靖壬辰者。世所传拓本，皆祖此帖。即同时吴人复刻，亦自此本重摹也。又吾乡王濂生（懿荣）得米元章刘巨济《自叙帖》跋尾残卷，皆书于碧罗笺者，亦即此卷之遗（见此卷空青老人跋尾）。惟吾所见虽仅两卷，且未能比合而观，顾怀僧自道其学书，写一卷为已足，乃竟能于同日书两卷（所见两卷，皆为大历丁巳冬十月二十有八日。石阳休卷惜未见，为证恨不足），且波磔锋芒，字形小大，殆无差异，尤不能不使人疑。《兰亭帖》向推开皇本，而定武石刻，肥瘦不同，究之何为右军真迹，谈兰亭者久已感其纷纭，则此帖何者为真，何者为赝，固不得仅以升元所装为据也。

1928 年 11 月 8 日
《新晨报·花萼楼随笔·五十三》
署名于非厂

潍县陈寿卿

潍县陈寿卿（介祺）[1]，富收藏，得古印钵尤夥。于其乡构精室，自题万印楼额之。撰联云："曾种桃花，不知汉魏；犹存松菊，自谓羲皇。"隐然以元亮自况。吾颇爱此联，吾因忆吾乡在今日殆成焦土，匪特桃源无处觅，并松菊而不能存焉。时去寿卿，才五十余年耳！

1929 年 1 月 5 日
《新中华报·非厂识小录·一》
署名于照

---

[1] 陈介祺（1813—1884），字寿卿，号簠斋。山东潍县（今潍坊）人。道光进士。曾任翰林院编修。清末金石学家。喜收藏古物，又长于墨拓。著有《传古别录》《十钟山房印举》等。

得古印谱

吾近得一古印谱，为印仅二十又二方，而古鉥，而秦汉官私印，而汉两面，汉吉语，汉象形，汉封泥，而新莽，而魏，而晋，而蛮夷，而南北朝，而花押，咸备。吾论印断自南北朝，隋而后印法大坏，此谱若先若获我心者，此谱原丁四十叶后半空白，为书估粘以"护封"，"一片冰心"等俗印。意谓足成一册，非然者，人且以不完视之，莫由得值而不知当拓印之初，固具一番去取也。吾遇胡君佩衡于书估所，书估不识吾，而识胡君，故索值仅五角，吾以三角得之。此谱泰半见匋斋藏印中，匋斋所藏多散亡，其大录已入日本人手，直[1]与吾乡万印楼所藏，同归邻国，殊可叹惜也。

1929 年 1 月 22 日

《新中华报·非厂识小录·七》

署名于照

---

[1] 直〈副〉：简直。

罗振玉释印有误

　　闽县陈子良先生，与吴子苾同官关中。关中鼎彝录印，胥归两家。乙丑时，弢庵先生集古录印为《澂秋馆印存》及《澂秋馆封泥》，遂与吴氏《双鱼壶斋印谱》及《封泥考略》并传艺林。上虞罗君振玉曾为之序曰："……观谱中所载诸官印，若'执法直二十二'，若'大官监丞'，若'修合县宰'，若'敦德步广曲侯'，若'椎斧司马'，并为收藏家所罕靓。而'冀州刺史'一印，尤为艺林鸿宝，海内无第二品者。……"按：新莽时官制，尽班书所载，与各家所征引，于"执法直二十二"一印，不能确定其为二十二。吾见此印，吾知其为新莽官印。而于两"二"字，颇有所疑。盖此印作三行，每行两字，在每行之第二字，为"法""二""二"，"法"字下部稍泐去，而两"二"字之两画，皆居中，于以知两"二"字皆已泐去一画，为两"三"字也。且居中之"三"字，其泐之一画，尚宛然有其迹。故吾特就此印论，知罗君所释，特有误也。

1929 年 1 月 24 日
《新中华报·非厂识小录·九》
署名于照

家藏『银朱』与瓷器

　　吾家有光绪中叶"银朱"十数包，初亦不甚置意，辄用以批改文字，及已用去泰半，始即肆中求之，则为质全非，肆中人且以吾所有者为难得而可贵，吾特存之。及吾调印泥，取所有研入果佳，特遍求诸肆，其装潢肆名，一如吾所有，且亦即该肆之出品。（如广东之弗拔斋、香港之千华斋皆有名。）而其为质，则已异矣，此与制墨……者，同亦日趋粗劣。近来洋色大行，取价廉，调制易，敷染且鲜明，国产色料，遂益无人过问，而真知国色之佳者，亦往往而弗得焉，是果何耶？

　　今世瓷学，勒为专书，以事考订，而"柴""汝""官""哥""定"等窑，遂群尚焉。先大父伟亭公（甲子举人）嗜瓷，时当同光，海内粗定，故旧之家，时多珍品，为公所见。公因遍考诸瓷，著为札记，详其品质年代……吾先人戈科名，来北京，自曾祖鹜峰公，即以教读为王公大人所延揽，及公蒙故业，达官显宦，世家大族，公辄为座上宾，故瓷之所见较多，考订辨审较精也，吾儿时屡召吾以瓷之说，吾独格格。及庚子联夷破北京，吾家隶法夷，精品遂散亡，吾随公裰拾残缺，与弟心厂日担两巨筐，随公列市中，求售以易盐米。时遭鹜峰公丧，家破，举室十余口，惟恃两担所得以为生，公自律极严，耻告贷，教读之业，非能行于兵燹中，故祖孙做小贩，自秋至岁暮，无或间。当其始，即家中残余货之，渐有余，就市中贩贱而卖贵，又渐，存其精而货其粗，吾家物，又复稍集。公以藏瓷难，鉴于政之日非，非乱世所能保守。故复集金石碑版书画，不复致力于瓷，而瓷之说，每茶余酒后，辄为吾等娓娓言之，较量得失，天伦之乐，迄今犹有余味焉。

公论瓷，于宋之诸窑，称独冠一时。元明品质，其精不能超越前代。(宋）至清，以帝王之力，得陈寿、吴元辉两名工，康乾之瓷，遂空前绝后非宋人所能及。嘉道而后，瓷渐坏，以迄光绪。洪杨变后，粉饰太平官窑彩色，尚可仿佛康乾，而质则不若矣。公又举哥窑碎瓶，以与康熙仿制相较，除因年代久暂外，其为品质，则康熙实优。吾以公所论，乃与近世诸说异。吾于瓷，惭不深悉，不敢逞臆说。因就闻诸先人者书于此。

1929 年 2 月 14、16 日
《新中华报·非厂识小录·十六、十七》
署名于照

恽南田作《晓妆图》

恽南田所作《晓妆图》，向在吾所许印林家，南田画美人，吾乡见仅此一本。图作疏柳映窗，美人对镜，绯桃临水，紫燕窥妆，笔墨寥寥，独得秀逸，真绝品也。纸本，纵今尺三尺七寸二分，横九寸四分，有王石谷、杨子鹤、翁覃溪、闵正斋等题识。商丘宋牧仲，诧为得未曾有，似曾收之，有"宋荦考藏"诸印。印林得此，不悉其因缘年代，吾前见印林尺牍中有与人论此者，亦不详所自。去年，岁将暮，友人携过寄庐，吾复获观巨迹，盖前于日照曾见之，惜年尚稚也。友人谓此为某公物，来北平重装，原画裂为三，石谷、覃溪两跋，已佚其半，所性画完耳。

1929 年 3 月 5 日
《新晨报·花萼楼随笔·九十六》
署名于非厂

散氏器

散氏器，为吾国重器之一，其制作年代，虽不可考，惟就"大克鼎""克钟""小克鼎"等考之，当在周宣王之前，因器中所记，皆"矢""散"二国僭号割地事，"克"之名复见于此也。昔王国维定此器之"散"，即《水经注》"大散关""大散岭"之"散"，"矢"与"盩厔"二音相近，当即汉之"盩厔县"，又据"盂鼎"之"南公"，即南宫括。就出土之地考之，散宜生南宫括，不独勋名相同，其封地亦相邻，盖"盂鼎"出于邹县岐山间也。民国十五年秋间，友人苏君子美，藏有元人写本《水经注》，吾曾据以校宋人活字残本，写本则多误，惟"大散关""大散岭"之"大"，则皆作"矢"，迄今犹能忆之，岂即此器"矢"之讹乎？元写本前后已不完，不知何所据，卑俗讹夺，所在而有，不能据此孤证以为说，而此器首句为"矢"，为国名，不为"大"则可确信也。王氏谓为盩厔县，就音论，似亦嫌孤。此器向称为盘，就形论，虽似而尚有疑，不仅铭文无盘字也，末一行上半漶（？），末一字昔人皆释为鬲，吴缶庐且直书为散氏鬲，王国维释为盘似稍近。吾于此器，有三疑：形制特异，一也；花纹奇诡二也；末仅半行三也，姑志于此以待证。自来释此器者，每多误，海宁王国维有考释，较诸家为审，然亦有误释处，于以知治金文之难也。又此器有"□□"二字，当即吾前所证之"司工""司红"，于以知"司空"实误焉。

1929年3月6日
《新晨报·花萼楼随笔·九十七》
署名于非厂

北魏延昌二年元显隽墓志

北魏延昌二年元显隽墓志，戊午洛阳出土，现藏历史博物馆，石作龟形，以龟之背为盖，盖刻龟甲文，眷书"魏故处士元君墓志"八字。志高八寸许，旁具首尾四足，极生动，中凿为偃角长方形，刻文十有九行，行二十一字。覆盖，则密合无少间，为自来墓志所未见。吾见此石，不特喜其文字之隽永，就其形制镌刻而考之，知吾国艺术之尚意匠，善取自然，有非世界艺术家所能企及者。首尾四足，为立体雕刻，龟之盖，即以一石取之，石理无少差异，镌龟甲文，任意为之，不取齐整，而刀锋所入，千余年后，尚可见其游刃有余之概。盖龟甲文既不肯以齐整取媚，而单刀直入复不求刀划之匀也。人皆谓此石文字特妙，为书法之极则，吾独喜其制作之精，盖断断乎非石匠所能作也。至于刻字之工，颇足以证吾刀法笔法之说，吾虽不敢遽定书志、刻石、造型，皆出一□，而刻字，刻甲文，必非俗工，可断言也。当傅沅叔（增湘）掌教部时，曾拓百本，惜用墨少失古法，不免有暗淡不精之诮（于龟甲文犹然），若用宋人毡蜡法拓之，刀锋石理，当更佳也。

1929 年 5 月 8 日
《新中华报·非厂识小录》
署名于照

康熙五彩瓶

　　友人藏康熙五彩瓶一对，作方形，上宽下仄，彩绘菊花百朵，无有重者，俗所谓硬彩是也。高二尺许，最阔约七寸，承以檀木雕菊花座，每座菊花亦百数。庚子前，为某四爷之物，四爷喜挥霍，质千二百金，及四爷中落，遂归吾友，时价不能值此数，只以四爷物，不可却，不得不以千二百金易之。日者吾过友人处，不见此瓶，询之友，友不能秘，举以告，吾始悉此两瓶已作新大陆游矣。吾尝谓物有聚，必有散。物之小聚，其所散亦小；大聚，则大散焉。自清入关，垂三百年，物之聚于一隅者，不可谓不大。自庚申而后，圆明园毁，物之散乃渐广，渐出于神州之外。自后无所聚，日即于散，以迄于今不替，于是乎精华告竭矣。此康熙两瓶，原非甚可珍惜之物，其文物重器，珍于此，贵于此者，固已多未我有，则西去流沙之感，吾不禁慨再聚之无从焉。

1929 年 5 月 12 日
《新晨报·花萼楼随笔·一〇九》
署名于非厂

右军《兰亭》考

　　右军神韵，于以知米老[1]所见《兰亭》，皆唐抚也。友仁[2]《听雨图》，曾入晋府，倪黄卷轴，似是天籁阁故物，皆不见著录，正不必疑也。另一册，作水墨山水，无款识，无题跋，仅每页有"松壑"二字朱文印，纸质似明库纸，画法绝精，不为各家所囿，颇能自出机杼，笔墨豪放，取景真奇，真士大夫画也。主人藏《兰亭》，何蝯叟[3]为长跋，定为开皇真本。蝯叟好金石，所鉴别至精，释此帖未免为所误。宋人毡蜡，为吾国艺术上一大进步，其为术固已有别，蝯叟见宋人拓，当时仅见镜面光之一种，而不知自北宋以来，宋人拓帖，固显分

---

[1] "米老"指米芾（1052—1107），字元章，号襄阳漫士、海岳外史等。世居太原（今属山西），迁襄阳（今属湖北），后定居润州（治今江苏镇江）。南宋书画家。

[2] 米友仁（1074—1153），字元晖，米芾的长子。南宋书画家。

[3] 何绍基（1799—1873），字子贞，号东洲，晚号蝯叟。湖南道州（今道县）人。清代诗人、书法家。

两种，若王弇州，若叶云谷辈，类能言之，若以非镜面光者遽定为唐人拓，则擦法锤法，宋人固两行之也。况此帖"湍流映左右"五字已损，是薛绍彭[1]所得欧临，理宗龛宣和殿者，不审蝯叟何所据而定为开皇本。王右军书《兰亭序》，用蠒茧纸，鼠须笔，隋开皇间刻者，尚是临本。序既为唐太宗所得，使冯承素等临之，刻于石，欧与褚临，遂独传千古，所谓定武本，褚绢本是也。然右军所书，世遂不传，千余年来，仅隋唐人临抚诸本，竞传于世，庐山真面，绝不得识也。薛绍彭得定武石刻，损其五字，在理宗之世，时已有百数十种《兰亭》，故鉴别乃至不易，蝯叟仅以其拓法奇古，定为开皇祖刻，固不足为贤者讳也。蝯叟跋近千言，书绝精，前有明人吕半隐题识，谓是右军真本。半隐善山水，取境奇肆，不拘拘于绳墨，吾家藏有其立轴，着墨不多，写奇松两株，松叶仅十一点，而松之态毕见。松荫着草亭，松峦略写其廓，无皴擦，荒塞幽闲，是真能以少胜多许者。

1929 年 5 月 21 日

《新晨报·花萼楼随笔·一一〇》

署名于非厂

---

[1] 薛绍彭，字道祖，号翠微居士，长安（今陕西西安）人。北宋书法家。与米芾齐名，人称"米薛"。

大李将军《秋山卷》

近在东武王氏［处］见大李将军[1]《秋山卷》，纵九寸，横六尺余，疏林行旅，绝超逸。此卷曾入晋府，康熙中为苏氏少云所得，少云负王氏缗[2]，卷遂归王氏。装饰已敝，尚是宋人物，外以细竹制为帙，状若帘而裹之，衬以黄色绢，以白玉为签，巨带束之，带之背面，朱书一"宇"字，下三楷字曰"三十七"，王氏谓得时既有此数字，不审何意也。

1929 年 5 月 30 日
《新中华报·非厂识小录》
署名于照

---

[1] 唐李思训官左（一作右）武卫大将军，人称大李将军。工书法，擅长山水树石，笔力遒劲。明董其昌推其为"北宗"之祖。

[2] 缗〈量〉，用于成串的铜钱，每串一千文。此处指欠钱。

书札笺纸

　　王阮亭《香祖笔记》云："宋士大夫以四六笺启与手简骈缄之，谓之双书。后益以单纸，直叙所请，谓之品字封。后又变而为札子，多至十幅。淳熙末，朝士以小纸高四五寸、阔尺余相往来，谓之手简。予家所藏万历中先达明人与诸祖父书札，皆用朱丝阑大副启，虽作家书亦然。五十年来乃易为寸楮，日趋简便，而古意无复存矣。"渔洋山人所记，当有所本，惟吾所见康熙时人书札，若宋牧仲，若刘宪石……皆用"八行"，不仅山人与南海陈元孝（恭尹）用之也。按《后汉书》："……窦融玄孙章，与马融、崔瑗同好。融与章书，书惟一纸，纸八行。"是笺纸用八行，其来已久，千余年后，仍用之，正以其便也。

1929 年 5 月 30 日
《新中华报·非厂识小录》
署名于照

《马谱》四卷

今春见《马谱》四卷，卷长数丈，绢本，每卷外有帙，以细竹枝缫丝为之，状若帘。四卷为一函，函表里敷黑漆，光黝暗，宋时物也。马共二百二十四种，有宋理宗御制序，列卷首，首匹作赤色，立状，右上方以金笺小题签两隶书曰"天骏"。下有细楷数十字，详记此马之种类性能，与夫头齿足尾之如何特异。观理宗序，知为当时所得名马，命画院图其形，命相者详其异，谱而存之，所以垂后也。末卷为下驷，并详其拙劣，状其颓败之状，后有明人陈尧章一跋，颇能道其隐现，惜吾未及抄录。此谱似入清宫，有"嘉庆御览"之玺，今已为某国人辇之去矣。吾在十年前，曾见贾秋壑《鹌鹑谱》，随类图形，并详嘴爪毛羽，画法绝精，秋壑谓历十年始竣，都百种也。时吾正豢鹑，获见此谱，如得异宝，顾其种今多不传，名亦特异，而嘴爪之所尚，则古今正同也。此谱本为某故家物，辗转入估人手，吾曾怂恿留影，力不果行，今不知尚在神州内否。语云"按图索骥"，吾自见《马谱》，知马之头齿足尾，乃随其类而各异，与鹑鸽同，于以知相马者之难，而画马者亦不得张冠而李戴焉。

1929 年 7 月 14 日
《新晨报副刊·日曜画报》第 49 期
署名于非厂

湘妃竹扇骨

　　前年夏，吾见一湘妃竹扇骨，花纹奇诡，脉理清透，竹地尤净，两大边，花纹咸对生，若符节然，合之无少间也。此扇价值连城，非穷措大所能致，时张雨亭[1]为元帅，人以之饵一官，据说者云："此扇并世只一见，其为瑞，殆若麟之出必待圣人。"第不审皇姑一击，此扇尚存否？

1929 年 7 月 18 日
《新晨报·花萼楼随笔·一一四》
署名于非厂

---

[1]　张作霖（1875—1928），字雨亭，奉天海城（今属辽宁）人。奉系军阀首领。

古玩商

　　故都之古玩商，其所逐之利，向不以十一计，有时且超其本千百倍。然而因误识而折本者，亦所恒见。盖其业颇有术，工于技巧者，得利且不可计，尤工者，所得尤厚。夫所谓工于技巧，在道德家直可认为欺骗，而其同业中，则尔诈我虞，相与虚伪。匪特同业，即其同门中师之于弟子，弟子之于师，亦向以互骗为能。至若同门中之师兄弟，其欺骗之尤工者，师且倚之为左右手，同门徒生妒羡，限于才，莫敢谁何也。古玩商之识，初不甚高，遇珍品，有时且不之识。而寻常之品，为人人所习知者，则辨之至审，百乃不失一。设遇罕见，则十九以"假"失之。盖其为术至简单，且多失学，每遇一物，若为煊赫或冷僻者，则先有一"假"之见亘于胸中。由假而生一防骗御欺之心，于是狐疑不决往往坐失机会。

　　吾前与业此者至习，颇欲一究其学识，既乃知除叉麻雀、游八大胡同、吃小饭馆外，皆与吾等，且有尚不如吾者。而其心计之工巧，则又有非恒人所能及者焉。某商得古瓶，识其为精，惟某商之学识，向不逮其同门之师兄，因邀之使鉴定。师兄至，大加赞赏，亟询以所得值，某估加三倍以对，师兄为贺，谓可获一倍利。脱某某之处亦能中程，则可得四倍利，顾某某处不中式，则得一倍利是矣，亦幸也。迨后有求此瓶者，出价适半倍利，经三五人，价增仅得利一倍，于是深服师兄识之精且确，而不知来求此瓶，出价自半倍以迄购得之三五人，皆师兄所使，用以市其瓶，一转售，且获两倍利焉。

古玩出土之地，若山东，若河南，若陕西、甘肃等，皆有此辈坐收货物之地。此辈驻地，多在店房，初至，人有求售者，一索价，即如其数与之，物之美恶，钱之多寡，非所计也。此风一播，于是人咸知某店之估客广求物矣，珍品往往借以招徕。遇有珍，百计而求，务在必得，且须使其人不识其为珍，方称妙手。人有以燕文贵[1]小卷来售者，稍舒其卷，即复卷之，颓然还掷其人，愤然曰：“可将好物来！似此赝品，如何烦乃公一视，亟持去！”其人初颇重视此卷，及闻是语，知望之奢，于是贬其价，则故不欲收，反问其所急需，其人嚅嚅不肯言，则出囊予以五十金，曰：“姑持去，济若事，脱不足，则我可假若百金。至此尽，若一并携去，勿污我手也。”其人初尚不肯，务强指，使其人抵死且不敢携卷去，则曰：“若既不肯携，则姑作买若者如何？但若其慎之，切勿为人言，我以如许钱市赝鼎，盖我为济若急，相交欢也。”俟其人检计钱数时，遽起裂其卷，作寸断，投之地，而燕氏真迹，早于寸裂时隐之，所裂固卷之首尾也。其人纵悟，亦莫及焉。

客有遇御车者，车辕悬贮油瓶，珍物也，莫可得，尾之，默识其所止。翌日，御者将驱车，突来疯汉，手利斧，即前斫其车，辕与轮皆毁。正扰攘间，客奔至，疾趋疯汉，夺其斧，罄折曰：“此子有痼疾，监者疏于防，竟招祸。凡有毁，愿一一偿之，幸勿见让。”御者无可为

---

[1] 燕文贵，北宋画家。擅画山水、屋木、人物。

辞，为之驱车至车肆，如其式以新者偿，此瓶遂为所得，疯汉亦不复疯。某君有汉玉玦，周身血沁，雕琢绝精，英物也。为行中人所见，运诸掌，把玩移时，还之。十余日后，此人复来，云亦获一玦，视相同否，既出，某君诧为有偶，无论玉质色泽花纹皆同，即所沁之部位，亦不少异，只微小耳。某君惊询何来，云获自某江溪中依式定烧，烧成，挑其尤精者携之来。有旗籍某某，家皆有瓷炉，其人日浸淫于鸦片海洛因中，而独以仿画旧瓷旧窑名，店以烧成之器属之画，若明彩，若康熙彩，若古月轩，皆神似。画毕，就其炉烧之，虽九江之窑工，弗过是也。既成，瓷之为状太新，一望而知其伪，于是又有一称为长某者，其人不特能仿旧，各如其年寿，且能挖补改造瓷器之款识，一如其分。一新瓷，经此二公之改制，虽精于辨识若古玩商人者，亦每受其愚。

为商人者，平素固已习知某店善造，某人善绘，某人善仿，某某善为之脱货。既无术防之，则惟有相率而不买某某人之物。某店某某人知其然，于是以其赝品浼人置诸北平旧家或王公邸第，约以十一相酬，名此曰"卧"，亦曰"窝"。阴使旧家召古玩商人而求售他物，特将此赝品置诸密室，古玩商来旧家，虽已见求售之货可买，但必追询尚有他珍物否，主人则故作不肯售，不肯使见，则固请，则又却，则又固请，乃相率抵密室启珍袭，出之，物固精绝，无容用其疑为某某所赝造物，乃数交易而始成。既得，携之归，转手售诸美与日，其盈乃以千计。迨乎时过境易，赝之者又必徐徐使知之曰："某物若得千金者，吾辈固已早得千数百金矣。"商人闻之，愕然若有疑，无如何也。呜呼！技亦灵怪也哉！

1930 年 12 月 21、22 日
《北平晨报·非厂笔记·六、七》
署名非厂

论王烟客画

　　吾自幼年，即好王烟客画，时吾家有仿子久《虞山卷》，仿倪黄十二帧册子，皆称烟客绝品。每于课暇，即案头，展卷册，规抚树石，辄为先王父苛责。故吾于画乃于诸物散亡穷愁无聊时学之，以资排遣，是非当否不能知也。兀兀且十年余，非马非牛，丑恶不堪，亦不复知，不能已。徒以吾嗜好多，嗜画仅居吾嗜中之十一，学不专，见不能博。顾其胸臆中块然果然不平之气，每欲借画以写之，此其中几遭困顿，复为时论所围，不自振拔，蓄然西抹东涂，无复有画矣。吾年尚壮，吾目尚有神，闭户读书，以求吾之所以失，俭吾嗜，使其力集而稍专，或者能补所失，渐渐以求其是。向者吾有论画之说，其迂愚为人所笑者，即"读书行路"二语，而所敢自信者亦此二语，未能力行，终鲜成就。至吾好烟客画之说，尤为人所诟病，以为大开其倒车，此不可不辨也。自石涛之画兴，作风一变，自马夏之说起，作风再变，以吾浅薄，当此风尚，耳闻目见，不期然而奇显狂躁，枯柯斧壁，加入漩涡，浮沉上下。设写一两笔倪情黄趣，则非訾之说来，或且继以嘲弄，是犹责习书者，曰："汝何以写王羲之？何不学南北碑？"吾在此学画进程中，不得不自恨根底薄浅，未能专且定也。然而所敢自信者，则吾所见之王烟客，乃不能于时习中一笔抹倒之。盖今日学画如吾者，固大有人在，特揭出之以就正，或亦为当世君子所许也乎？按：自前年论画之后，从未再发迂论，今有此作，以正前说。

吾以为烟客之画，其妙全在笔墨之神味。当其作画之初，其所欲表见者，乃利用其笔墨之法传其神味。笔墨之法愈神，其味愈永，笔墨之法愈变，其神愈全，一点一拂，一提一顿，一枯枝一水口，一草一叶，无不以草隶奇字之法为之，初视之似不近理，细味之神乃弥全。姑以峰头小树言，竖一笔为干，横数点为枝叶，连山萦谷，弥望皆是，其为点为竖，笔法百出，墨法亦百出，正如王右军，《兰亭修禊序》二十余"之"字，无一雷同，各有笔法，各具情态也。有此笔墨，方是山水，有此山水，方是作家，三百年来，以吾之陋，尚未见有此也。麓台为当时推崇过重，圆照时于树梢水草见之，皆未能得。至若画圣之耕烟散人，止于能画，尚不能以写草隶奇字之法写之也。顷在黄君子林处获观烟客《归村图卷》及《农庆堂读书图》，严寒扃户[1]，静坐对之累日，乃益信吾说非迂。

1931 年 1 月 13 日
《北平晨报·非厂笔记·十九》
署名非厂

---

[1] 扃（jiōng）户：关闭门窗。

记王烟客《归村图》卷

吾既嗜烟客画，烟客画之为吾见者，精粗美恶真赝，皆以物聚于所好而得阔其眼福。独于所为《归村图》卷，则吾以为特烟客无上珍品也。吾学画在廿余年前，即以"四王"为入手途径。厥后虽屡屡变革，然倪黄合作之规模，初未敢忘也。自大涤子之画兴，吾亦稍稍习用其法，于是丑态百出，六七年不复知其所画之为何。既静悟累岁，知大涤子之嗜，转不如烟客之可味，于是规规焉一以烟客之画为画，兀兀亦写，滔滔以泻其胸中不平之气，吾于画乃识所谓画之味，迄今弥笃而弥嗜。见烟客画既多，约焉而概括之，则烟客《归村图》卷，实为烟客之神品。此卷现藏津门黄氏六松堂，烟客画共两帧：一曰《归村图》，熟纸本，阔今尺四尺一寸，长九寸四分，墨笔，草屋数楹，荫以松柏翠竹，溪边小板桥，对小峰三四，古堡在云烟暮霭中，望之深秀。一曰《农庆堂读书图》，古柏成双，覆屋荫翳，庭前翠竹，遥与溪边泉水相应。纸本，浅绛，长九寸四分，阔三尺。后有吴梅村《归村躬耕记》，词曰：

吾友王烟客太常治西田于归泾之上。归泾者，去城西十有二里，或曰先有归姓者居焉，或曰以其沿吴塘而北可归也，故名之。烟客自号归村老农，筑农庆堂以居，而以告其友人曰："吾年六十，盖已老矣，将躬耕乎此。"闻者疑之，曰："古之为耕者，以其有耕者之乐也。土膏陆海，亩乃一钟；芍陂、白渠，灌及万顷。故有筑堤作塘，开田引渎，役使数千家，此美田上腴者之乐也。若夫陆浑山中、褒斜谷口，平畴广野，反出于孤峰叠嶂之巅，屏弃世事，隔绝人代，架绝壑以立屋，焚深林而粪田，此高山穷谷者之乐也。今吾州僻陋海滨，陂渠湮废，舄卤沈斥，沮洳污莱，岁频不登，赋以日急，居此土者，亦何乐乎有耕？烟客自奉常谢政，幅巾里门，有城中赐第以安起居，有近郊别墅以娱杖屦，图书足以供朝夕之玩，宾客足以接谈笑之欢，又何必去城市、舍园圃、谢朋旧，以乐此躬耕为也？"烟客曰："不然。此田是先朝赐禄之所遗也，是先相国文肃所以贻子孙也。往者神庙之世，海内乂安，生民不见兵火，江以南大臣之致政家居者，美田宅，盛邸舍，厚自奉养，而吾祖惟得海滨寝丘之地，以供僮粥，萧闲杜门，不知家人生计。性爱田野，嗜花药，开种竹之圃于东郊，筑艺菊之亭于北郭，而犹患过客之迹我也。晚岁玺书存问，郡邑大夫执板而贺谒者，车填马咽，而我祖命小舟，携短策，逍遥于南陌东阡，遇者不知为三公也。即今三十余年，而韦相之庄，篱落犹存；陆生之田，桑麻如故。旧老遗民，尚有过而叹息者，吾为人子孙，忍使莩而不治乎？且吾受前人余泽，奉车省闼，陪祀陵园，以及亲郊、视学、大阅、籍田，无不具簪笏以从。已而持节衔命，渡钱塘，入豫章，涉沅湘，逾闽峤，足迹几半天下。世故流离，衰迟颓暮，犹得守先畴之畎亩以送馀齿，退而与田夫野叟谈升平之遗事，叙平生之旧游，不亦幸欤！虽其土之瘠而赋之繁，吾犹将乐而安之。若夫歌舞陆博，通饮食，侈游观，下至逐十一之利，竞锥刀之末者，吾之所不能为也。"梅村吴伟业闻之，曰："不忘先朝，忠也；追述祖德，礼也；保素节而出流俗，义也。其为躬耕也，大且备矣，是不可以不记。"

下署"吴伟业"三字，钤"骏公"白文印。按：此文不见于梅村集[1]，岂以当时文网之密而未敢入欤？则此卷尤可宝矣。烟客两卷装于前，右角上方钤"神品"二字朱文印，下有张浦山、陆汉庭等收藏印，梅村书殿之，亦有"神品"及张陆收藏印。烟客《归村图》题曰"归村图"三大字，诗曰："篱落参差屋数楹，青衫箬笠课农耕。西田雨过秧针绿，原隰风来麦浪平。香稻宿储春作饭，吴菘新长摘调羹。呼童为置门前榻，向年贪阴坐豆棚。"下署"王时敏"白文印亦如之。

第二帧浅绛，题曰"农庆堂读书图"六大字，诗曰："忽忽吾心意不如，悠悠此世计全疏。晓来到晚一无事，翻尽床头百卷书。"下署"顺治壬辰秋八月归村老农王时敏画并题"，钤"烟客临古"四字朱文印。卷后尚有张浦山一题，并录之。"八尺藤床手自支，西田赏菊扑琴丝。柳烟欲上不得上，正是溪楼话雨时。农庆堂近烟波宅，菱藕香浓

---

[1] 该文收入"中国古典文化丛书"《吴梅村全集》(全3册)，卷第三十九。上海古籍出版社，1999年版。

自掩关。何事钓船长不弄，烟峦只画大痴山。丘壑云烟有性情，画禅诗意总无声。急需料理书千卷，莫对屠沽舆论兵。董文敏云：'宋人千岩万壑无一笔不简，元人一树一石无一笔不繁。'盖明代诸名家，丘壑位置都宗元人，故简之一字，似尚未领会，奉常傲睨一世，落笔辄与人殊，思翁亦当退避三舍，况其下者耶？余近得此卷，爱玩不释，至忘寝食。观其笔精墨妙，丘壑止一开一阖，而宏阔无际，神味萧爽，元气淋漓，冲融骀宕之致，笔力沉贯纸背，而光气发越于上，尤公惬意作也。雍正十二年甲寅仲冬之月，白苎村桑者张庚题。"按：烟客画作于壬辰，即顺治九年，至雍正甲寅，其间历八十二年，即流落于外，为张浦山所得。浦山秀水人，其所为《国朝画征录》评烟客画曰："于大痴墨妙，早岁即穷阃奥，晚年益臻神化。世之论一峰老人正法眼藏者，必归于公。"烟客生于万历壬辰，卒于康熙庚申，年八十有九。则此卷正六十一岁作也。

1931 年 1 月 21—23 日
《北平晨报·艺圃》
署名非厂

书画过眼

连日眼福不浅，不可不记。大兴翁覃溪[1]《三元喜燕诗并序》册子，白纸，作小楷，在翁书楷则最精。中录历代三元姓字，里爵，末附以诗及一时和者题跋者，线装两册，为吾友黄蛰叟所藏。蛰叟得此颇奇，前半得于天津，后半得于济南，已散之后，复合为一，度匪可以人力致。昔者端匋斋挟其威力，聚合华山三碑，一时诧为奇遇，筑宝华庵张之。今此册之煊赫，视华山碑固甚远，而蛰叟竟为之剑合，其于此册之功，亦不可没矣。尤奇者，册中左上角，赫然钤"皇二子"双螭朱文印，脱洪宪皇帝迄今尚未"龙驭上宾"，则此皇二子，或者如唐太宗之秦府图书乎？

---

[1] 翁方纲（1733—1818），字正三，号覃溪，晚号苏斋。直隶大兴（今属北京）人。清代书法家、文学家、金石学家。

王石谷画，固有其独到处，匪可一笔抹倒之。顷见石谷墨笔卷，为笪江上重光[1]作于舟中者。张浦山庚《国朝画征录》[2]曾记此卷曰："京口笪侍御入都，王石谷送之，维舟江浒，尊酒话别，讨论六法，石谷指隔岸秋林曰：'此参差疏密，丹碧掩映，天然图画也。'即为侍御写之。翌晨南田亦至，称叹不已，题诗八章，侍御为文记之，一时传为盛事。"此卷纸本，山石林木，斋馆舟骑，历历若置身江干，遥望不穷。其为画，自下至上，山村水浒，浅滩远岫，历七八层，阔然有天地少之概，笔精墨妙，蔚成天然景物，真奇观也，后附南田诗及江上序，珠联璧合，洵为三百年来巨迹之。

艾启蒙[3]海西人，国籍未详，或曰意大利人。清代画法，沟通中西，于世界艺术辟一新见地，其人始自郎世宁。郎氏画法参中西，于写实之外以巧胜。艾氏后于郎氏，其画有拙朴之气，论其画品，不当在郎氏下。氏工翎毛走兽，人人知之。其为兽最重布景，有幽人雅士之思，非若郎氏之俗浅也。前在某爵邸观其写兽两册子，册前皆有"五福五代堂古稀天子宝"等玺，一册为羊，汇中国所有者图之，另一册为鸟，似专写蜀中产者，均精妙。今兹所见，又为两册，与前见皆同，亦钤"五福五代堂宝"等玺，惟两册皆蔬果，每果皆注其名。艾氏写蔬果，世不恒见，此册以吾国重色，运其写生之笔，为图记之，不特画笔精妙，且可为蔬果志也。往者在某爵邸观艾氏册，其末页有恭录

---

[1] 笪重光（1623—1692），字在辛，号江上外史等。江苏句容人。清代书画家。

[2] 张庚，字浦山，号瓜田逸史，晚又号弥伽居士，秀水（今浙江嘉兴）人。是书成于1722年至1735年间，原书3卷，后又增补2卷，为清代第一部断代画史。

[3] 艾启蒙（1708—1780），字醒庵，生于波西米亚（今属捷克），天主教耶稣会传教士，乾隆十年（1745）来到中国，从郎世宁学画。

皇上训谕一条，惜不记其原文，撮其意谓：寰宇方物，不可不知，绘图立说，用为格物云云，则此册所以为用，亦清代掌故制度之一重要史料也。

梅渊公[1]画，以清奇胜，吾最喜之。秀水张浦山祖述娄东诸老，其于渊公，谓尚不如雪坪（见《国朝画征录》卷中），张氏所为录，其持论囿于所见，原非允当。吾家藏渊公册子，以细笔仿宋元十二家，觉清气往来，非食人间烟火者。先大父每谓此册可以观而切不可学，所谓画虎类狗也；然吾则心焉好之。数年前又得一册，尤清奇，学之果不能成，因忆先大父之言，不敢复学，顾终喜之。今又获观黄山写真册，皆不苟。其写山中人，笔若游丝，飘然出尘，尤为梅氏精品。梅氏画松为古人特绝，吾所见皆以松胜。吾家册十帧有松，前所得册十二帧，六帧有松，今获观册十二帧，则八帧有松，总兹三册；其画松二十有四，无雷同，试再合以有正书局影印本，则吾所见梅氏画松，三十有八种焉。梅氏有朱文印曰"画松"，各册皆钤之，其自负良不诬，是岂张浦山所能知耶？

以上诸画亦为蛰叟所藏。兹再记一赝鼎：仇实父[2]《四时仕女卷》，绢本，作四段，其一为《春庭秋千》，其一为《莲池永日》，其一为《桂阴弄笛》，其一为《蹴鞠迎春》，清幽绮丽，秀雅欲绝。吾最喜其莲池一帧，薄股微露，浅水没膝，于典丽中俗不伤雅。其末帧蹴鞠之球，不作瓜瓣，不作绣绒，其凑成圆形，皆合十数银锭形为之。往者吾见一绣绒球，其缝合乃用十二色银锭形之绸为之，即诧为于几何学理合。

---

[1] 梅清（1623—1697），字渊公，号瞿山，安徽宣城人。清初画家。
[2] 仇英（约1501—约1551），字实父，号十洲，江苏太仓人。明代画家。

今此球虽不能知其数是否为十二个银锭形所凑成，然其能利用银锭形凑成圆球，则与欧人之制足球网球法正复相同，不图于四百年前见之，中国科学，固自不甚后人也。此卷绢质色彩，皆非明时莫办，惟其面目笔致，非出自实父，其为赝，殆亦明人所为，亦足珍矣。

1931 年 2 月 9—11 日
《北平晨报·艺圃》
署名非厂

赏砚

　　大西洞砚，世罕珍品，林氏白水所得，要为此洞珍品。顷见一砚，遍体青花，长今尺七寸二分，宽三寸六分。制作精工，不事雕镂，神态静穆，如对异人。水池中有朱砂小点，精湛圆融，奇光四射，黄龙一线，望若横空，真绝品也。主人之力尚能守，故为记之。

1931 年 3 月 28 日
《北平晨报·非厂短简·十六》
署名非厂

金石消息

往者林君白水于所为《生春红》[1]特辟一栏，揭橥以告国人曰："某地新出碑碣，某地新获鼎彝，某某家藏举国以为瑰宝者，已渡海而东，已越重洋而西矣。"此其意特善，用心特深，美人已随沙咤利，于无可如何中，特以消息告诸国人也。吾于金石，好之深且久，而又最穷，初未敢有脱能致之之梦想。惟金石一为吾见，挥之久久不能去，而友朋之见知者，又往往误以吾为金石家，而一一举其消息以告。吾自审于金石学之造成，为途遥且远，顾其物之出之得之渡海洋而去，窃有步林君之后尘揭诸篇末者，辄草新篇。

（一）秦东阳权：铜质，八角形，面径今尺二寸五分，高今尺一

---

[1] 林白水（1874—1926），福建福州人。中国新闻记者。《生春红》为其所办，《社会日报》之副刊，专门发表金石学、甲骨学、钟鼎文等研究文章。

寸九分，面上有"东阳"二字，作阳识，旁秦诏书曰："二十六年，皇帝尽并兼天下诸侯，黔首大安，立号为皇帝，乃诏丞相状绾，法度量，则不壹，歉疑者，皆明壹之。元年制，诏丞相斯去疾，法度量尽始皇帝为之，皆有刻辞焉。今袭号，而刻辞不称始皇帝，其于久远也，如后嗣为之者，不称成功盛德刻此诏，故刻左使毋疑。"文共二十行，行五字，阴识。按：秦权诏书文多刻，此独与大丑权旬邑权为铸文。东阳县，晋灼曰："本属临淮郡。"《括地志》曰："东阳故城在楚州盱眙县东七十里，秦东阳县城也。在淮水南。"东阳在秦时仅一县，特铸权具诏书颁行，足证秦人号令统一。又《史记》："二世元年七月，陈涉等起大泽中。"《索隐》曰："在沛郡蕲县。""其九月，通谓梁曰：江西皆反。……项梁乃以八千人渡江而西，闻陈婴已下东阳。"据此则此权之颁，当在二世元年七月以前。去年有军人某于役马牧集，掘壕得之。及事定，走济，以三十元入估人手，携之津，为某国人攫去。

（二）虎卣：提梁，色斑斓，梁作三股绳绞结文，盖与器花纹奇古，中各有结环之，纹作十象，昂其鼻，翘然双齿对峙。启视，器里满金，光彩炫目，文曰："服肇休夕明享作皇考虎宝尊彝永永。"器盖文皆同。今春易州出土，或曰去年冬，农民掘窖得之；或曰，冰解于水涯得之，未知孰是。初为一古钱商所得，有某某者，数年来代日本人搜觅古器物，以六千金货之于古钱商，卒为日本人送去。当此器入钱商手，在津某君以四千金易，不可得，遂与某某言之，嘱其转致，某某竟不为某君谋，某君一拓本亦不可得云。按：此器与故宫所藏服尊文颇相类，吾获见于古钱商，真堪宝也。《说文》："象，南越大兽。"今此器虽未刻定其年度，要为东周之器无疑。则象之为物，当为中国所固有，吾虽不敢遽定仓颉见象之形而造字，而金文中有此字者，若师阳父□彝，若大敦，则固确然无疑。脱认定至少周时中国内地有象，则《说文》所谓"南越大兽"，未免为汉时囿于所见也。又吾乡陈寿卿所藏十钟，其一亦象为文，尤生动。

（三）陈氏封泥：潍县陈寿卿介祺所藏封泥，多珍品，其诸侯王诸泥，尤为罕觏，与海丰吴式芬子苾所辑《封泥著略》一书，固不仅为治印家之楷模也。曩者吾论印，颇主以莽新之铸，魏晋之凿为白文，朱文则以秦鈢博其趣，而以封泥出之。自来藏古铜印者，军印每多于公卿大夫，而藏封泥者，则军印封泥最罕遇。陈氏封泥，虽亦偏于公卿大夫，而其为考证上史地上重要之材料，则夫人而知之。今则全部已东入扶桑矣。陈氏十钟既已不在版图内，封泥又继古玉印而去，万印楼将徒供后人凭吊矣。

（四）汉篆残石：汉篆除碑额外，仅祀三公山等一二碑。去夏洛阳人许某，或曰姓徐，掘地得石，峻嶒多觚，不具形。有篆书数行，首行曰"唯水和元"，元字已残。二行曰"中郎"。三行曰"山阳长"。四行曰"天□明"。五行曰"魏灵"，尚有半行，仅一字可识曰"君"。字大今尺二寸许，书法类张迁碑额，有奇趣。军事急，许某家供军用，石置阶下，为军中人所识，携之走保定，为某君所得，今不知尚在否。

（五）周公子名卣及尊：己巳年河北出土，地未详。丁佛言[1]云："字体极似周公彝召尊，视大小盂鼎曶鼎，亦有近似处，金文之上乘也。三十年来出土之器，此为第一。"又云："器在沪估人手，国人无力购买，沪估悬价，并拓墨亦不示人，意不善也。"铭文共一百九十字，方卣器文与盖同，并于尊文同。柯君燕聆曾释之。今此二器，皆不在

---

[1]　丁世峄（1878—1931），字佛言。书法家、古文字学家、社会活动家。

国内，并拓本亦无之。

上之所识，虽仅限于所知，而文物重器与长江水以俱东者，礼亡而求诸野，或者将彼邦是求乎？乾隆诸老之访碑，潘吴陈盛诸公之搜剔古器物，所以蔚成一代金石学之盛者，今而后发掘愈多，求一拓墨，亦渺不可得矣。

1931 年 3 月 30 日—4 月 1 日

《北平晨报·艺圃》

署名非厂

《毗陵秋兴图》卷

　　闲尝取"四王"画比合而观，虽其所归，各有所长，而独能于宋元各家打一条出路，表现出一个我来，则未始不皆从同。人第知承平之世，足以蔚成一代画风，而惓怀胜国，自放于山巅水涯，归村志隐，一其心力于笔墨毫楮间，与其谓"四王"为承平之画，毋宁谓为隐于笔墨者也。麓台[1]与石谷其事迹虽视烟客、元照[2]稍殊，以画道论，皆受烟客、元照之支配。八大山人之纵横，苦瓜和尚之恣肆，直若异曲同工。吾年来小事读画，所得于无言师者，颇有可以上窥宋元，独于王石谷之画，以为博洽中徒供欣赏，匪可学，亦不必学，然而其尤精者，且匪可以人力取。往者秀水张浦山于其所为《国朝画征录》，曾

---

[1] 王原祁（1642—1715），字茂京，号麓台。江苏太仓人，王时敏孙。清初画家。
[2] 王鉴（1598—1677），字元照，号湘碧，自称染香庵主。江南太仓人。明末清初画家。

记《毗陵秋兴图》，谓石谷作此，南田叹赏欲绝，为临副本，此与南田所记《秋山图始末》，同一令人渴念。去冬，过蛰庐，既醉饱，主人为歌《二进宫》，黄钟大吕，非靡靡之音可比。吾为配徐延昭一段相笑乐。至友谢君笑谓主人，曰："进宫若何？"曰："献宝耳！"出其卷，则石谷《毗陵秋兴图》也。相与共赏，吾曾记之于《书画过眼》中。此图长今尺九尺二寸五分，高尺有二分，纸本，墨笔。无款识，右角有"耕烟散人"四字白文印，左角有"王翚之印""石谷子"两朱文印。村舍桥梁，峰峦沙碛，直若置身其间，恋恋不忍遽去者。以吾馋眼，深以不获见南田临本为恨焉。卷后笪江上《毗陵秋兴诗十二章》，末附烟客、元照两诗。江上书学东坡，烟客、元照两诗，乃江上临之，极神似，尤可宝也。特为录出。

　　壬子之秋，同年友邀余过毗陵，馆于家园，时虞山王子石谷先生至，连床夜话，讨论今昔，四十余日兴勃勃未尽，闻主人欲之澄江，遂俱告归。石谷还虞山，余返棹京口，是时维扬李给谏属予招石谷，于明春同聚焦岩，期会正远，因维舟河干，绝宾朋，恣游赏，徘徊于禅房仙观，不与主人知也。一夕放舟徜徉，见堤上秋林，石谷指谓余曰："此真画也，先生赏之。"霜枫红叶如炽，青松紫萝，白榆乌桕，五色相鲜，高下俯仰，参差杂沓，不可名状。后有丛筱枯槎，远近互相掩映，位置殆若人巧者。余嘱石谷曰："化工神妙，当与争奇，先生亟为我图之，右丞大年不足摹耳。"石谷欣然呼毫，舣舟隔岸，目击手追者屡日，一片丹枫，竟移夺于缣素间矣。图成，寒飙振林，落叶飘洒，似造物者惜此秋华，遽为收摄，披览余图，色态如昨。此图时序之所不能侵，而霜雪之所不能剥，尤可宝也。南田恽子闻而异之，就篷窗对景展图，乃叹赏叫绝，笑抚石谷背顾余曰："两公留滞河湄，为艺苑增不朽胜事，何问主人哉！可无篇章，以记斯游！"即相为唱和，并叙其狂兴如此：

坐爱霜林眼倍明，中流放舸绝逢迎。
拾来千尺天孙锦，携伴诗囊著处行。

从来迁叟恋山溪，一片秋心未肯迷。
十日一山五日水，孤舟不系板桥西。

长林迤逦石梁横，雁影当空渔火青。
分付长年须蚤起，明朝鼓棹入葭汀。

红林古岸影重重，每到斜阳色更浓。
夜泊不知明月上，谁家绮席动歌钟。

毫踪一试一回新，不数纵横写富春。
貌得江南秋色好，鸥波摩诘是前身。

方平今作谪仙人，笔底烟霞绝世尘。
寄语蔡经休错愕，麻姑一会是群真。

山樵作画与贞居，为是移家载道书。

我亦华阳称外史，虚舟泛泛复何如。

十年栖遁近渔矶，霜叶红时坐未归。
说向王生觅丹诀，还须料理薜萝衣。

拾遗清兴自无双，来访王朗看大江。
为道焦公山更好，遮留直许到秋窗。

十月江南风未寒，吴山楚水望漫漫。
怪来青眼篷窗底，只向毗陵两岸看。

抛却扁舟好杖筇，虞山茆岭又千峰。
归时霜叶红于锦，肯许追寻方外踪。

爱尔南田学隐沦，草衣不是避秦人。
他年子晋吹笙处，呼我仙源一问津。

右题石谷先生《毗陵秋兴图诗十二章》并叙。
江上外史笪重光录稿。

蓬底秋光尽日凭，更兼骢马下毗陵，
霜高月落乌啼后，翠嶂丹枫似右丞。
李郭同舟已合仙，京江胜事忽喧传，
耄昏疲曳西田老，也放襄阳诗画船。

西庐老人王时敏

城中翠馆沸歌钟，城外霜林叶正红。

抛却豪华对幽寂，先生高迹许谁同。

辋川画笔少陵诗，泛泛轻舟信所之。

闲兴沙鸥订盟处，莫教唤我不追随。

娄水王鉴

二王先生和章，为石谷道翁书，俟补图时，逾题卷八载矣。重光。

此卷尚有周自盦两跋。自盦，长沙人，名寿昌，字应甫。录其一。

端午前三日（据前一跋当是光绪九年岁次癸未），估人云予以毗陵秋兴卷，则南田与其弟子马扶义合临石谷笔，石谷原本，即予所藏此卷也。丘壑云树，摹仿无二。南田跋云：欲索此卷，江上吝不肯与，云欲以为玉匣之殉。并转索南田卷，同入圹中，南田亦吝之：此皆康熙十一年壬子秋冬间事。迨道光三十年庚戌李季云前辈得南田卷跋云，石谷原本，不知真入笪光生墓耶？抑尚在人间耶？痴心奢望，犹冀旦暮遇之。呜呼此卷之作，到今已越二百年，季云跋此又已三十年，而延津之合，竟入吾手，此真翰墨奇缘，而后死者之幸。使必有意物色之，转恐未必能得也。五月十日自道人再识别。

1931年4月3—5日
《北平晨报·艺圃》
署名非厂

《澂秋馆吉金图》

　　弢庵太傅近以所藏吉金，拓印以公诸世，曰《澂秋馆吉金图》，上虞罗君叔言、北平孙君伯恒为之序与编次，海宁王君观堂、黄县丁君佛言，并为考释，晚近稀有之作也。而取值廉，尤便于穷而好学之士焉。澂秋馆所藏古鉢印、古封泥，吾皆介于友人获读不忍释。今吾独于《澂秋馆吉金图》，以卖画之资得之，读三日而未能尽，辄书之曰：吾乡人之以收藏名者，或散佚，或盗卖，或为劫夺，或遭毁灭，屈指可历历数，其尤粗者亦且不存矣。其假借好义之名，曰惟之董理，为之校订，将并其人附丽以公诸世。而高文重器，捆载以入于其箧笥者，吾所知且亦实繁其人。事变愈亟，桑田沧海，吾又安知曲阜之孔林，不将为戈壁之沙漠耶？太傅目击已熟，出其所有，以公诸世，俾穷而好学若吾者恣其读，则继之而梓行者，将必为太傅手自审定，而无待假借于人手者也。此作厘为二卷，七十有八叶，连序、目、题识八十有四叶，为器八十有五，虽不如匋斋所为录之博，而召氏一器，为自来吉金著录所无，其堪资考正固不宜遽定为尊为彝为钘也。按：此器吴清卿定为尊，王庆生以为彝，王观堂又以为钘，皆所未安。此器形制奇古，作筒状，左右有耳，高建初尺四寸，口径四寸一分，深三寸，腹围一尺二寸八分。重库平三十一两，文曰"隹十有二月初吉丁卯召启进事旋走事皇辟君休王自穀事赏毕士方五十里召弗敢□王休异同部宫乍旋彝"，共四十四字，在器腹内。字法雄伟，仿佛盂鼎，周初奇品也。此外若史颂敦，若汉尚方镜，文字皆精，吾尤喜卿作诸器之文独以简胜，亚形楄则繁密令人目眩，闻人言："太傅有一楄，望若黑漆，启其盖，则满腹镏金，耀人心目。"不识是此器否？自来金石著录，每略图形重文字，今此作文图兼重，立注尺寸斤两，而拓手之精，足与并传，可谓尽善矣。独是太傅所有，太傅得自关中，其获诸山左者究有几何？则独其作所欲知者一也。吉金出土之地，往往即为古地之墟，以之考征高文，采正经史，所资尤巨。太傅之先德子良先生所召于太傅者，自必于得之地详且尽，而此作于出土之地，亦与他著等，不复详之，此读其作所预知者又一也。吾于古器物，好比合而观其同异，此作所收卿之诸器（鼎一、敦一、尊一、卣二、瓠一），当是一地出土，抑且为关中之物，以其文有"东"，有"新邑"，然而召氏一器，其地名与出土之地则至有关，此吾读三日而未能尽，心关系而至不宁，故卒书之以俟教也。抑吾犹有说：往者吴子苾阁学所为《封泥考略》，其嘉惠艺林，厥功惟巨。自后有读者，有继之而集存以行者，价皆奇昂，不便于穷而好学之士。闻太傅将出所藏，梓而行之，吾将为穷而好学者庆。阴雨连朝夜，午夜不寐，因疏如上。

1931 年 7 月 11 日
《北平晨报·艺圃》
署名非厂

阁帖

董文敏云:"晋韵,唐法,宋意,意盖卑宋也。"自包安吴倡尊碑之说,康南海又昌明之,阁帖之学,遂无人过问。吾获观宋阁帖,而知书法,吾久读阁帖,而知所谓晋韵,惜乎先入者深,目有神而腕有鬼也。

1931 年 8 月 3 日
《北平晨报·非厂短简·十七》
署名非厂

淳化阁残帖

　　宋拓《淳化阁帖》，墨皆漆黑，此人人知之。今见一不全本，墨浅而雅，每版皆联，无一接粘处，所记卷数版数皆联属。以此知为宋拓，固不须疑也。按：宋"元祐中，亲贤宅借版墨百本，分遗官僚，用潘谷墨，光辉有余，而不甚黟黑……"故此残帖且可定为宋元祐拓。

1931年8月26日
《北平晨报·非厂短简·二二》
署名非厂

宋《百虫卷》

南宋《百虫卷》，纸本，长今尺十又五尺，以乌丝界八阑，每阑绘草虫或十余，或二十余，总计之得百有三十五虫，真奇观也。此卷藏鲜于伯机，入明归郭胤伯，后归余姚王氏、商丘陈氏及成亲王诒晋斋。皆有题识，而不见著录，亦一奇也。庚子乱后，得于市肆，壬子兵变失之。吾年二十，曾临一本，及今观之，未尽其妙，惜不复为我见矣。

1931 年 9 月 7 日
《北平晨报·非厂短简·二四》
署名非厂

韩叔节修造礼器碑

　　此碑在曲阜孔庙，累代护持甚谨，故无甚损伤，汉隶中之极轨也。自翁覃溪发现熹平项伯修十三字题名，即元明拓本，亦多忽略未拓，然皆不失为原石也。今见一本，若百余年前物，连碑阴题名皆完整无缺，而神理非是。漫一检校，"为汉定道"之"定"字，"事得礼仪"之"仪"字，点画全讹，若此者且甚众。取与商务印书馆影印本对勘，乃是一石，未尝不叹作伪者之工也。或曰，此好事者翻旧拓别立于孔庙者，若阮摹石鼓文、刘摹石鼓文等是。

1931 年 9 月 12 日
《北平晨报·非厂短简·二五》
署名非厂

赝石涛画

石涛画在同光前不若今日之为人重，故赝者亦少。《游蜀偶识》云："蜀中刘心培，名植，家藏石涛画，日夕临仿，每乱真。潘伯寅谓心培不肯自出，故终为石涛所役，然所入颇不菲也。……"据此，则赝石涛者，前有刘氏其人。今之赝者，其精能推蜀中张君，所入亦不菲，何蜀人之多能也。按：刘氏赝画，吾仅见一册子，豪放之气，扑人眉宇，现为某先生所宝藏。张氏画笔墨辣狠，然气味较薄，二者皆于石涛之浑穆，未之能得。

1931 年 9 月 18 日
《北平晨报·非厂短简·二七》
署名非厂

峄山刻辞不见于《史记》

　　赵㧑叔之谦书峄山碑跋尾曰："峄山刻石，北魏时已佚。"今所传郑文宝刻本，拙恶甚，昔人陋为抄《史记》，非过也。我朝篆书，以邓顽伯为第一。顽伯后，近人惟扬州吴熙载及吾友绩溪胡荄甫。熙载已老，荄甫陷杭城，生死不可知。荄甫尚在，吾不敢作篆书，今荄甫不知何往矣，钱生次行索篆法，不可不以所知示之，即用邓法书峄山文，比于文宝抄《史记》或少胜耳。同治元年九月悲盦。按：峄山刻辞，不见于《史记》，㧑叔误矣。

1931 年 10 月 23 日
《北平晨报・非厂短简・三一》
署名非厂

记所见

蜗居至湫隘。吾读书之室,由东厢迁西厢,狭乃愈甚,客来至不能周旋中礼。室既卑,地则凹然深,坑坎且不平,窗如窦,室之半又独为炕据,友之来此者无不笑,而吾则以为室之小与吾宜也。吾之室为与一二挚友相聚谈,又不应接大人先生,其狭且卑也夫何患?吾既居此,友之来且频,坐久久且不忍去,吾因之得于室获观巨迹,则吾此室尤不可不记也。计自霜降前五日迁居,迄今十日间,书其室中所获见者著于篇。

宋拓怀仁《圣教序》:怀仁《圣教序》,世推周文清、崇语铃本。吾曾合诸本比观,自以周本为最精,此本为停云馆故物,孙承泽跋千余言,推为唐石唐拓,似未允当。翁苏斋会合诸本而定为北宋精拓,有见也。此本神完拓精,纸墨奇古,视周本殆过之。向藏大兴孙氏绛雪斋,道光末入山左丁氏、桂氏,至孟氏即不复出,深望吾友莫轻示人也。

赵松雪《水村图》卷,绢本,为神韵双绝,衰柳疏葭,想见江南新秋景色。明时藏王敬美家,董思伯有长跋,推崇备至,历商丘宋氏、长沙周氏,见归瓦壁生。

赵千里《访戴图》,绢本,大青绿,笔墨精湛,敷色典丽,穆然为之神往。上有"绍兴"小印、"复古殿"印、"乾卦"印及"太原王氏鉴藏"印，见归瓦壁生。

瓦壁生嗜金石，往往一字考证未安，辄形梦寐，有小得则拊床而嘻，有大得则狂叫如痫发。精两汉书，口若悬河，背班范无一字讹，于画则似解似不解也。生藏书不多，其精者仅此。昔曾出千金市刘松年《老子出关图》，招同人共赏，乃不值一钱。晋之作，长五尺三寸，宽七寸二分，着色，笔致秀逸，而生卒不以此灰其意，今果得此，亦足豪矣。

林良画世不多见，晚近所得，自以梁任公《双鸦》为最，满洲钮氏藏《双雁图》，幼时习见之，不图历劫沧桑，由燕而晋而齐三十年后复为吾遇，不可谓非因缘也。纸本，长三尺八寸，宽一尺六寸二分，墨笔，一雁俯其首，颈缩，惘然无所属。一则引颈，侧其首昂视，若有所见，芦苇纵横，若蟹探爪，笔笔有奇趣，视任公本不相仲伯也。

吾幼时随侍先王父，酷嗜砚，家中落，谋保生命，砚遂不复为我有。及吾力可以苟活，砚之为我见者，多为强有力收去之，故吾迄今虽好之而不能也。吾曾见若青花若大鱼脑……确为大西洞者，皆为一二爪牙贪利之辈代日本人攫之去，故旧之家，虽间有存者，然亦仅矣。友人王君，近由估人手得二砚，砚为某相国物，皆大西洞之神品，云蒸霞蔚，未足以方其妙。估人得二砚，即携之日本人，适未遇，遽为友知，往返数四，估卒不肯让，增至六百金仍不可。丁国难，友以抗日胁之，估惧，以亦六百五十金得，估所盈且五百余金也。友人悲愤之余，刻其函曰："愿我及我子孙世世守之，无失！"吁！可以风矣。

宋摹唐人《阿房宫图》，细绢本。吾国古代建筑，向无专书记载，宏伟壮丽，萃天下之精英若阿房宫者，亦惟有付之一炬，三月不灭而已。阿房宫为我国伟大建筑之一，吾人读"建五丈之旗，可坐万人……"

颇亦至堪惊诧也。南唐周文矩有《阿房宫样》一卷，卷在明时，尚藏震泽王氏家，不特为图画之美，抑亦古建筑至要之参考品也。今见此卷为界画，楼阁参天，山川环拱，钩心斗角，画栋雕墙，极雄伟瑰奇之观，离宫别馆，郁乎苍苍，几若置身其间，而忘其在吾斗室也者。卷长十九尺三寸，宽一尺六寸二分，有宋徽宗印、"御府图书"之印、元秘府印、明御府印、清"石渠宝笈"等印，卷后金笺题曰"摹唐人阿房宫"六字，细楷绝工。吾检《石渠宝笈》目录则无此卷，而历代印玺皆不伪，何耶？又此卷所谓摹唐人者，是否即为周文矩《阿房宫样》，则不可知，而其穿插位置，朝揖拱让，即一树一石，亦有法度，其蓝本当非庸手也。此卷在友家历五世，向未示人，遭沈变，杂败缕中携之来，所携尚有《石门铭》"此"字未泐本，拟托之吾，吾惶惧未敢承此重。

石涛画，吾以气韵辨之，每奇中。今见一本，纸墨甚古，笔意恣肆，奇逸之气，扑人眉宇，真非大涤子莫能也。惟其出入之迹，辄用其巧，雄俊之中，辄出以佻，则虽大涤子亦所不能也。吾于是立辨其伪，得者哓哓语不休，及吾指点，友始悟赝者笔墨之不弱也。此册十二叶，叶纵尺有二，横加之，墨笔山水，诗则甚熟，若似曾读过者。友得自大连，今又为日本人收去，友赢百金，幸矣。

十日之间，获观如此，皆足补吾之阙陋。此外见秦河内铜符，文字精好，曰"皇帝之符，左在皇帝，右在河内"，殆用阳陵符而赝造者，然铜色则所赝绝佳。又友人曹君自山东，携来折枝花写生册十二叶，精妙绝伦，无款识，是辨香瓯香者，亦堪记也。

1931 年 10 月 30、31 日
《北平晨报·艺圃》
署名非厂

折枝菊花长卷

　　锡山邹一桂[1]所记《贡菊三十六种》，来自异域，命小山图于内廷，外间不可见也。仅于《小山画谱》知其状而已。顷者见一长卷，绢本，长几及丈，作折枝菊花，得三十六种，而题曰"乾隆四十六年沈铨画"，微论其笔墨之不类也。细审此卷，非沈非邹，画以拙厚胜，当出名手，至可爱也。

1931 年 11 月 9 日

《北平晨报·非厂短简·三四》

署名非厂

---

[1] 邹一桂（1686—1772），字原褒，号小山，一号二知，又号让卿。江苏无锡人。清代官员，擅长绘画，尤工花卉，间作山水。

西王母砖

西王母故事，见之汉代画者，有孝堂山武梁祠诸石刻及镜鉴等，从未有见之砖瓦文者。友人自关中得一砖，纵横各尺有二，面上有"乐无极"三字，篆书，阳识。下面刻六人，中坐而高冠者，旁有题字曰"西王母"，隶书，两旁列仕女各二，另一女居前舞，妖姣轻盈，其下有一龙一凤一兔一鸱鸮一鸡一□（已残，余两足一尾，鸟类），皆阳识。友人云，此砖有二，一略残，皆掘地得。残者为某西人强购去，友得此由掘者手，值二十元焉。

1931 年 12 月 11 日
《北平晨报·非厂短简·三八》
署名非厂

散氏器

　　往者为文辨今传散氏盘非真（见前年《京报》）。今读徐子晋《前尘梦影录》，尤足证今盘非真。"散氏鬲大员墨，约重斤许，漆边，面缩抚鬲篆全文，阳识，背楷书'散氏鬲'三字。鬲旧藏巴予籍慰祖家，故缩抚篆文，丝毫不爽。劫后见之古董肆，因索直昂，手拓其文，未几，鬲即为人购去。巴善篆隶，刻有印谱，盖徽商而家于邗江者。汪荣甫中有别传，极推重之。"按：鬲藏巴家，巴为徽商，与张叔未等考散盘入贡事合。曰劫后，指咸丰庚申之劫，则此器距入贡时，已历二十余年而尚在民间也。

1931 年 12 月 15 日

《北平晨报·非厂短简·三九》

署名非厂

白玉

　　乾隆前脂玉甚少见。自贺兰山入版图，白脂玉在群玉中为上等。尝闻之前辈云："贺兰山有三河，一产白脂玉，一黑玉，一青玉，业玉者曰捞玉户，科重税。其玉皆成石子形，大小不等，皆为璞。其有紫褐色者，谓之皮子。皮子色最艳美者，称烧猪皮，状其似也。"按：贺兰山东起甘肃，西迄迪化，昔人统称之，非今所谓阿拉善山也。同光间都人士尚脂玉扳指，若白玉而烧猪皮者，价六十两焉。今则不值一文矣。

1932 年 1 月 6 日
《北平晨报·非厂短简·四三》
署名非厂

钟元常《戎路帖》

钟元常[1]书传世，端赖宋人阁帖。世以《宣示帖》等表圆融浑穆，与分书为近，颇疑《戎路帖》之伪。钟氏书犹存汉人气味者，吾以为独此《戎路帖》一帖，以气韵求之良然，证以流沙坠简，亦莫不为然也。《宣示帖》诸作，多羼晋法，非右军临抚，即硬黄勾填，观宋拓阁帖，自能辨之，而绛帖必在东库本以前者，尤足见《戎路帖》书法之妙焉。

1932 年 1 月 20 日
《北平晨报·非厂短简·四六》
署名非厂

---

[1] 钟繇（151—230），字元常，颍川长社（今河南长葛）人。三国魏书法家。

燕文贵《江干积雪卷》

藏画者宜取其画，不宜徒羡画者之名，唐宋画多无款，盖独以画传，为可贵耳。南海康氏万木堂藏画[1]，手写画目以烜赫之，识者独惜其以名取，真赝尚不必辨也。吾见燕文贵《江干积雪卷》凡三，皆同一丘壑，同一树石人物，一在故宫博物院，一在黄县丁彝斋家，一在湖南易实甫手，论色泽，论细绢，论笔致，皆真。比合而观，则故宫所藏不如易实甫，易又不如丁，盖独以画取也。友人近以巨资买得大涤子画，吾曰，以笔墨论，虽赝亦佳。

1932 年 2 月 23 日

《北平晨报·非厂短简·四九》

署名非厂

---

[1] 康有为（1858—1927），广东南海（今属佛山市）人，人称康南海，中国近代思想家、维新派领袖。1918年所书《万木草堂藏画目》，是其在绘画方面的理论著作。

磨铭

友人藏一石磨，磨石高七寸许，径五寸许，磨之盘，径尺又四寸，通高尺又二寸余，石甚古，千余年前物也。铭四十字，篆书阴识。文曰："挺然紫芝，产乎旸谷，朝日所蒸，坚谓云骨，大匠偶（疑"遇"）之，因栈□出，上动下静，玉□□□，好事珍藏，保此神物。"书不甚精，作小篆，识者以为秦物，不敢信，就其文字观之，殆唐人物耳。

1932 年 2 月 29 日
《北平晨报·非厂短简·五十》
署名非厂

病中杂记

　　春来患伤寒，渐及喉，足不出户者兼旬，合十数本《说文解字》以校汲古阁毛本，知段氏《说文订》[1]之作，所见盖鲜。病榻消磨，最趣事也。所居湫隘，儿女日哄，枕边书累然而高，稍转侧，颓然崩散，小儿女则争为拾取，往往误函卷。尤幼者每喜吾读，跳踉击掌为和，或攀榻登，倚吾侧摩挲相偎，口喃喃歌不休，如是者至病起。偶倦睡，往往梦中为儿女以小手掀目惊觉，读书若有会，辄为哄声乱其意，吾以是不得静养，转得趣吾起其病，得不缠绵。此其可记者一也。

　　"四子书"[2]童而喜之，迄今不忘，盖先王父所口授，并朱子[3]之注

[1]　指清代段玉裁撰《汲古阁说文订》。

[2]　"四子书"指《论语》《大学》《中庸》《孟子》四部儒家经典。

[3]　"朱子"指朱熹（1130—1200），南宋理学家、教育家。

亦能讽诵不讹也。吾家数世读"四子书"，皆并读朱注，至吾承家学，病中亦颇能背诵不讹。至"五经"[1]，则已不能熟，执卷默读，温数四，方不讹。合目维其义理，自晨至暮，病痛浑忘，颇亦想象三十年前执经研故训之乐，今则举目皆非，不禁感慨系之。此其可记者二也。

往者吾家藏古碑帖多善本，数十年来皆不能有。病中检旧箧，于故纸中获退谷老人[2]长跋东库本《绛州帖》一卷，晋府图书，肇锡予以嘉名诸印，鲜艳夺目，而先王父手泽所记得帖之由，恍若垂髫侍侧校碑时也。其最足置念者，吾所临《黄庭经》数行，先王父朱批圈点，记日为正月十六。此其可记者三也。

正月厂肆，最堪一游，今年则凋敝无可奇之物，天寒风洌难驻足，吾则就人之所不顾者取其一二。往游数且久至疾，力疾得《虫荟》[3]一书，求之北方，最为罕遇。此其可记者四也。

友人张君大千书画篆刻皆精妙，而年又不高，百余年来仅见者也。新正[4]来游故都，扶病与君盘桓。君为人尤诚笃，一日与君作竟日谈，获闻家世甚悉，知君所学有自，观其作画得以小窥其秘。此其可记者五也。

友人自河南赠我菊秧一匣子，如法植之，皆全活。河南菊种繁夥，"商山紫芝"独见称于士大夫间，今竟得三秧。此外若"银鹤舞风""日照龙鳞""柳絮因风""锦心绣口""潘安醉"，皆奇品也。吾数年来喜搜集吾华固有菊种，虽地未逾半亩，而得者弥多；日本菊非不佳，在吾

---

[1] "五经"指《诗》《书》《易》《礼》《春秋》五部儒家经典。

[2] 孙承泽（1593—1676），字耳北，号退谷老人。明末清初政治家、收藏家。

[3] 《虫荟》：清代博物学家方旭（1857—1921）撰。全称《听钟轩虫荟》，录写虫类一千余种。

[4] 新正：指农历新年正月，或农历正月初一，元旦。

视之，实不如吾华味之永。往岁闻人谈"商山紫芝"即心慕之，不意病中得此。此其可记者六也。

蛰庐藏吾师白石山翁画工笔草虫簏十面，为吾师至精之品。自来以草虫名家者，皆无此精到，盖工细草虫须生动，须空灵，须笔墨兼到，尤须意境深湛也。蛰庐藏已数年，今春张君大千来，出此共赏，大千亦倾倒，因为作山水仕女花卉十叶于后，蛰庐以簏见视，病中获观，心情为之顿爽，此其可记者七也。

1932 年 3 月 7 日
《北平晨报·艺圃》
署名非厂

金圣叹墨迹

　　友人汪小舫藏金圣叹一手迹立轴。高二尺许，广尺余，纸本。笔墨飞舞，诗尤奇。诗曰："空手把锄头，步行骑水牛，人在桥上过，桥流水不流。顺治□年十月八日金圣叹。"又友人藏金书小联，纸本，高二尺，广五寸。联曰："胸有成竹，目无全牛。"下款署一"瑞"字。笔墨类欧阳信本书，然不如汪君之奇。

1932 年 3 月 11 日
《北平晨报·非厂短简·五二》
署名非厂

八大山人山水册

　　友人得八大山人山水册，墨笔纸本，笔墨浑古，韵味深醇，得意之作也。八大山人写花鸟虫鱼皆不凡，独写山水尚未脱石田翁、董宗伯[1]窠臼，然其佳处亦正在此。近传山人画山水，影印以行，摹仿其写花鸟之笔以伪托，而人之号鉴赏者，则又从而惊叹称道之，以为山人写花鸟如是，写山水亦宜如是，其未脱沈董者，要为赝造，则甚矣鉴赏之难也。

1932 年 3 月 15 日
《北平晨报·非厂短简·五三》
署名非厂

---

[1] 董份（1510—1595），字用均，号浔阳山人，又号沁园，浙江乌程县（今湖州）人。曾任明礼部尚书兼翰林学士。

巾箱本《广韵》

　　宋椠巾箱本《广韵》五卷，版高今尺四寸二分，广三寸四分，海盐张氏所藏，世所谓宋椠五韵之一也。字势端谨，类隋唐人书，以书法论，为宋椠中至精之本，且其字颇难于结体，数万字先后如一。金冬心得北宋椠残卷，楷书遂独高千古，则此本以古帖视之可也。又元人景钞北宋本方言一卷，书法之妙，远在赵欧波、鲜于伯机之上，甚矣名之显晦，诚有幸不幸也。

1932 年 3 月 23 日
《北平晨报·非厂短简·五五》
署名非厂

北宋拓《淳化阁帖》残卷

　　右帖[1]只余晋数家书，吾家劫余之物也。用北纸松烟墨拓，东海屠隆所谓"北纸其纹横，质松而厚，不甚受墨；北墨多用松烟，色青而浅，不和油蜡，故北拓色淡而纹皱，如薄云之过青天，谓之夹纱作蝉翼拓"是也。黄庭坚[2]云："元祐中，亲贤宅借板墨百本，分遗官僚，用潘谷墨，光辉有余，而不甚黟黑。"然则或者为元祐时拓欤？

1932 年 3 月 28 日
《北平晨报·非厂短简·五七》
署名非厂

---

[1]　"右帖"指东晋书法家王羲之（右军）书帖。

[2]　此语出自赵孟頫《松雪斋文集·阁帖跋》。

《秘戏图》残卷

　　顷见《秘戏图》残卷，有宋高宗乾卦印，贾秋壑悦生印，明御府诸印，卷首有金章宗隶书"嬉春"二字，白麻纸，图只三段，皆闺中燕处，不狎亵，淡雅绝伦，必出名手也。最奇者，有一婢旁视，双翘若今日流行之高跟鞋，是岂画工故弄狡狯耶？

1932 年 7 月 22 日
《北平晨报·非厂短简·六十》
署名非厂

石势

　　郭沫若氏所著甲骨文研究，略谓"示"，为象势形，古人崇拜造物者，象其形以为神祇崇祀之，中西史乘，不少例证。（说见郭氏著，惜手边仅有郭氏《卜辞通纂》，不能征引原文。）卜辞中"示"或作"丅"，以形求，其说甚辨，惟苦无物证。日前厂肆估人自关中得一石势，伟岸雄奇，径约七寸，围半径约二寸，龟首丰腴，根瘢两肉，形若"且"，有穿，题悬供奉甚便，全身土沁斑斓，温润有理致。若谓为三代以前物，则不特为"示"之形，而"且"（祖）字亦其象矣。《说文》："祐，宗庙主也。"其亦此物之别名欤？推而至于"丶"（主），以画法论之，"丶"与"丅"同为徐熙之没骨法，而"且"字，则黄筌之勾勒法也。此物现为西蜀某闻人所得，视为奇货，同观时有傅沅叔诸人，均惊为创获。此物在考古学上占有极重要地位，同时使我忆到热河避暑山庄棒槌山一类之镇压物，大约皆为此物之象征。

1934 年 3 月 10 日
《北平晨报·艺苑珍闻》
署名闲人

读《中国绘画学史》

　　某先生所著《中国绘画学史》[1]（非郑午昌所著），我因为也能抹两笔兰花，所以我很高兴花了大洋一元八角，买了一部平装的读一读。我读书本来和蚕吃桑叶一般，快得很，但是得到这本书，我由开宗明义第一章起，我就有些吃吞不下，何以故呢？

　　原来这部书认为绘画的黄金时代是在唐，尤其是五代，宋以后至明是变化时期，清是衰微时期，现代尤其糟……见仁见智，这原是由治学之方法有不同，于是见地也自不同，无所用其惊怪的。不过在那第一章里，竟认为六书——原书称"六义"——是仓颉造的，即此，我便有些读不下去。

1934 年 8 月 6 日
《北平晨报·艺苑珍闻》
署名闲人

---

[1] 该书为秦仲文（1896—1974）编著，1934年立达学园出版。

再读《中国绘画学史》

　　闲人曾因花了一元八角而心痛，于是读不下两三页，贸然地发表了那篇对于《中国绘画学史》的一段珍闻，这完全是以学者待作者的。这本书我终于读下去了，且是平心静气地读。于是发见了他的两大优点，并且发觉了我此前的冒失。

　　（一）他不承认汉代绘画里面已羼入了佛化，这种见地，的确是正确的。我拿汉代各种器物雕刻（不一定是汉画家），都可以证明，未尝有一丁点儿羼入佛化。

　　（二）他说民国以来，画道衰微，已达极点，这种论调是痛切的，是我表同情的。假如研究中国画的人，不循规蹈矩地用功夫，粗犷自喜，真是糟糕！

1934 年 8 月 10 日

《北平晨报·闲谈·二五》

署名闲人

瓦当文字

自元旦日起，本栏首改用两瓦当文，上瓦有文曰"千秋万世"，中作龟形，四角嵌十字花纹，录奇诡罕觏。下瓦作仓龙文，飞舞如生，皆汉物也。有人以此为询，不敢不答。

按：瓦当文字不见于《欧阳集古录》，王辟之《渑水燕谈录》载："元祐六年，宝鸡县民权氏浚池得古瓦，铭曰'羽阳千岁'，乃秦武公羽阳宫瓦。"瓦当文见于记录始此。自尔，李好文《长安图志》有"长乐未央"七瓦，黄伯思《东观余论》著录"益延寿"瓦，瓦当文字遂见重于世。康乾而后，出土愈多，著录愈密，迄今蔚为大观。寒斋所藏瓦约六百种，愧我不暇，尚未及一一考之褉之世也。

1935 年 1 月 16 日
《北平晨报·艺圃》
署名闲人

《历代画史汇传补编》

贵溪江铭忠参军，字养吾，家富收藏，画山水精细似宋人，曾辑画史补录一书行世。盖吾国画史，以彭氏《画史汇传》[1]为最丰富，人名七千余。书成于道光年，后辈固不能及，而道光前漏载者亦不少。江氏之书，即所以补其缺漏者也。然仅限于清代，且所录未广，错误时见，如程惠信误作程惠彦，金镕鼎误作金镕之类。江氏故后，此书亦售缺。其友吴心谷，东台文学专家，亦近世著名之鉴藏家也（补录序文，即出其手）。鉴于江氏书之缺漏，遂辑《历代画史汇传补编》，起自明代，及于晚近，费十载工夫得四千余人，而较江氏之作多至数倍。月前心谷先生亦病卒于平寓。朋好皆以其书大有裨益于古画家及今之考藏家，乃为整理增辑，即以付印。后之览者，当知吴氏之苦心焉。书印二册，定价二元四角，发售者北平商务印书馆及琉璃厂豹文斋。

1935 年 2 月 9 日
《北晨画刊》第 3 卷第 13 期
署名编者

---

[1] 《画史汇传》：一作《历代画家史汇传》，清代彭蕴璨（字朗峰）编写的一部历代画家人名辞典。

赝书画

书画家一有名，便有人赝之者，古昔然，近代犹然。以今人而赝古，吾不暇谈，所欲谈，谈今人之赝今人耳！

陈太傅书，赝者乱真；齐白石画，真者似假。聪明才智之士，出其所能，本不必依傍时贤，自甘作伪，徒以声望不如太傅，画名不如山翁，而当代之有钱而又喜玩字画者，非必真知太傅书、山翁画，不过不弄上一两件，觉得不大阔绰而已！职乎此，太傅书、山翁画，供求之间，赝者得以沾余润，于是赝者遂愈工，亦滋可怜矣！

溥心畬画笔高洁，有其学而无其才，不能也；有其才而无其遇，尤不能也。限乎天，止乎境，绝不能以为能，多见其不知量，非如太傅、山翁之易于学步也。徒以沾余润，遂不免于效颦。顷读心畬启事，吾乃哓舌。

1935 年 2 月 19 日
《北平晨报·闲谈·六四》
署名闲人

与景筑山先生共赏宋元人画卷

景筑山先生者，帝胄也，年七十余，布衲行歌燕市，燕市知先生者，咸以“景三”呼之。先生富藏书，多宋元精椠，壬子后始稍稍流出。日前与先生邂逅小茶馆，便邀还家，出所藏宋元人画卷共赏，其中以宋人画《明皇太真对弈图》及高房山《秋溪渔隐图》为最精，纸为镜面玉笺，笔法全似李伯时《洛神赋图》。此图见于《钤山堂书画记》[1]，有分宜押用印。高房山以渴笔枯墨作细皴，随山势以枯毫淡墨渲染，滃郁郁气，仿佛米南宫《春山烟霭图》也。董文敏有长跋，推崇备至。市仅知先生着破布衲，徜徉于市，以自侪于北平陋□之老土著。世之以是视北平者，吾辄乐为书所知。

1935 年 2 月 22 日
《北平晨报·艺苑珍闻》
署名闲人

[1] 《钤山堂书画记》为明代文嘉著。“钤山堂”乃严嵩书斋名。

易元吉《双鹤图》赝品

最近我因为母病，很少出门，看画的瘾，也不能满意地过一过，这使我忧愁之余，又加上一重烦闷。昨天有位朋友袖来易元吉《双鹤图》共赏，后有宋人题识，纸莹如玉，墨黑若漆，惊心动魄，真是仅见之品。押角鉴藏印，多至五十余方，谁能道他一声不字！我这位朋友，本市鉴赏大家，他肯花三千金买这卷画，自然在他的眼里，至少总要值到六千，因为他不看到多值，他绝不肯花三千元。但是这卷画，不能不说它是巨迹，何况又有历代鉴藏印！只是易元吉《双鹤图》，从不见各家著录，这又不能不使我怀疑，而见于著录的东西，也不能说全是真的。最后，我始终怀疑着，我的朋友才告我："这画原是赝造，但造得手术很妙，任何人也不能绝对否认它，尤其是鉴赏家。"我也笑了，我笑作伪之工，我笑玩字画的先生们！

1935 年 2 月 26 日

《北平晨报·闲谈·六七》

署名闲人

鉴别字画

大凡玩古董字画者，其玩之程度愈高，其被欺亦愈甚，而赝造为术之工，则专以其技售诸内行为能也。珠石宝玉，首被欺者为廊坊二条之内行人。古瓷古铜，惟大内行始肯出万八千市新货。此中人语："不吃内行不富。"则其技亦灵怪也哉！

海上某收藏家，世推为法眼也，所鉴别字画不少失，尤以大涤子为精，其所藏自诩无伪作，人亦以是推之。某诞辰为六月二十四日，世所谓荷花生日也。前数日，估人携大涤子荷花横披求售，长八尺余，泼墨写荷塘，繁花密叶，笔飞墨舞，论笔势，论纸墨，论题识，论印章，论装裱，无少疑问。且大涤子如此巨幛，不为收藏家所喜，况属横披，论时价转不如三尺中堂易于得值，私意作伪者绝不出此。而荷花生日张此巨幛，点缀令节，平添不少佳趣，卒收之。张筵之日，意颇自得，人不知作伪窃笑于旁也。此为数年前事。

海上画山水，冯超然外，当推某君为第一手。某君固世家子，轻
裘绶带，文采风流，犹北平之溥心畬也。近以数千元得宋画，上有宋
人廖莹中题字，镜面光纸，泽如明镜，笔墨飞舞动人，精光射十步外，
洵宋画中无上剧迹。海上某收藏家至愿倍其值收之，某君则索价十万
也。据此中人言："造此画者系一青年，廖氏题字，则某女士所书（无
款）。廖氏书世无传本，廖氏印章，则收书家类能见之，因仿廖氏二印
钤于上。至于元明两收藏印，与夫'做旧''摺折'种种赝造功夫，南中
裱褙固优为之，人莫能辨。"此画予未之见，不敢论是非，姑志所闻，
聊以见鉴别之难耳。

1935 年 3 月 2 日
《北晨画刊》第 4 卷第 3 期
署名闲人

汉铜印谱

汪秀峰所辑

向喜搜集古印谱录，数十年来所见颇不鲜，要以汪秀峰所辑为独多，如《集古印存》《退斋印类》《静乐居印娱》《秋室印粹》诸谱，虽视《飞鸿堂印谱》为难觏，而物聚所好，皆得辗转假观。汪氏所辑《汉铜印丛》十二卷，余所获见，且有汪氏亲书赠钱箨石者，真汪氏谱录中绝品也。闻汪氏尚有《汉铜印原》十六卷，求之十余年未一遇。汪氏生当乾隆隆盛之世，其所搜讨集合之勤，为人所莫及，岂徒供耳目之娱而已哉！今春友人以印谱见假，视之，《汉铜印原》赫然在也。此谱所搜，以官印为最难得，有从未经见者。近人侈谈三代玺印，吾以为秦汉新莽诸官印，最耐人寻味也。人各有好，特选若干纽，植之《艺圃》，公我同好。

1935 年 3 月 13 日
《北平晨报·闲谈·七五》
署名闲人

石鼓文

　　友人王瘦梅，家藏近世碑版多而精，北宋蝉翼拓《淳化阁帖》，端匋斋曾威迫利诱而仅获书名其上者也。王君年已七十余，手不释卷，日惟浸淫于书画金石中，以自怡悦。尝见所为《两宋阁帖考》，恢宏博洽，发前人所未发。或怂惠付之梓人，君则掩卷而笑，意谓聊供友朋谈助，不足问世也。

　　日前巨风拔树，黄尘蔽天，视光绪丁未三月中旬之狂飙，殆又过之。是日，君招予作长夜饮。予向不能饮，饮则面赭筋暴张，眼昏昏思睡。既饮，君出所辑自唐以来，迄近人马彝斋、郭沫若所为石鼓文考证诸说，汇为八卷，征引赅博，凡关于石鼓文者，罔不搜罗靡遗。卷首附君所藏旧拓石鼓文，以及安桂坡、天一阁所藏各影片，近取国学，远征海外，细至研铭临抚，洋洋乎大观，使我惊心骇目，醇醪顿醒。

　　石鼓文为先秦文字之最古者，与金文中之秦敦，并为治先秦文字者最贵重之史料。得君荟萃众说，总挹毡蜡，使人开卷了如指掌，其嘉惠后学，夫岂浅鲜！顾君谦抑为怀，颇欲藏诸名山，传之其人，故特表而出之。

1935 年 5 月 4 日
《北晨画刊》第 4 卷第 12 期
署名闲人

乞画

　　琉璃厂海王村一带，古玩字画铺之少老板以下伙计学徒等，他们对于时贤书画，总是热烈地欢迎乞求，而尤其是集锦册页，尺幅卷轴，南矾折扇。

　　他们也晓得齐老先生不容易白揩油，那么遇到他老先生高兴，画一对大虾，或是红红地写一丛老少年，他们总是得意地傲视着同侪。他们平日总是这样研究着：张八爷倒易求，萧爷也还不难，溥二爷虽则容易，但是画出来总有点"打江"，然而他这种荒率之笔，的确有一些趣味。他们又互相考商着：画倒好求，书却难于满意，往往一叶扇面，张八爷画几笔大涤子，另一面如果请朱师傅，或是傅三爷，自然可以配得匀停，至于求一求溥二爷写一面，那自然允称为南张北溥了。但是这三位爷，总不大容易求，倒不如找一找寿胖子，写得又快又容易。至于汪慎生的花鸟，于二爷的草虫，那倒求之不难。

张八爷泼墨一颗芋头，拿到萃锦园，喊几声二爷，求二爷补一块石头，这张溥合作，已经成功，同侪们议论着，以为张八爷和于二爷，合作花卉草虫，是艺林称道的，那么，这张画虽是南张北溥，总不如张于合作较为精彩。不数日，这张画又补上几只飞虫，傲视着同侪。

同侪互相告，小李那幅张溥于合作画，被□处长买了去，小李有了钱，我们该要他请客了。小李请客之后，也在想：他们前日卖掉的那本集锦册，我只要求他们吃一顿小馆，在老六那儿坐一坐，也还值得。

这一幅画是一位大画家画的，是描写他们乞画，得画以后，不知爱惜的情形，虽出之游戏，但是穷神极像，仿佛罗两峰那幅《鬼趣图》。但得画以后，也很有什袭以藏的，不一定都是这样。

1935 年 6 月 20 日
《北晨画刊》第 5 卷第 6 期
署名闲人

严嵩之印

　　某君于骡马市大街建筑新屋，掘地得水晶印章，晶作天然形，高约三寸，方广如图[1]，文曰"分宜进士严印"。观其印篆，当是严嵩[2]之物无疑。分宜居丞相胡同，此印出土，距丞相胡同不遥，数百年埋藏地下之物，竟于此举国汹汹得之，物之显晦，岂亦关乎时会耶？

　　此印文颇奇，既著其地（分宜），复具出身（进士），疑为分宜尚未大贵时，其居故未拓至丞相胡同，而在骡马市大街也。贵人邸第，随其势与利而开拓之，古与今岂有二致哉！

1935 年 7 月 10 日
《北平晨报·艺苑珍闻》
署名闲人

---

[1]　即随文配该印图。

[2]　严嵩（1480—1567），字惟中，一字介溪，江西分宜人。明代政治家。

分宜进士严印

记福氏《大观帖》

　　日前福开森氏古物馆，陈列《大观帖》第六卷榷场残本，为北平翁方纲故物。《大观帖》在宋时，已至难得，明陈懿卜与董其昌商订摹刻，凡今所见稍旧之本，皆陈刻也。当福氏得此帖时，曾与原藏者杨荫北约，不得运出国外，今福氏使此尤物高踞文华殿，杨君信不负所托矣。按《石刻铺叙》："大观初，徽宗视淳化帖石已皴裂，且王著标题多误，诏出墨迹，更定汇次，使先后次序不紊。俾蔡京书及卷首末，刊石太清楼下。此正国朝盛时，典章文物灿然备具，百工技艺咸精其能，视淳化草创之始自然不同。……是大观之本愈于淳化明矣。经靖康之祸，新旧二刻莫知存亡。"吾所见尚有第七卷，为宋牧仲所藏，用澄心堂纸，李廷珪墨打本，曾与《淳化阁帖》北宋枣木打本较，王著模刻之疏，诚有如《石刻铺叙》所云云者。王元美云："余得《大观帖》第七卷不完本于吴门，乃右军笔，尤佳绝，令象先夜眠不着。"按：象先姓汪氏，元美所见为第一、二、三、四、五、七、八、十卷，其第六、九两卷，盖未之见，脱令见此第六卷，元美亦将"夜眠不着"焉。又福氏陈列此帖时，有某闻人携所得《大观帖》对勘。某闻人所得，盖为某精鉴者代为鉴定，比对勘，某闻人不禁顿足沮丧，是亦福氏古物馆之勘记者也。按：此第六卷残本，皆王右军书，计二十七帖，曰《适得书帖》《行成帖》《近得书帖》《昨书帖》《阔别帖》《日极寒帖》《虞休帖》《建安灵枢帖》《一日一起帖》《侍中帖》《敬豫帖》《清和帖》《追寻伤悼帖》《不得临川问帖》《丹杨帖》《袁生帖》《想小大皆佳帖》《太常帖》《司州帖》《得里人书帖》《疾患帖》《想弟帖》《节日帖》《仆可帖》《定听帖》《适重熙帖》《二谢帖》。吾前论魏晋人书，故拉杂记福氏大观残帖于此。

1935 年 7 月 20 日
《北晨画刊》第 5 卷第 9 期
署名闲人

唐韩幹画《照夜白》真迹

读中国名画若读诗古文辞，绝非入几日学堂，读几种英文读本，而自命为通人者所得知。而自命为通人者，只见几幅不甚知名之作品，遂以为中国画之全部不过如此，而遽一笔抹杀之。及至碧眼黄发者号于彼邦，于中国画之某一幅某一人而致其推崇，于是自命为通人者，又转而相告，中国画惟某一幅某一人，其线条色彩，确乎其为艺术的，而惜乎中国一切画不能如此也。所谓自命为通人者，其持论类如此，吾且数数闻之，不屑与之争短长。

萃锦园中藏韩幹画马一帧，纸本，为世间稀有之物，不仅关乎画迹，于唐史，于杜诗，亦一重要史料也。今此画尚抵押于某处，未为异国人攫去，因假来刊布，并略为说明如后。

"韩幹，大梁人（一作蓝田人）。王右丞见其画，推奖之。官至太府寺丞。善写貌，人物尤工。鞍马除师曹霸，后独自擅。杜甫赠霸画

萃锦园旧藏唐韩幹画《照夜白》（现藏于美国大都会博物馆）

马歌（按即《丹青引赠曹将军霸》）云：'弟子韩幹早入室，亦能画马穷殊相。幹惟画肉不画骨，忍使骅骝气凋丧。'徒以幹马肥大，遂有画肉之诮。……玄宗好大马，西域大宛岁有来献者，命幹悉图其骏，则有'玉花骢''照夜白'等。……遂为古今独步。"此唐张彦远《历代名画记》所言。今观此图，自鬣而脊背，而尻，而臀，以铁线法一笔而成，老杜虽有画肉之诮，然而功力之深，笔墨之妙，允推独步。按杜子美《韦讽录事宅观曹将军画马图》歌云："曾貌先帝'照夜白'，龙池十日飞霹雳。"《明皇杂录》云："上所乘马，有'玉花骢''照夜白'。画监曹霸人马图，红衣美髯奚官，牵'玉面骍'，绿衣阉官牵'照夜白'。"据此知幹所画《照夜白》，当时临其师曹霸之本。然则明皇之好马，曹霸之衣钵，此图洵有关之史料矣。

此图左上角有唐张彦远签署"彦远"二字。各方标题，则为南唐李后主所书"韩幹画照夜白"，下有李后主一押。后主书传世者仅此，予喜其"照"字。既摹人贱名一字印。左下角有米元章签署一"芾"字。马尾极飞动，笔墨细如游丝，惜为恭亲王等印所掩。此图屡经著录，故历代鉴藏印至多，后有题识，兹从略。自观此图，知世所传韩幹画本，皆后人伪托。然又安知自命为通人者，不视此为未蒙碧眼黄发者所称道，而以为不堪覆瓿耶？

1935 年 7 月 27 日
《北晨画刊》第 5 卷第 10 期
署名闲人

《春风廿四》印谱

　　顷得一印谱，题曰《春风廿四》，秘戏图也。往者闻陈师曾言，曾见一本，图绘精妙，镌刻足以发之，惜未之见。今无意中获此，虽其本不全，仅得二十有二，要亦极好事者之能事已！册前有落魄公子一跋："图仿歙西程氏本，略有同异；题咏照原刻节录。缋者青溪樵子，镌者柳溪钓叟也。光绪戊子荷花生日，落魄公子购藏并识，时客沪上。"城东七十七翁题曰："乾坤大父母，二气相缊缊。烘炉虽未开，橐钥先具陈，摩荡任其势，玄牝丹水温，否泰会有时，融液身中春。一丝绝不挂，圣贤露其真，无此大撮弄，世界焉有人！鸿蒙开辟初，造化费经纶，奈何痴儿女，昧兹生死恨。"可山题曰："点逗春风笔一枝，笑拈红豆种相思，竞罗旷代惊人句，都作名家本事诗。花信速于催羯鼓，印文巧比界蚕丝，此中更有蝉嫣话，卷里能传解者知。"又有道光乙未龙山遮居士七绝四首，曰："妙手通灵细意镌，印泥红晕玉肌鲜。

戏拈三寸昆吾铁，幻结三生石上缘。""莫将芳讯错披寻，空色真能印佛心。蝶乱蜂忙春正好，穿花浅浅更深深。""本不相谋适相合，拈来成句作题辞。曾看妙制司空品，又喜匡衡善解颐。""描摹曲尽意云何，花事匆匆只刹那。腻白繁红零乱处，春风至竟亦无多。"诗颇可诵。每叶镌一印，对题古诗一句，亦印谱中之别开生面者。

1935 年 8 月 24 日
《北平晨报·闲谈》
署名闲人

聚散

　　日前于武英殿宴集，座间闲谈，间涉及福开森氏古物馆，以为外人肯以其数十年所得古器物，不惜举以还之国人，其高谊足以风末流，以视假典守之名，而上下其手者，真堪愧死。至其收集保护，考证说明，其精能，尤不可没。予曾过福氏观斋，并拟假其古器物，制版刊诸画刊，牵于事，尚不果行，自问深负读者。今遇福氏申前请，福氏亦乐于见假也，因预告读吾画刊者。

　　时有某先生者，故都收藏家也。因愤言："北平如果跻于自治之域，不为贪污假借攫取，则我之所有，决全部捐出，不为子孙留而供其贩卖。因我之所有，虽无甚珍宝之品，而足供学者参考研究之资料者，固甚多也。"某先生前以古物事，几肇不测，艺林重之，其言虽不无激而使然，而福氏之古物馆，得以巍据夫文华殿者，要亦予人以不少之刺激也。

　　或谓："北平一隅，古器物在昔为集中地，今则散之四方。凡物有聚必有散，此又事理之常，正不必拘于一隅也。"其言亦殊堪味。

1935 年 11 月 2 日
《北晨画刊》第 6 卷第 12 期
署名闲人

明人沈承《印史序》

当此冰天雪地，朔风砭骨，外患（我欠人债也）内忧（家有病人而又穷也），相交侵迫，治国平天下，既不配去谈，谒师找朋友，又不免相与唏嘘，徒作楚囚之泣。顾后瞻前，思来想去，则惟有还读我书，以歌舞升平耳。明人沈承有《印史序》一篇，以喻极雕镂之工，可以于饭余，可以于茶后，奉而读之，既不干夫厉禁，又不"开起天窗"，在人在我，两得其宜，读者请放心读之。

　　沙界，一大图书记也。石补鳌戴，是谓印床。剑岭莲岳，是谓印骨。合璧联珠，是谓印篆。云霞如绮，江汉如练，是谓印之赤白文。草树之苗，是谓印之痕。禽鱼之尾，是谓印之影。水流花开，是谓印之奏刀。发竖眉横，是谓印之结体。龙卦龟畴，是谓印稿。酉岩汲冢，是谓印楗。科斗鸟迹，是谓印说。自天惊雨逗以还，累累之敦彝碑版，是谓印上之波点。即西方之黄面，东海之青山，是亦谓印中之佳手，而印外之副本也。谁为印胎？曰有一宝轮，非金非玉。谁为印纽？曰有一帝窍，非龟非虎。谁为印匠？曰有一鬼斧，非镠非铁。谁为印墨？曰有一空华，非丹非粉。谁为司印曹？曰有一子虚先生，非香案吏，非符玺郎，亦非太乙老人。是故，印之所积，则为糟丘；印之所走，则为笔陈；印之所登，则为诗坛；印之所变化，则为剑术；印之所鼓吹，则为竹肉部；印之所骀荡，则为温柔乡；印之所受持，则为香之五熏而丹之九转。会得此意，虽垂无纶钓，弹无弦琴，而亦是印。不会此意，虽入五都，拥百城，而不是印。然则胸中自有钗脚漏痕，方许参不违印史。如必锲舟而求，按图而索，谓某代当摹某式，某人当用某记者，宁向名山瘞吾印史。

此文于印之一道，得弦外之音，吾人将窗棂关紧，将耳目坚闭，惟默诵此文，至少可以多食一碗淡饭。

1935 年 12 月 21 日
《北晨画刊》第 7 卷第 6 期
署名闲人

《宝晋斋研山图》

玩古玩字画的朋友，看到今年的厂甸，总该生"倒是爆仗还像那么一回事"之感吧！本来这古玩字画，在这种年头，和现洋一样。一部分藏在有钱的手里，一部分抵押着，一部分运出了海口，除掉了一部分照片和影印，很紊乱地供人们看一看，此外也不过在知己的朋友家里，观一两件真东西，其他不用说拿来研究，就是随便看一看，都是不可能的。

《宝晋斋研山图》，这是一件很煊赫而流传有绪的东西。我在王晋卿前辈处见过照片，今前辈已归道山，我且把这图记一下，作个纪念。

图为纸本，右方篆书"宝晋斋研山图"。它是用没骨法画山形，各峰都用隶书注释，自右而左，前面峰西，旁书"不假雕琢，口然天成"八字。第一和第二峰之间，下书"滴水水（？）许在池内，经旬不竭"。二和三峰之间，上书"龙池遇天欲雨则津润"。四峰之左山脚下，书"下洞三折通上洞，予尝神游于其间"。后面正当前三四峰之间，有一高峰，两歧，右方写"月岩"两字，左方独高，写"华盖峰"三字。"华盖峰"的下面写"上洞口"三字，再左有两峰，一书"方坛"二字，一峭立，书"玉笋"二字，据晋卿前辈说，后边还有米氏父子长题，未及摄照。至于这件东西，现在哪里，我当时未及询问，到现在也无从询问了。

1936 年 2 月 11 日

《北平晨报·闲谈》

署名闲人

赝瓷

北平既为艺术渊薮，于是摹拟作伪之徒，亦从而钩心斗角，奇诡百出，虽精于鉴别者，亦无不坠其玄中。古月轩瓷，珍品也，价以万千论。乾隆官窑非不佳，徒以非古月轩，价少贬，则去其"大清乾隆年制"款字，而另以"堆料"之合于古月轩款者嵌入之，此其为术已陈腐，不足奇。盖至此时，即乾隆官窑亦不易得也。城东有某氏，秘于景德镇烧瓷胎，选其尤精者来城东居庐，居庐有小窑，绘文采款识咸如古月轩。入窑烧之，比成。新制也，又荡涤其火气，温其色泽，湛然穆然，二百余年前物也。试以真者置前，其精纯殆过之。去年某藏瓷家以万金市太白尊，高不满四寸，越年泽退始知之，不可谓非技之精者。至于潍县之赝古铜，洛阳之赝砖瓦土偶等，据某氏云，皆未若瓷之难。

1936 年 6 月 5 日
上海《大公报·非厂漫话》
署名非厂

经版

北平这地方，虽经过种种蹂躏毁坏，到今日沦为国防最前线，而仍然蕴蓄着许多宝贝。日前我在街上烂书摊，买到历史博物馆所藏魏元显隽墓志，旁边印着"京师历史博物馆藏石记"的朱文印，这"京师"二字，已经是历史上的名词，而这拓本，自然也比较旧一点，但是我买到手，才用去一角零五大枚铜元。这且不言，《三藏经》是宋版的好，版到明初已毁。明人仿宋重刻，到清雍正时又毁。雍正根据明版，用宋版校勘开雕，历时十年，共享铁梨木二尺长、尺四宽、寸五厚，七万八千二百余块，两面雕成。这版不许私印，版藏在武英殿的后面，后来才移到柏林寺[1]去庋藏。这种伟大的工程，是多么值得人们景仰。现在正预备要重印，这也是一件同伴孤城的宝贝！

1936 年 7 月 24 日

上海《大公报·非厂漫话》

署名非厂

---

[1] 柏林寺：位于北京雍和宫大街戏楼胡同。建于元至正七年（1347），寺内保存的《龙藏》经版，是中国释藏中现存的惟一木刻经版。

辨是非

　　我有一位朋友，他收藏着一张古画，这画在他家里，总有二百年，向来不轻易给人看。楠木的匣子，盛着这件宝贝，偶然他高起兴来，方才很谨慎地抽开匣盖，打开这卷画，看看明朝宋濂写的引首，赵松雪画的画儿，鲜于枢、王蒙、董其昌、杨文骢、项元汴、孙承泽几个人的题跋。这里边对于赵、王、孙的出处，不免有些微词，而对于他的画，确是只恭维他好。有一次他请我看这画，我一看这引首题跋，真是再难得没有，而尤其是王蒙的长跋，总有二百多字。不过，那幅画，却是赝鼎，仿得笔墨不够。我友很不以为然。后来有一张真画被他在潍县买到，前后题跋是假的，却有胡正言（字曰从）一跋，真而且精，且最难得，因为此君以制墨显。就这件小把戏，可见辨是非之不易。

1937 年 1 月 24 日

《实报·漫墨》

署名闲人

辨别瓷器

　　瓷以明清为最，而康雍乾诸制尤精美。光绪稍稍复古，袁氏洪宪若居仁堂等制，其致工直追乾隆。晚近故宫开放，按图仿制，用以乱真者，瓷之制尤杂然并陈，顾新与旧究有别。迩来以明青花挂彩之计行，质款既真，彩釉又能退光，虽善辨者亦莫测。闻上海某君以千二百元自山西估人市一印盒，圆形若鼓，径才及寸，老朱红地绘蓝龙，"大明万历年制"六字颜书款，真绝品也。事为某估人所知，估与某君至谂，亟嘱售之，某君雅不欲，估告以后挂地，某君则固以辨瓷自诩者也。遂以原价由某估人携取，估则转售，得价且两倍之，某君懊丧几绝，究未确知其为后挂地与否也。

1938 年 10 月 19 日
《新北京报·哭之笑之随笔》
署名于非厂

瘦金书

　　友人以我学瘦金书为问，我原不欲学此，不得已而为之，聊以欺人耳。徽宗瘦金书，我所见甚多，二十余岁书者，有御制题北苑画诗八十余字，有题桃花斑鸠七绝，有八行诏旨千余言，皆作于大观中。若上阳台，若连理牡丹，若名藻丛林等，则作于政和。祥龙石诗并序，虽不著年，观其笔法，与故宫所藏腊梅白头等相近，则皆作于宣和。按：徽宗生于元丰五年壬戌，二十岁即位，至靖康元年丙午，在位二十五年。所为书，初尚峭利，知其原出于薛曜之《秋日宴石淙诗序》[1]，迨乎政和，则渐趋圆浑。予藏有金大定钱一枚，体作瘦金，是可证《南烬纪闻》所载，徽宗不死于五国城为可信也。

1938 年 10 月 25 日
《新北京报·哭之笑之随笔》
署名于非厂

---

[1] 薛曜（？—704），字异华。唐朝大臣，书法家。代表作《石淙河摩崖题记》，为河南省最大的摩崖碑刻，分为《夏日游石淙诗并序》和《秋日宴石淙诗序》两部分。

读福开森藏画

福开森博士自丧偶后，一往情深，现已预备归国。他在上海等他的三小姐，大约明春或再来华。我于他的收藏中，最喜那卷《挑耳图》。那卷东西很可以考见王齐翰画山水的本领，是全法王维，这和《莲社图》真可互证的。有人说，他这卷是赝鼎，诚然，《挑耳图》有两卷，这卷是明锡山安桂坡藏本，确是真的。另一卷仅有徽宗题"王齐翰笔"四字，失去王晋卿一跋，而董文敏一跋也没有。博士这一卷，有徽宗题"勘书图"和"王齐翰妙笔"八字，又有"睿思东阁"大印、"御书"葫芦印、"御书"方印、"建业文房"之印、"秘府"葫芦印，后有眉山两苏及王晋卿、董其昌诸跋。卷中人物的画法，宛然吴道子。今博士既归国，不知道这卷宝物，还能在文华殿陈列不能？听说博士因为伉俪情笃，假如重来北平的话，是否还住喜鹊胡同旧居，还得考量。

1938 年 10 月 30 日
《新北京报·哭之笑之随笔》
署名于非厂

《石淙诗序》

在这种一天比一天冷的时候，弄一点碑版来看看，也是一个消遣之法。友人赠我一部伪周——武则天时薛曜书的《石淙诗序》。这件刻石，在宋赵明诚作《金石录》时，即已收入。我所得的拓本，虽不太旧，但是浓墨精拓，总算是难得之品。以这本校狄楚青藏本，虽似在后，但拓墨既佳，剥泐亦互有显晦。这诗刻于登封县嵩山平乐涧北崖上。"涧壁面水，必穴崖栈木，乃可摹拓"（朱竹垞跋石淙碑）和顾炎武《金石文字记》说"诗刻石淙北崖上，崖壁立，临水，拓者凿穴崖麓，架木为栈以摹之"相合，所以这诗拓本传世极少。梁巘《承晋斋积闻录》说："封祀坛记、石淙序、石淙诗，皆薛曜书最佳，急宜收买。"又说："封祀坛，清劲瘦健，与褚河南同法，而字体多长，笔意间开柳诚悬法门。"这碑有武后所造字，据《宣和画谱》说："武后增减前人笔画为十九字。"邓樵《通志略》作十八字。《新唐书·后妃传》又作十二字。细检此诗序，和画谱所载十九字合。碑中诗自武后、皇太子显、相王旦、武三思、狄仁杰、张易之、张昌宗、李峤、苏味道、姚元崇、阎朝隐、崔融、薛曜、徐彦伯、杨敬述、于季子、沈佺期,《全唐诗》均不载。于季子,史传皆作"於季子",尤可证误。这诗的书法,是瘦金书的祖本,由这诗证徽宗是学褚河南、薛河东（稷）[1]和薛曜此诗序。

1938 年 11 月 19 日
《新北京报·哭之笑之随笔》
署名于非厂

---

[1] 薛稷（649—713），字嗣通。蒲州汾阴（今山西万荣西南）人。唐代书画家。

看画

　　"看画"我也有瘾，这瘾与日俱深。去年的上半年，跑跑江浙，还能看到些好画。下半年后，直到现在，简直未曾看到什么铭心之品。日前有友人也是爱画成癖的，他所收虽不算多，但是确有几件精品。他说在津有件东西，不可不看，是赵子固、郑所南的合卷，有没有这雅兴，去津一观。我本来懒于出门，不过这赵郑合卷，我非看不可。我俩遂约定时间地点，他先行，我晚车到津。赵画长约三尺，纸本，白描水仙九茎，飞白拳石，隶书"宝庆四年赵子固写"，下角有"彝斋"朱文印。用笔运墨，和寒斋向藏九十三茎水仙卷同。郑所南墨兰，澄心堂纸，光润如玉，画墨兰三丛，左上角题"一国之香，一国之伤，怀彼怀王，于楚有光。所南"。没有图章。有元明清三朝名人题咏。我展玩了很久，觉得这卷画实在堪称绝品。主人因我由京赶火车去看，这点诚心，不能说和此卷无缘，特允许我留名其上，这真是美极了，岂但曷胜荣幸！第二日赶回，我往返仅费了十八个钟头，这种味儿，自去年下半年，除掉看陆机的《平复帖》外，这算是第一铭心之品。

1938 年 12 月 13 日
《新北京报·哭之笑之随笔》
署名于非厂

《吴越所见书画录》

乾隆时陆时化所著《吴越所见书画录》六卷，踵《江村销夏录》而只记吴越所见，其前有《书画说铃》二十九则，于鉴赏书、画、考证卷册、辨别真伪，言之綦详。其中收董文敏书《重修宋忠武岳鄂王精忠祠记》册及董书《兵部左侍郎节寰袁公行状》册，二迹语多忌讳，陆氏惧祸，焚其版，收回其书。光绪五年江建霞以陆氏此书，嘉惠后学，不可终没，搜得其原刻，汰董氏所书，用聚珍版印行，此书复得传于世。予偶得怀烟阁本，细检董氏二文则赫然在。今冬奇寒，不可出户，灯下与儿女辈闲话，小儿女皆就寝，则手此与江氏及邓邦述刻本相校勘，亦消寒之一道！吴越在彼时为文化之区，缙绅世家所庋藏，仅为陆氏所见者，已如此之宏博，在今数十月中，吾不知吴越之精英，尚有如陆氏其人，徒为之记供后人一读者否？噫！

1939 年 1 月 8 日
《新北京报·艺术周刊》第 1 期
署名于非厂

不称

书画这种东西，我既怕看项子京那些图章，尤怕读道学先生那些头巾气的题跋。元倪高士《水竹居卷》，真是不食人间烟火的东西。但是元俞焯那篇《水竹居记》，在他老先生未尝不认为是不朽之作，实则弄到这个卷子上，倒不如撕掉它为妙。这篇大文是："洪范五行，其一曰水，论其所以相生者，不曰金耶？然覆天载地，水之为物至巨也。世言河源与天汉接，所以泄于尾闾，涸于沃焦者，抑岂五金所能生哉？惟蒸而为云沛然以雨也，实乾以气化之故，乾为金而凡火日形气丽于天者，多由金光而变幻之，雷电亦然耳。故金在熔化而汞水非火所能制，范而合之，非如水火木土着壤相也，非天一所生故耶？其在夜旦之气，由地下而升为露，则又兑金之所以成者，则其源也清，清积而厚者水耳。"这样释水，已使人肉麻。下面接竹："植物在震曰苍筤竹，一切草木，率由子种而生，惟竹虚中而有筎，骤长而不积于渐，抱箨而乘气，犹胎也，走根而生，不择地也，雷以声之，盘结而族处之，区别于草木之中，其性其情为化，木之走者，受气于天者正，故贯四时而不改，柯易叶也。受命于地也独，故既斩而不复萌焉，无求生以害仁也。移根必南枝也，凝荫而不受暑也，义也，谓其乘震长男之气，一以清凉而却俗尘者，竹耳。"以下是说仲和以水竹名其居，我实不愿再往下抄。这种东西，弄到倪高士画卷里，岂非有辱风雅。——俞焯元至正时人。

1939 年 1 月 12 日
《新北京报·哭之笑之随笔》
署名于非厂

砚与墨

　　近来除掉百物昂贵之外，砚台这种东西，也贵得不得了。稍稍认为是端石的，并不怎样好，动辄几十元百余元，更不用说宣德、康熙等坑。如果再弄上几个字，或是不相干的铭，这件东西，至少要非其人不得一观，据说这是求之者众，供不应求，并不一定是买者具什么眼力，卖者有什么鉴别，时会使然，莫可究诘。砚台之外，要算是墨，墨之贵大有一日千里之势。往常咸丰、同治时的墨，一块钱可以买三四两，现在五钱锭的同光胡开文、胡子卿，起码要一块二三角钱，更不用说乾隆、康熙。有人拿一锭康熙御墨，一面"凝香"二字，一面"臣汪希古恭制"，旁书"康熙五十三年"，双龙漱金，上嵌明珠，重五钱。这样的两锭，一锭尚有残缺。我因为买了他几张旧罗文纸，他才拿出这锭御墨给我见识见识。装在一个光绪时的漆匣，外面还盛以楠木匣，匣上刻"玉砚斋盛墨"五字隶书。论装潢真也算考究，但是这锭墨在我看着并不怎样了不得。可是我一问价，这位卖者正颜厉色地说："您要留下，'见情'九十元，他人非百二十元不可。""见情"者，此间语，意谓有交情薄利，不"要谎"也。——"要谎"亦此间语，谓为谎价，备"还价"也。我说："此墨在平日，才三四十元，何以如此之贵？"他说："此墨就现在行情，九十元确属'见情'，我买进尚八十五元。玉砚斋为某人，君岂不知？"我笑还之，听说彼果卖百二十元，难得此间风雅之士而都有钱，羡煞！

1939 年 1 月 13 日

《新北京报·哭之笑之随笔》

署名于非厂

旧

旧，是对于新而言，我下面所写的，是北京琉璃厂一带之所谓旧，这旧是含有"新人不如故"的意味，而是难得它竟不新，有价值。这个旧，或者说是古，如某名鉴家，对于一张不署款或是款已割去的东西，在某名鉴家他又不敢直指为"国初""大明""元""南北宋""五代""唐"，他又怕人笑他鉴得不清楚，那么他由旧字的意义（琉璃厂一带所谓旧），引申之而标其名曰"古画某某图"。实则上下五千年，何莫非古呢？从前讲玩鼻烟壶，料壶里有所谓辛家坯、袁家坯，究竟怎样才够辛家坯、袁家坯？它的特点是什么？恐怕真知道的很少。"这虽不够辛家坯或袁家坯，但是旧，足够造办处的东西。"这种掩护式的话，最初是琉璃厂为生意起见，才肯说的，现在则一般自诩为鉴赏的，每每听到他有这种论断，这论断即是那个旧字的引申。我有一个鎏金的裸女像，像作裸女直立，两手下垂，仰面视天，蹙眉张口，目微阖，舌伸唇外上舐，大耳垂轮，散发将及臀，高三寸许。我因为感到很有趣味，我把她供置案头。经过几位考据家看，有的说是六朝造像的，有的说唐，说宋的，有的说番佛的，有的说是西藏的，有的说足够乾隆的，真旧。但是我一请教，她这样是什么意思，迄今还未曾解决，只好用名鉴家的办法，叫作她"鎏金古裸女像"了。旧之可爱也如此。

1939 年 2 月 12 日

《新北京报·哭之笑之随笔》

署名于非厂

观画

　　我本不愿意再写东西，只是文字的酬应既不能免，那么，偶然小心翼翼地写一点不相干的东西，或者也是酬应之一道。本报《艺术周刊》嘱我每期写篇东西装进去，我既固辞不获，我只得放大些胆量，写些我以管窥天、以蠡测海的东西，以就正于当代艺术大家，这种动作，在我已是万分的惶恐了。在乾隆时那位徽商起家富甲天下的安麓村[1]，他有以下的一篇东西，是对于怎样去看画，很有一番见解。他说："卷轴须设几，几勿过长，以倭缎或古锦为帙，平铺，几面窗，勿焚香，微风及盆火均避。沐手，几置室中，不设凳杌，以三四人同观为限，人不宜多，多则气杂。展画，去帙囊，解插签，插签丝绦置包首内，包首回卷，以右手拇指伸卷内，平四指横展，左手拇指、食指

---

[1]　安麓村（1683—？），名岐，字仪周，号麓村。天津收藏家，撰有《墨缘汇观》。

轻拢卷身，扬中指，以四指、小指抚卷身。右手横展，展勿逾尺有二，如是虽数丈长卷，不能稍有污损。"他又说："挂轴宜置画叉，叉头以云白铜为之，竿则香妃梅鹿，愈旧愈光滑愈妙。童子执画叉，正立，挂画其上，观者以两手执轴，大指向下，掌心向上，四指回拳，微摆画轴。童以竿拄地，鼻与竿对，双手执竿，莫轻动。观者执轴，随观随放，展全，以轴交童子，童跪伏，退而远观其变局，勿设座。"他对于看画的设备、姿势和禁忌，说得非常有趣。我在某年一个公司里，看到抵押那里的法书名画，楼上地板固然是光可鉴人，比我家的饭桌还好。但是拿来一个手卷，总是打开插签，往地板上一放，左边按住引首，用手向右边一推，这一推，起码推出七八尺远，如是三四推，才推到卷尾，两边用听差的两只尊手一按，看的人俯下身子，一面吸着烟，还有患着伤风咳嗽，唾沫四溅，就这样看下去。看完了，左边那位听差，又向右边一推，辘辘一滚，卷到左边，拿起来用力一卷，这卷画算是看完。假如这种看法，要是令安麓村见到，不知他又要说些什么，发什么感想。

1939 年 4 月 16 日
《新北京报·艺术周刊》第 13 期
署名于非厂

爱吾庐书画鉴别

北平李寄云（恩庆）[1]，他在道咸间，很有些政绩。后来厌弃政治生活，隐居盘山，以书画著作自娱。著有《爱吾庐书画记》《爱吾庐书画见闻录》《咏史诗》《归盘集》等。寄云精鉴赏，富收藏，所著《爱吾庐书画记》，李竹朋[2]《书画鉴影》常引之以为重。原书未梓行，我在一家当铺得到他手稿本，界蓝丝栏，旁印"爱吾庐"三字，下有"北平李氏"四字。所记分晋唐为一册，两宋为一册，元为一册，明为上下二册，国朝为一册。惜晋唐一册，已为当铺包铜子；两宋册，又被我遗失北平晨报社，这是顶可惜的一件东西。书画鉴别，本来是一件很难的事，李寄云的鉴别，我看到他曾鉴赏过的书画，钤有"爱吾庐"或"北平

---

[1] 李恩庆，字寄云，直隶遵化人。清代画家，著作有《清画家诗史》《八旗画录》等。

[2] 李佐贤（1807—1876），字仲敏，号竹朋，山东利津人。书画收藏家、鉴赏家。

李氏"，或"寄云李恩庆图记"的东西，都是确而又精的东西，可见他的鉴别是很精的。在他《爱吾庐书画见闻录》中，有记这古城寺院藏画的数则，特抄在下面。

　　京师大能仁寺，在广安门内。内寺有内府颁赐传变指画诸天说法图，纸长丈数尺，横数丈。三尊者高居莲座，天神地祇，应真瑶妃，幽冥之君，水府之长，狮象前伏。花雨散空，庄严清静，靓丽殊诡，幡播森树，旄节飞扬，罗列环绕，云雾亏蔽，其状莫名。其数难举，奕奕如生，仰瞻神悚，巨制奇观，珠林中所稀有，而世少传之者。舒卷非易，僧寮不知护持，日久就湮，虑不免焉。

　　大能仁寺退院，在寺后少北，俗呼小报国寺。尝见其东偏殿两壁，悬绢本鸟兽虫鱼四幅，幅长近丈，横数尺，用笔粗细间出，沉劲和婉，力透绢骨，飞走泳游，趺行蠕，于该全神涌现中，曲尽形体之微。相传为宋徽宗御制。寺僧无赖，尔时可以货取，惜少年计不出此，款识亦未及详辨。

　　法源寺为唐悯忠寺，在宣武门南。少时尝从诸兄读书寺旁者四年。数见其斋堂东西壁悬内府颁出传之指画菩萨变相三十六幅，纸长丈余，每幅立相一尊，其长过人，运掉无迹，渲染淋漓，取貌追神，若有诉合，真近代张吴也。

1939 年 4 月 16 日
《新北京报·艺术周刊》第 13 期
署名于非厂

读《烟客题跋》

淫雨既酿巨灾，老母又罹重症，午夜彷徨，心神俱惫。家非素丰，书则盈室，侍疾守夜，漫检陈编，得通州李氏所刻《烟客题跋》[1]者，虽其书锓板较近，校订较疏，而昔贤谦抑之怀，使时人读之，真当愧死也。夫麓台之不逮石谷，犹石谷之不逮廉州，以气韵言，烟客实胜于廉州，论清"四王"，自当以此。而烟客题跋中，既推廉州，尤推石谷，揄扬及于杨晋诸人。观昔贤之道高心下，与夫世之相为标榜者，固有间也。兹录其题石谷画如下，以见一斑。

画虽一艺，古人于此冥心搜讨，惨淡经营，必功参造化，思接混茫，乃能垂千秋而开后学。原其流派所自，各有渊源。如宋之李、郭，皆本荆、关；元之四大家，悉宗董、巨是也。近世攻画者如林，莫不人推白眉，自夸巨手，然多追逐时好，鲜知古学，即有知而慕之者，有志仿效，无奈习气深锢，笔不从心者多矣。间有杰

---

[1] 指王时敏著《烟客题跋》，宣统二年（1910）通州李氏欧钵罗室刊本。

出之英，灵心妙解，力追古法，亦不过专学几家，岂能于历代诸名迹尽入其阃奥？且形似者神或不全，神具者形多未肖。求其笔墨逼真，形神俱似，罗古人于尺幅，萃众美于笔下者，五百年来从未之见，惟吾石谷一人而已。石谷天资灵秀，固自胎性带来，其于画学，取精去粗，研深入微，见解与时流迥异。又馆毗陵者累年，于孔明先生所遍观名迹，磨砻浸灌，刮精竭思，窠臼尽脱，而复意动天机，神合自然，犹如禅者彻悟到家，一了百了，所谓一超真入如来地，非一知半解者所能望其尘影也。近过散庐，为余作《雪图》长卷，兼用有丞、营邱法，其行笔布置瑰丽高寒，各极其致，宛然天造地设，不能增减一笔。凡开阖分披、皴擦勾斫、渲染点运之法，无不得古人神髓。昔人谓："昌黎文、少陵诗，无一字无出处。"今石谷之画亦然。盖其学富力深，遂与俱化，心思所至，左右逢源，不待仿摹，而古人神韵自然凑泊笔端。要皆原本资之曼羡，虽欲不传得乎？余于画道有癖嗜，顾以资质钝劣，又婴物务，不能恳习，迄以无成。生平所交画友数辈，亦多未脱时趋，意谓风尚止此。不图疲暮之年，得遇石谷，且亲见其盘礴，如古人忽复现前，讵非大幸？然犹恨相遇之晚，不能不致叹于壮盛之缘悭也。自惭椎鲁无文，妙绘神奇，未能罄揄万一。聊识古法原委，并我两人定交因缘，以见绝艺固自有真，且以订岁寒之盟云尔。

烟客此题，于画学原委，时人趣向，言之綦详。虽觉于石谷推许太过，而谦拯自下，弥足重也。

1939 年 9 月 3 日
《新北京报·艺术周刊》第 33 期
署名于非厂

金石书画答问

（一）前所刊《烟客题跋》中有"又馆毗陵者累年，于孔明先生所遍观名迹……"，有人询孔明先生为何如人。按：唐禹昭，字孔明，号半园，武进人，明崇祯丙午举人，工诗善画，富收藏，与恽南田称金石交。即其人也。

（二）有人问歙石砚以何者为最佳，金星歙石是否为沙金点点？此最难复答。按：南唐李后主所为砚，后人妄传砚式，如《文房肆考》等书所载，后人依式仿之俱不能佳，歙石出龙尾山者，要以子石为最佳，其金星之状，仿佛北平人吃伸〔抻〕条面有所谓浑卤者，当卤之将熟，以鸡蛋清黄混入，再炸胡椒油倾其上，其黄片之乍浓忽淡，椒油之温润莹澈，即致佳之金星石，所谓金花乱点，大细不常，如画工销金者是也。

（三）有人以万历款心斋先生吟诗墨见询者，心斋为王之垣别号，字印心，吴人，生于嘉靖辛丑，卒于万历庚申，年七十，著有诗文集。惟不知此墨为何人所造，仍希示我。缘王印心墨最罕也。

1939 年 9 月 10 日
《新北京报·艺术周刊》第 34 期
署名于非厂

记某君所藏

　　某君者，与予为忘年交，君足迹遍大江南北，晚岁息影旧京，不问世事，君富收藏，所收独精。筑小斋，斋三楹，面净业湖[1]，背修竹，绿杨覆之，日啸傲其中，所与交惟至友二三人而已。卢沟事起，挈妻孥之沪渎，转而为南粤之游，自是遂不复通音问。今其少君以书来，君已病殁于粤，卜葬罗敷，伤悼之余，为追忆所藏志于后。

　　君尝谓蓄瓷与砚，宁少毋滥。君有：宋夔文定窑钫瓶、明宣德青花梅瓶、清郎窑太白尊，大西洞停云馆砚、孙退谷蕉叶砚。

　　法书则有：宋拓《曹娥碑》，高宗御府本，明安国桂坡藏，后归孙北海砚山斋。罗纹纸打本。

　　宋拓欧阳询《九成宫醴泉铭》，明晋府藏本，缺二十余字，后归怡

---

[1]　净业湖，即北京城北积水潭。

亲王。有董其昌、陈继儒、文嘉、笪重光、成亲王诸题识。予最爱此本，以为昔人所称"草里惊蛇，云间电发，森森若武库矛戟"者，真足以状其精妙。

赵松雪书《绝交书》，纸本，字大如钱，延祐七年所书，后有赵雍小楷书两行，绝精。

耶律楚材书杜诗卷，此卷作草书，书杜诗五律两首，君尝谓："此卷不特书法精绝，恐亦为世间仅见也。"今君既仙去，此卷当有神物护持，以待天下之澄清也！噫！

名画则有：周文矩《浴婴图》，宣和墨书"周文矩浴婴小景"七字，元俞和跋。小中幅，用笔生动，敷色奇丽。

赵令穰《秋村暮霭图》，宣和御书如上。元柯九思、俞和、黄公望、吴镇、文徵明题跋。绢本，画法精妙，为赵松雪所祖。

倪云林《东轩读易图》卷，至正甲辰作，书山园三绝句，后有长跋，隔水绫后有邓文原、吴镇、黄公望、沈周、王时敏、宋荦题识，为倪画至精之品，就予所见，当不在狮子林六君子诸图下也。

此外明清两代书画，如宣德仿宣和《六鹤图》，董文敏临《麻姑仙坛记》小楷，杨龙友、董玄宰合作卷，恽王合作《山水》卷，王烟客、王湘碧《西庐间话》卷，吴渔山《秋兴》卷等均为不易觏之品。不知尚有重为展玩之机否？

1939 年 10 月 1 日
《新北京报·艺术周刊》第 37 期
署名于非厂

明宣宗《双欢图》轴

　　宣宗名瞻基，自号长春真人。仁宗长子，改年号为宣德。山水人物花果翎毛草虫，往往与宣和争胜。实用不一，有"广运之宝""武英殿宝""雍熙世人"等图印。读书一目数行，经史百家，莫不涉意。书法于圆熟之外，以遒劲发之。尝有御制诗歌，必亲书宸翰[1]赐百官。三十八岁崩。按：宣宗当明之盛世，倡导文艺，蔚为风气，机暇染翰，妙造自然，享寿不永，论艺者惜之。此图绢本着色，全宗宋法，写二细犬，金铃锦带，黑质黄斑，敷色鲜丽，意态生动，方之宣和《御犬图》，未能多让。上方书"宣德御制"四字。钤"广运之宝""钦文之玺"二玺。旧为怡亲王所藏，左上有"怡亲王宝"大印。后归苍梧关君伯衡[2]，在其《三秋阁书画录》中著录。予见此在未归关氏之前，摄影存之。

1939 年 10 月 15 日

《新北京报·艺术周刊》第 39 期

署名编者

---

[1] 宸翰：帝王的墨迹。

[2] 关冕钧（1871—1933），字耀芹，号伯衡，广西苍梧（今梧州）人。近代鉴藏家。

安麓村著《墨缘汇观》

予二十年来搜集著录书画之书，颇得善本，端节前以廉值得精抄本《墨缘汇观》一部，书法纸精，似有得于欧阳信本。末署"道光六年假抄细校三过无讹"。有小印二，一曰"清泉"，一曰"长白山中人"，抄者当为满洲人，俟考。案《墨缘汇观》六卷，《法书》上卷载钟繇《荐季直表》、陆机《平复帖》、索靖《出师颂》、右军五帖、大令二帖及唐宋人法书。下卷载南宋元明人法书，末附墨拓。《名画》上卷始顾恺之《女史箴》、展子虔《游春图》、李思训、韩滉及北宋十家、南宋四家、金一家、元二十家、明十二家。下卷为画册，如唐宋元宝绘等。又有《法书续录》一卷，《名画续录》一卷，共为六卷，书无撰人名姓，自序题松泉老人。光绪乙亥南海伍氏刻入粤雅堂丛书，北京翰文斋于甲寅年曾以活字版排印，前有端匋斋（方）序。序称此书为安麓村所著。伍刻后跋以汪师茗（由敦）有"松泉老人"之称，又以江宾谷（昱）亦称松泉，不能定此书为何人所著。按：赵魏《竹崦庵传钞书目》载入此书为安仪周撰。杨绍和《楹书偶录》云："安岐字仪周，麓村其号也，亦号松泉老人，颜所居曰沽水草堂。学问弘通，极精鉴赏，收藏之富，甲于海内，著《墨缘汇观》，亦一时博雅好古之士。"据此，则世传安氏尚有三说：

（甲）黄丕烈《百宋一廛赋注》："北宋小字本《孟东野集》云，又有'安麓村'一印，安卖古董者。"

（乙）钮树玉《匪石日记》云："传是楼藏书，大半归于明珠，其家人安麓村，亦多善本。"端方序此书云："麓村绘事纳兰太傅家，太傅当国，权势倾朝野，奔走其门下者，率先以苞苴进，麓村乃得通，溪壑既盈，则去为鹾商，富甲天下，宅第连云，陈设瑰丽，收藏之富，几与士大夫相颉颃。"

（丙）周芸皋《内自讼斋文集》云："安仪周，朝鲜人，从贡使入都，偶于书肆见抄本书，不可句读，以数十钱购归，细玩之，乃前人《窖金地下录》，其数与藏处皆隐语，遍视京师，惟明国公屋宇房舍似之，即世所称大观园也。乃求见明公曰：公日用以千万计，度支将不给，愿假金十万，不问所之三年还报。因指所座室柱曰：发此砖可得金如数。公笑命具畚锸，获如所言，遂付之去。至天津，业盐为商，三年，还谒曰：幸不辱命，息三倍。公曰：是亦不足供吾用，愿再为我谋。曰无已，则假金百万。公笑曰：安得发地再得之？仪周起，请遍观诸室，至寝门内，曰：是可得，发而予之，乃之扬州。三年报曰：倍之，俟公取用。公其再经营之。又十余年，仪周老，辞归国，公留与饮，曰：若异人，有异术。曰非也，岐得异书，知藏金处，请为公言之，一一指其处。公曰：若不需耶？曰：此天以与公者，仗公福已得盈余足自给，拜公赐矣。尽以所收书画归国，子孙留者为安氏。"

上之所录甲谓安为卖古董者。乙谓安为明珠家人。丙谓安为明珠指藏金，以所得书画归国，尤为荒谬。按近人叶德辉《郋园读书志》曰："此书自序题乾隆壬戌，而序中有忽忽年及六十，回忆四十年所睹，恍如一梦等语，是作者当生于康熙廿二年癸亥，明珠当国在康熙廿一年以后，至廿七年为郭琇劾败，作者是时始生五六龄，安有为其家人之理？"又云："其人颇为当代推重。钱文端诗所谓'高丽流寓抗浪人，姿颜自足多精神。生平然诺重义气，米家书画陶家珍'者也。钱塘符幼鲁曾馆于其家，幼鲁试砚诗曾及之。"按：此书所载录，多煊赫之迹，匋斋谓："后少陵夷，子孙渐不能自存活，日事典鬻，其精者为长洲沈文悫进诸内府。"今故宫所藏，与邸第所市足见其鉴赏之精，收藏之富。至书中与南北明贤过从，尤足证其非明珠家人或卖古董者。

1940 年 6 月 23 日
《新北京报·艺术周刊》第 71 期
署名于非厂

明顾氏《集古印谱》

集印为谱，肇自宣和，其后王子弁《啸堂集古录》，列古印三十有七；龙大渊《古玉图谱》，收古玺印若干枚。其时王厚之、颜叔夏、杨克一、姜白石迄赵孟頫、吾邱衍、杨宗道、吴孟思、钱舜举皆集古印为谱。今所传者，惟王厚之《钟鼎款识》及《啸堂集古录》《古玉图谱》而已，余均不传。本刊著者黄予向[1]先生，向以收藏古印闻海内外。予不敏，自幼即侍先王父，先王父与先君子皆好集古印玺，时与福山王文敏公、灌县陈簠斋、吴县潘文勤公相商榷。故寒家藏印谱独多，沧桑后图籍虽多散失，而武陵顾氏从德所刻《集古印谱》，幸尚在也。

按：顾氏《集古印谱》，隆庆间用朱用墨钤拓于越楮。万历三年，就顾氏所有印，合赵子昂、王顺伯、杨宗道、吴孟思诸谱，聘名刻手

---

[1] 黄宾虹（1865—1955），字朴存，号宾虹，别署予向。近现代画家。

吴门姚起锓木以传，王伯谷为之序，名之曰《印薮》。寒家所藏此谱有二部，其一用朱墨印越楮，字口如新，定是初印。其一稍逊，是明绵纸。明以前人集古印为谱，独此特传。

近人每诋顾氏此谱，谓锓木以传，未免有虎贲中郎之嫌。窃谓姚氏锓木，在明人中最为有名，其所刻尚有元曲数种、画谱一种，颇能于刀法中见笔意。胡曰从所刻《十竹斋画谱》，为明刻中至精之品，是则姚氏之再传弟子也。事见胡氏《十竹斋杂记》。然则此谱，固不当以锓木小之也。

松雪、顺伯、宗道、孟思、舜举诸谱，今既不传，赖此谱可以略窥涯略，则此谱不特雕刻精审，下真迹一等也。况其考证详瞻，征引鸿博，谓有此谱，则松雪、顺伯、宗道、孟思、舜举诸谱可以不必得求亦可；谓有此谱，则松雪、顺伯、宗道、孟思、舜举诸谱可以历历在目，亦无不可。

此谱后附有印谱书叙，首列《杨宗道集古印谱叙》，襄阴王沂师鲁撰。次列《杨氏集古印谱序》，京口俞希鲁撰。次则会稽唐愚士《题杨氏手摹集古印谱后》。次周伯温印谱题词。次《吴氏印谱序》，豫章杨泐撰于至正二十五年五月，即此数序，为杨宗道、吴孟思不特其所集印谱可以概见，并可知二人皆工于篆刻，可补印人事也。

1940 年 6 月 30 日
《新北京报·艺术周刊》第 72 期
署名于非厂

谈《江村销夏录》

　　高江村士奇所著《江村销夏录》，予所得凡两本，一原刻初印本，一日本印本，二书式皆同，日本摹刻特精。按：高江村以布衣入侍，位至列卿，其所遭遇，古今实罕。顾其为人，营利通贿，屡登白简，观其所手定之《江村书画目》(东方学会本)，曰近曰送，皆明注赝迹，值极廉，其欺罔无行，心术诚不堪问。顾世人每以书画曾经江村品题者，往往增重，过矣。吾前所谓说，有以剖白安麓村之为人，以为就《墨缘汇观》而言，安断非明珠之仆，且其人颇高雅。若高江村者，长夏酷暑，正可借其书言之，聊破困倦耳。

　　《江村销夏录》三卷，书成于康熙三十二年六月，故以销夏名编。不分类，每卷各以时代为次。《四库全书》著录。按：著录书画之书，至江村而体例始密，后来著录之家多仿之。自来著录之书，首重考订，鉴赏次之。高氏此书，鉴赏不可谓不精，考订则颇多舛误。故彭元瑞、程庭鹭皆讥之，无足怪也。

彭元瑞《知圣道斋读书跋》云："《江村销夏录》有唐明皇恤狱诏，注:《书画舫》云：宋初有毛应佺，此诏出宋太宗，但诏词不似敕州官语，亦未可尽然也。米庵盖据《仕学规范》有毛应佺其人，亦知疑之。江村爱赝古，复改从明皇。不知此敕载曾敏行《独醒杂志》，又有赐衣敕一道，皆宋天圣中赐毛应佺者。书末明云，祖宗重郡守之寄，虽远方小郡，敕书亦且遍赐，今帅守皆无之。何以云不似敕州官语耶？且天圣乃仁宗年号，首云三圣，谓太祖、太宗、真宗也。若太宗，则安有三圣；若唐明皇，则高祖至睿宗五圣矣。即首二字且不解，两公何卤莽乃尔！"

程庭鹭《箬盦画麈》云："高澹人《江村销夏录》，向来书画赏鉴家奉为菁蔡，然其中实有赝本不足凭者，如所载徐幼文《石碉书隐图卷》，据卷后姜渐、张凤翼、王穉登题跋，石碉书屋者，宋吴中隐君子俞玉吾读书处，赵松雪、郑明德赋诗，陈子平作记，幼文于洪武二十六年四月二日补图，盖为玉吾之孙有立作者。陈记已失，图后但列赵郑二诗，赵诗有引云：仆往过采莲里石碉书隐，瞻拜俞先生遗像，曾赋五言诗一首。有立校书见示陈子平先生所作记文，谨再拜书于后，里生孟频顿首。诗云：清秋风日好，一往南园庐。穿纡爱深密，蹑曲历幽虚。群木既罗户，流泉亦通渠。缔构缭芳蘅，灌溉成佳蔬。著述怀昔人，所乐山林居，子孙继先志，复筑此丘墟。升堂拜遗像，入室读其书。先生里中贤，安敢有称誉。恨靡从杖履，承训理荒疏。采菊荐秋水，肃敬历阶除。德泽谅不泯，沾润有其余。"里生之称甚新。诗后不系年月，字小楷微带行。郑诗则七言八韵一章，题于元顺帝至正二十四年甲辰四月十七日。按：明德即于是年卒，不知相距几月。考松雪集不载此诗，已属可疑。且松雪卒于英宗至治六年壬戌，有立之生，据府志采王汝玉所撰墓志铭，实在文宗至顺二年辛未，是松雪没后十年，而有立始生，岂能相见而为写诗？至郑诗固载府志，似当从本集采入。弟明德生于世祖至元廿九年壬辰，玉吾之卒，府志但称在元贞间，元贞乃成宗年号，建元止乙未丙辰两年，是明德生才四五岁，而玉吾已卒，其诗落句云：岁月推迁陈迹在，启蒙长忆酒同倾。似亦于情事不合。此卷以赵诗为重，而其伪却因赵诗而显，大约即张伯起辈游戏所为，未暇细考年代耳。然高氏不察而收之录中，则疏甚矣。余于郡中江毛二家各见一卷，幅式画境题跋如一，惟印章稍有异同，伪本之外，复有伪本，令人不可思议。毛得之浙中，相传即江村故物，源流历历可考，然则录所载他书画，亦难必尽真也。以上吾友叶调生所记。是卷余亦曾见之，郡中收藏家，以江村品定之物，益增声价，得调生此记，当废然息喙矣。

上之所录，是为其曾考订疏陋之证。顾其书四库录之，鉴家珍之，友邦复而刻之。吾往者于故内见所呈进之书画，真有不堪一顾者，而人重之若此，此吾于汗出如汁中，辄录所知以当销暑也。

1940 年 7 月 28 日

《新北京报·艺术周刊》第 75 期

署名于非厂

绘画图录

有人问初学绘画所用之参考图谱，此予屡言之，谓当启《芥子园画传》一、二、三集立其基。顾所谓《芥子园画传》者，谓是康熙时用开化纸所印制套色本，非乾隆时翻刻本（用榜纸），亦非嘉庆时复刻本（用开化纸者较佳，书末有嘉庆某年复刻题记一行），尤非光绪时海上刻本，至于石印诸本，更下下矣。此书有用西法复印本，求康熙本不可得，则西法复印本，尚有些许规矩也。此外，则明末《十竹斋画谱》，此谱为胡正言（曰从）所刻，画皆明人名手之作，刻与印刷咸精，日本有复印本，虽所根据之本非初印，但亦甚佳也。总之，初学绘画，图谱原为立根基，非尽恃图谱所能成者，不读书，不游历，终于侪诸匠作也。

近十数年来，出版界关于绘画图谱，就吾国古代绘画言，所出盖已多矣。若故宫诸刊物，各书局诸刊物皆可就其性质所近而求之。而日本出版若《南宗名画苑》《唐宋元明画图录》等书，或印于大地震之前，或限于非贩卖之品，虽其印刷较精，顾已艰于访求矣。日本大家巧艺社出版之《支那名画宝鉴》，芸草堂出版之《宋元花鸟画撰》两书，视内藤虎君所印其一家所藏者，较为周详。《支那名画宝鉴》共收图画一千余帧，间附小传及说明，尤便初学。书前有尾山原田种宜一序，予不禁有慨乎其言之也。录如后：

夫中国绘画，渊源悠远，传承历久，分门广泛，技法多端，而其表现，则以气韵生动为第一。其画概出于高尚士夫之手。在世界绘画中，具有特异之点。而作者之夥，已载记传者，数以七千计，可谓世界文化史上之一大伟观。然历代之名迹，或散佚于革命，或遭厄于水火，或损耗于蠹蚀，其能传袭者，不啻辰星，虽近代明清之迹，全保存者甚鲜。然流传于我邦之中国绘画，至足利时代寖多，不过北宗院体一派，若夫文人之画，虽在德川时代舶来者不少，其高明者绝不得见矣。近时中国之现状大变，名迹之流出海外者益多，而其分布，则博衍宇内。且自国现传之迹，亦有公开展览，以资鉴赏，或摄影以行于世，由此鉴赏中国绘画之风，勃然兴起，颇为识者所瞩目。而其独特之主观的表现，将为崛起新兴艺术之机缘焉。抑我邦鉴赏中国绘画者，由来偏尚北宗，其弊已久，全盘鉴赏之机能将失去耳。然其起一转机者，实为昭和三年在东京所开之唐宋元明名画展览会及六年之宋元明清名画展览会。此会也，中日收藏家之出品，无虑数千件，陈列稀觏之名迹于一堂，是为振古未有之盛举。由此对中国绘画之见解，顿为一变。加之为世界的趋势所刺激，鉴赏与研究，将渐臻本格的，岂可不谓之庆幸乎？当时大冢巧艺社，承当局之委嘱，精印图录，余想若以此普布于宇内，其贡献斯道者，当不逊于展览会也。奈图录本不多印，而索者日多，于是慨然企图改版，由既制图录中，择优拔萃，又增以散在宇内之名迹及诸家之秘藏，凡得一千三十一图，装成一大册，名曰中国名画宝鉴，以余任之纂修故，聊代述发行此集之主旨云尔。昭和十一年十月尾山原田种宜识。

序中对于我国绘画，谓"以气韵生动为第一""概出于高尚士夫之手"，可谓有相当认识。又谓"我邦（指彼邦言）鉴赏中国绘画者，由来偏尚北宗，其弊已久"。换言之，即日本正借此册以倡导中国南宗画，然则我国近反大画其北宗画以为高，斯又何耶？

1940 年 8 月 4 日
《新北京报·艺术周刊》第 76 期
署名于非厂

罗雪堂于金石文字之贡献

本文所述，专就所知，予与罗雪堂先生系通家，关于罗先生盖棺后之如何如何，非本文所应言。本文所言，乃关于先生对于金石文字之贡献，窃谓其功甚伟，前此罕有俦匹。

罗叔言先生名振玉，浙江上虞人，又字叔蕴，号雪堂，晚自署守残老人，同治五年丙寅生，今年七十六岁。雪堂先生略历如此，以下言其著作。予认为最有关于学术者，当首推殷墟甲骨之文。当光绪己亥，河南安阳西北小屯有多数龟甲兽骨出现，刻有文字，时为福山王文敏公懿荣所得，翌年庚子，文敏殉难，其物为刘铁云所得，即光绪三十年出版之《铁云藏龟》，是为殷墟文字与世共见之始。论甲骨文字椎轮之功，当首推瑞安孙诒让氏。至考证精确，于殷商史事厥功最伟者，则先生与海宁王静安先生。最初出版者，曰《殷商贞卜文字考》一卷，宣统二年印行。及民国三年以后，印行有《殷墟书契精华》一卷;《殷墟书契考释》一卷;《铁云藏龟之余》一卷;《殷墟书契前编》八卷、后编二卷;《殷墟古器物图录》一卷,说一卷,待问编一卷。民国十六年以后,又《增订殷墟书契考释》三卷,《殷墟书契续编》六卷等。此外,如汉晋木简、敦煌石室秘宝等,尤于古代史及金石文字书法有前古未有之贡献。

考雪堂先生除前所记之甲骨文字等,其所著述,尚有:

《殷文存》二卷。

《贞松堂集古遗文》十六卷。

《贞松堂集古补遗》三卷。

《雪堂校刻群书叙录》二卷。

《梦郼草堂吉金图》三卷,续一卷。

《读碑小笺》一卷。

《唐风唐金石文字跋》。

《再续寰宇访碑录》二卷。

《淮阴金石仅存录》一卷,附编一卷,补遗一卷。

《雪堂所藏古器物图》一卷。

《雪堂所藏金石文字簿录》一卷。

《雪堂金石文字跋尾》四卷。

《雪堂书画跋尾》一卷。

《甲寅稿》一卷。

《松翁近稿》一卷,补遗一卷。

《面城精舍杂文》二编。

《雪窗漫稿》一卷。

《汉晋书影》一卷。

《高昌壁画菁华》二十二帧。

《续江刻书目》十卷。

《闽集》一册。

《历代官印集存》三卷。

《齐鲁封泥集存》一卷。

《历代符牌图录》前后编三卷。

《四朝钞币图录》二卷。

《存拙斋札疏》一卷。

《秦金石刻辞》三卷。

《秦汉瓦当文字》四卷。

《蒿里遗珍》一卷。

《昭陵碑录》三卷，附录一卷，校记一卷，补一卷。

《芒洛冢墓遗文》四卷。

《西陲石刻录》三卷，后录一卷。

先生所著录，多委之东瀛印刷，故图录尤精，惟以定价过昂，非寒士后学者力所能致。予十余年前曾为先生言之，先生以其印刷精，价不得不昂。故先生著述等身，而向学寒素，则每以不能手执一编为憾焉。书至此复忆记一事，即王静安先生之《观堂集林》若干卷，市肆原刊本，价本不甚昂贵，近又有翻印本，值尤廉。翻印书予以为有关寒素向学者甚大，此与牟利者不可同日语，故附于此。

1940 年 8 月 18 日
《新北京报·艺术周刊》第 78 期
署名于非厂

《十七帖》

　　唐太宗笃喜右军书，禁中草书有三千纸，率以丈二成卷。贞观中置弘文馆，诏京官五品以上子嗜书者，二十四人隶馆中，出禁中法书以授之。《十七帖》是右军煊赫著名之帖，特敕付直馆臣解无畏勒充馆本，臣褚遂良校无失，勒铭帖后。贞观中盛购右军墨迹，裴业进士以草书来上，首有"十七日"字，遂呼十七帖（详见唐张彦远《右军书记》），此《十七帖》传世之始也。

　　梁武帝称右军书，谓："字势雄强，如龙跳天门，虎卧凤阙。"唐文皇称右军书谓："点曳之工，载成之妙，势似奇而反正，意若断而还连。"不观唐石《十七帖》，无以证其妙。

　　《十七帖》尾有草书一"敕"字，大逾四寸，下有楷书五行，曰："付直弘文馆臣解无畏勒充馆本，臣褚遂良校无失。"下有"曾蕫"二字，按：即梁时之徐僧权也，失其偏旁。此本世谓之馆本，即唐刻石本。

于非闇《临十七帖》扇面（1946年，私人收藏）

南唐李后主得贺知章所临散刻澄清堂帖中，王著又摹入《淳化阁帖》中，尾无敕字。余如《郁冈》《来禽》所摹刻，及释文本、唐宋人临本，或失之纤弱，或流于妩媚。包慎伯所谓入多尖锋，出多拙锋，转折僵削。慎伯盖未见真馆本，其所评如澄清诸刻乃确乎不可移易。

世所称唐石馆本，甚有谓为唐拓本者，即姜西溟所藏本，康乾诸老诧为稀世之本，实则非唐石也。字颇瘦削佻薄，无雄强之势（此帖有正书局有印本，题跋甚富，丁敬身一跋尤奇伟）。寒家藏一本，是元人俞紫芝（和）本，虽不全，字势雄强，不愧为右军煊赫著名之帖，无怪唐太宗敕勒充馆本，以之与日本内府所藏《哀祸》诸帖相较，是一家法，真唐石也。寒斋本，与铜山张勺圃先生本相较，确出一石而拓手尤胜（张有印本，曰《右军书范》）。

往者予见唐临《十七帖》墨迹，有赵松雪补书者，极佳，曾入予过眼录中。唐学右军书，自弘文馆倡之于先，明皇导之于后，书学之盛，千古蔑有。予夙好右军书，以为书之有右军，犹画之有董巨也。兹择录唐临《十七帖》题识于后，以殿吾篇。

此帖唐人书无疑，得子昂完补，遂成全物，当与苏子美补怀素《自叙》同一珍秘，视朱繇为道玄者异矣。邓文原。

临书如九方皋相马，遗其玄黄，笔意洞达，妙在转折，若拘然位置，不复有神韵矣。唐临《十七帖》，较《阁帖》多异，此卷纸品、墨色，真数百年物。宋惟苏才翁、米襄阳得此妙解，能书者必能深辨。陈郡袁桷。

观补之难能，则知临者之不可及，观临者之不可及，则知想象所临者如飞仙禅龙之不可测识矣。蜀郡虞集题。

松雪补书，固不逮唐人，然风气自可相较，恨不及见《青李来禽》真迹，与此临本又当何如耳。句曲外史张嗣真观。

松雪翁负书名于当世，然八法回斡之际真不愧古人。观唐人所摹帖不完处数行，但神采沉着处，知公不逮古人多矣。观者粲然，奚待赘述。虽然渡江以来，二百余年，鲜能与公并驾者。后此以往，又未审孰能继之，临风慨叹。陆行直。

右唐人所临右军司州等三帖，用笔沉着，转折熟圆，自欧阳法中来，至其妙处，从容中道，诚书家所不可无也。吴兴赵翰林补其不足，前人已评之，故不论。平原陆友仁好论书，座中觅此帖，谓杨汉公所临，良是。柯九思。

1940 年 8 月 25 日
《新北京报·艺术周刊》第 79 期
署名于非厂

记宋高宗赐岳忠武御札

宋高宗书，远取二王，近法黄米，在赵宋诸帝中，其书法最为近古。往者游杭州岳庙壁间，得睹汪氏志伊所刻，赐岳忠武御札[1]，深以不获见真迹为恨，闻真迹尚在人间，不易觏也。尔后念念数年，居然获观原迹，虽蚕蚀数字，觉摹刻于壁者，尚隔一尘。而其书何以仅有乾隆时跋尾，是不可以不记。

此书高今尺一尺二寸二分，宽尺有四寸七分。宋笺上画云龙边，作朱砂色，画笔绝工致。朱色之未泐者，尤鲜艳夺目。书曰："三年之丧，古今之通礼也。卿（泐二字）终天年，连请守制者经也。然国事多艰之秋，正人臣干蛊之日，反经行权，以墨缞视事，古人亦尝行之，不独卿始，何必过奏之耶？且欲练兵襄阳，以窥中原，乃卿素志。

---

[1]　指宋高宗赵构书《起复诏》。2008年亮相西泠秋拍会。

诸将正在矢师效力，卿（泐二字）一日离军，当以恢复为（泐一字），尽孝于忠，更为所难，卿其勉之。绍兴六年五月二十八日皇帝书赐岳飞。"行草书十四行，体近黄山谷。在皇帝赐岳飞上，钤"□诏之宝"水印。色鲜红。

后另纸有汪志伊诗跋，诗云："庐山刻不忘中原，尽孝于忠岂待言。可惜精忠无用处，空教三字狱成冤。"跋曰："乾隆六十年岁次乙卯仲冬月，敬谒宋岳忠武墓，继拜祠下，获睹兹敕。粤稽张俊与万俟卨，党同秦缪丑，曾以台章所指淮西逗留事为言，簿录其家。因所赐御札与往来道途日月皆可考。乃收御札送官，藏之以灭迹。吁，奸计亦密矣！是敕也，岂以无与于淮西事，而得免奸劫耶？忠孝发乎至性，千古仰之，尺书珍如拱璧。自绍兴丙辰，迄六百六十载，残阙五六字，恐岁久磨灭更甚，爰选工上石，谨识数语于后。桐城汪志伊。"汪氏诗跋十八行，隶书。后有乌程陈暎之（焯）诸人题跋，皆精。

读汪氏一跋，似亦不能无疑，故题曰："是敕也，岂以无与于淮西事而得免奸劫耶？"按：绍兴六年，是岁为丙辰，故汪氏云然。惟此巨迹何以不为元明人所见，初无一字题识，而陈暎之则谓是札为岳庙守祠生所藏，直至汪氏为浙藩时始出。然则此六百六十年间，果终秘乎？此札与日本所藏宋拓高宗书《佛顶光明塔碑》绝相类，光明塔碑为高宗绍兴三年所书，日本沙门圣一国师于宋理宗淳祐元年赍归彼国者。

1940 年 9 月 15 日
《新北京报·艺术周刊》第 82 期
署名于非厂

漫谈鉴别

鉴别书画，本至难也。盖真迹易知，文人故弄狡狯，则非伧父不学之士所辨也。米海岳之拟二王，董思白之摹董巨，王廉州之仿叔明，此不过文人一时兴会所至，偶一为之，聊以遣兴，已劳宋元以来之贤者考订之矣。自是有专以赝鼎售其技，有故为割裂补缀以欺世者，于是真赝难检，遂莫可端倪矣。精鉴若郁逢庆、孙退谷、安麓村尚不能无失，遑论其他。

听松山人陆时化（乾隆时人，著有《吴越所见书画录》等）曰："凡名迹既信而有征，于真之中辨其着意不着意，是临摹稿本，抑出自心裁。有着意而精者，心思到而师法古也；有着意而反不佳者，过于矜持而势滞也。有不着意而不佳者，草草也。有不着意而精者，神化也；有临摹而妙者，若合符节也；有临摹而拙者，画虎不成也；有自出心裁而工者，机趣发而兴会佳也；有自出心裁而无可取者，作意经营而涉杜撰也。此中意味，慧心人愈引愈长，与年俱进；扦格者毕世模糊，用心知无益也。"陆氏此论，专就信而有征之真迹而言。惟书画作家，其年寿有早、中、晚之分，早年之作，观其所从入，中年则精力兼到，复观其所从出，至于晚年，格制俱老，即一点一拂，要以生疏为尚，文徵明八十岁之后，书失之太熟；王石谷七十以后，书少生疏之趣，是文不可以不辨也。大凡真迹名迹，无论有无款识题跋，一展视间，总觉精光照眼，绝无一毫启人疑窦处，此所谓开门见山也。

友人得陶文毅公（澍）赐书楼所藏文仇合作《蓬莱仙弈图》卷，仇实父访冷启敬（谦）制图，绢本，文徵明题记，纸本，书画皆精，式古堂曾为著录，本无可疑。友又续得冷启敬原迹，细绢本，及张三丰（君宝）一跋，复得王雅宜、刘斯华题此图二跋，乃合为对卷。此千古快事奇遇也。予以子玉雕螭二签赠之，并为题引首。冷卷著录于都氏《铁网珊瑚》及《式古堂书画汇考》，为停云馆藏本。脱非大乱之后，绝不能巧合如此者。友乃以之就教于当代号称鉴赏家者，其所得之品评，约有三类：甲"两卷均看不好"；乙"书皆真而画不真"；丙"冷画真仇画赝"。

吾无他好，惟好读书，吾所好书，非如藏书家之斤斤于版本，盖吾所搜得之书，正如欧阳文忠所谓"是吾所好，玩而老焉"之书也。此《蓬莱仙弈图》，据吾所知，世间殆有三卷。元和顾文彬所著《过云楼书画记》十卷，其第四卷中有仇十洲摹冷启敬《蓬莱仙弈图》卷，自记曰："澄心堂纸，设色界画，作水殿云廊，二仙对弈，一仙从榻上观局，又有女仙三，或进桃宾，或采莲花（按前二卷皆作饲鹅），或倚阑小立。廊尽复得一殿，殿上二童子，一插花供胆瓶中，一拥彗扫帚阶前。无款，有仇英及实父二印。后接文休承临张三丰行书跋，具载《吴越所见书画录》，原本在同郡汪佑生家，余尝见之。乃南宋院画，为无名子所得，遂柳上添署冷谦款识，并伪造三丰题跋以欺世。明人不尚考据，信为真迹，故都元敬载诸《铁网珊瑚》，而张伯起复嘱文仇成此。（按即陆氏所见书画录之张凤翼题跋）然弇州山人续稿，已讥三丰跋中'与宋司户参军赵孟頫于四明史卫王府睹唐李思训将军之画'及'以此图奉送太师元老淇国丘公'与末云'永乐壬辰三丰遁老画'之非。郎仁宝《七修类稿》复讥跋中谓冷武陵人，而不知本钱塘，能言元时之事而不知为本朝协律郎。指斥谬误，亦详尽矣。余复从《西清札记》见冷谦营军细柳图，复三丰跋即取此文，仅增'至元六年五月为余作《仙弈图》，此卷乃至正二年春三月作也'云云，补苴罅漏，情态可哂。总之市侩一再作伪，皆由当时士大夫率尚魏晋清谈，故售其欺，而曾不之寤。亦思启敬于如此江山亭援琴作三五弄，《青阳集》且乐称之，岂有工于六法，明初诸贤反绝无道及者哉？"顾氏此文，直指冷谦殆不工六法，仙弈卷乃南宋院画，无名子添署冷谦款识，并伪造三丰题跋。

又按胡敬《西清札记》卷三云："观谦自署款曰湖湘，且龙阳为武陵所属邑名，则当以武陵为足信。"是又驳郎氏七修颖业之疑。又都穆《寓意编》谓："跋作于永乐二年四月，是跋书永乐壬辰，则十年也。或三丰藏此二图，意在表彰冷谦，是以前后叙述如一。"据此则顾氏直斥为伪作者，乃又可以证其诬。

又张伯起凤翼跋纸本仇临《蓬莱仙弈图》，文寿承（顾氏误为文休承）临张三丰跋云："曩华秋官过余，观《仙弈图》，爱不忍去手，因出澄心堂纸，倩仇实父临之，复托二文先生摹其跋与诗，装潢成卷，乃请太史公题其端，自以为得叔敖于优孟，面中郎于虎贲矣。"是仇氏此卷，乃伯起临摹，转赠华秋官者。然则冷氏原卷《仙弈图》，当并在伯起处，详见《吴越所见书画录》卷三。至顾文彬时，则在其同郡汪佑生家。

冷卷之聚讼已如上述，而吾友文仇合卷——式古堂著录文太史题跋——当无问题，顾何以不为当代赏鉴家所取耶？鉴别一道，盖亦难言矣。

书画鉴别之难，既录如前篇所述，而世之附庸风雅妄为解人者，实足以启作伪之风。夫作伪或为士夫游戏之笔，或为作家玩世之思，偶然出以赝作，初非以之牟利。吾独怪夫自称风雅妄为解人者，眼既不高，资尤悭吝，往往以赝品进，而得者又利其值。而品高（此非真高品、特品名高耳），于是赝作遂日盛，而真品反晦。此辈自昔而然，于今为烈。至于财多悖入，偶以伪品分其财，以济贫寒之士，此取赝者，犹有古侠士风焉。予此论非为作伪者辩，作伪者十九处于被动也。

陆润之（时化）所著《吴越所见书画录》曾记一作伪之事，其言曰："张守中《桃花山鸟》，名画也。《销夏录》载之，近归吴中一人，爱之甚，藏之深。有装池而居吴者，最狡黠，同郡一宦，每过其店，辄誉是画。黠者因至藏画家说以画本日久，浆退纸皱，卷舒必为害，需加以薄浆，直而藏之，可无恙。因信其言而付之，即倩人摹成一幅，料宦者来，以真本贴于壁上高处。宦果至，曰此物何出也？曰：玩久生厌，将重装照原价而售矣。宦曰：原价吾所知也，斯画吾所欲也。黠者曰：予可无利而空行乎？宦者必有以酬之。归而取价，黠者易伪者贴于壁之高处。须臾宦至，交价及酬。黠者故令人唤藏画家之仆至，仆亦伪为授其价而存其酬。起画磨好，装成交宦而事毕矣。真者仍还原所。后宦觉而无可如何矣。"此一事吾独怪宦者，宦者如不"过其店辄誉是画"，黠者亦无如何。物之不可强求而竟强之，安得不坠术中。

陆氏尚有《书画作伪日奇论》，刊之书末。其言曰："书画作伪，自昔有之，往往以真迹置前，千临百摹，以冀惑人。卒至前生后熟，始合终离，易为人勘破。遇一名物，题咏甚多，以一人一手出之，虽千变万化，而一人之面目仍在。昔人惜物力，审分量，作伪不尽佳墨名纸选毫，以后代之绢楮，作前朝之书画，破绽已先呈露，不辨而明矣。今则不用旧本临摹，不假十分著名之人，而稍涉冷落，一以杜撰出之，反有自然之致，且无从以真迹刊本校对，题咏不一，杂以真草隶篆，使不触目，或纠合数人为之，故示其异。藏经纸、宣德纸，乃稀有之物，不顾折福损寿，大书特书，纸之破碎处，听其缺裂，字以随之不全，前辈收藏家印记及名公名号图章，尚有流落人间者，乞假而印于隙处，金题玉躞，装池珍重，心思之用极而人情之薄至矣。更有异者，熟人而有本者，亦以杜撰出之，高江村《销夏录》详其绢楮之尺寸，图记之多寡，以绝市驵之巧计，今则悉照其尺寸而备绢楮，悉照其图记而篆姓名，仍不对真本而任意挥洒，《销夏录》之原物，作伪者不得而见，收买者亦未之见，且五花八门为之，惟冀观于录而核其尺寸丝毫不爽耳。至假为项墨林高江村子孙，别其吴越之声口，持伪物以售，并挖通收藏人以物寄于其处，导人往观，以稀作真。嗟乎，古人于立德立功立言之外，即从事于六法八法，以为不朽之业。今则作此欺诈，以为嫖赌之资，天堂事业，竟成地狱变相，如鬼如蜮，每诳到手，或百成廿，率至饥寒，终归乌有，何也？作伪则本心识，无本焉能立，来易出易，偕穿窬之辈同归于尽而止。"润之此文，诋作伪者可谓痛切。顾谁又知惟此附庸风雅自命不凡者，乃所以招致作伪者乎？盖凡天下英物、尤物，其为价皆不轻，其为物皆精到，不以其值而得其物，其不为文人墨士所玩弄，即为赝作者所欺骗，此自昔已然，而不能独责夫作伪者。

1940 年 9 月 22、29 日
《新北京报·艺术周刊》第 83、84 期
署名于非厂

赵子固落水《兰亭》

在帖学大行之时，士大夫因极重视《兰亭》，在碑学盛倡之时，《兰亭》亦莫不为士大夫所重，《兰亭》为右军书之极则，虽摹翻数回，人得古刻，无不珍若球图也。赵子固落水《兰亭》，自经孙退谷（承泽）、高江村（士奇）两家之后，其为世重，更不待言。惟自入内府，复经大兴翁覃溪题识之后，所传之本，已多可疑（翁氏内府本世有影印）。数年前曾见此本于江南，帖颇昏暗，赵子固两跋，书法圆融，与赵他书不类。迩来又见一本，帖亦旧拓，姜白石跋不佳，赵子固两跋，萧沅一跋，均极佳，松雪两跋亦秀婉。其后接纸为孙退谷、高江村、王俨斋三跋。知此本与翁氏题内府本，在俨斋后即互以真赝析为二也。此卷后有福州梁茝林一跋，可以补吴荣光《辛丑销夏记》所未备，录之如下。

落水本《兰亭》，煊赫于世久矣。惟吾师覃溪先生醉心斯帖，辨析极精，曾为双钩上石，公之同好。按：此卷并无翁氏题识。然于此迹流传、授受之绪尚未详也。此卷藏南海叶云谷农部梦龙家，余与云谷同官京师，幸从苏斋几上一侍观，欲再见即不可得。未几而覃溪师归道山，云谷亦辞官返里，此物遂如天际真人，并不形诸梦寐矣。比年抚治粤西，于南海只一水之隔，知云谷物故已久，其收藏名迹，多为有力者取去，而此物适来，因不惜重价购之。反复审玩，就卷后各跋语所有，参以各著录家之言，以意编成谱系，以存此迹之梗概，以补吾师之缺遗，虽未敢谓尽之，然已十为七八。尚望博雅者，匡益而是正之云尔。道光二十年，岁在庚子姑洗之月，福州梁章钜撰于桂林节署之怀清堂。二十四年甲辰九秋补录于浦城新居之北东园。

落水《兰亭》谱系。

卢提点宗迈，见姜白石跋。又周密《云烟过眼录》云：五字不损本，原系堂后官卢宗迈家物，即此本也，其卢以前则无可考矣。

童道人，见姜跋：云知是卢提点者所藏定武旧刻，诣童买得之。《云烟过眼录》亦云卢宗迈家物，后归碑驿童道人，姜尧章自童处得之。按：此嘉泰壬戌年事。

姜白石夔，此卷白石有两跋，一"嘉泰壬戌十二月"，一"癸亥三月"。而俞松《〈兰亭〉续考》尚有白石"癸未六月"一跋，凡二百二十余字，此卷无之。又《云烟过眼录》云：后有"鹰扬周郊""凤舞虞廷"二印，甚奇，盖藏姓名二字。今此卷亦无之。盖在第三跋之后，并跋割去耳。

萧千岩（德藻），见赵子固跋，云："萧千岩孙沇出示肥、瘦二本，此肥本也。"按：此卷亦有萧沇（按此卷作沇）跋，盖传自其祖，后又售之俞玉鉴也。《云烟过眼录》云此卷归萧千岩之侄，后有李秀岩跋，今此卷无之。按：《〈兰亭〉续考》中别直斋千岩本，亦有姜白石跋，谓有山谷题字者，非此本也。

萧介父（沇），见前。按：周公谨以为千岩之侄，赵跋以为孙，俟考。

俞玉鉴（松），见赵子固跋，云："在萧氏二十年，出萧而入俞。"今此卷纸角有一残印，"俞"字露出。按：《〈兰亭〉续考》所云姜尧章三次题跋藏俞松家者，即此本。《云烟过眼录》云："此册归俞寿松翁，有梦鸥堂二跋，及'会稽内史'等三古印。"今此本俱无之。

满师，见赵子固跋，云："丁巳年，满师以古铜刻漏及它玩取之玉鉴。"

高干办，见赵子固跋，云："有高干者得此，后因满师，嘱其求之，满师言非半万券不可，因携此数以躬聘。粤两月，盘旋雪上，乃得之入手。"

赵子固（孟坚）有跋，叙弁山舟中遇风落水事，并言首尾卅三年始获为我物也。《云烟过眼录》云："弁山舟覆，子固独持此卷，立浅水中，示从人曰：'《兰亭》已在，其他不足忧矣。'且题八字于卷首曰：'性命可轻，至宝是保。'"今此卷首无之。又按：袁桷《清容居士集》云："子固作跋纪其事，复题八字曰：'性命可轻，至宝难得。'则与周公谨所载八字互异，知此卷首所题，在元时既已失之，各家但据传闻之词，故各有出入也。"按：此开庆己未年事。

赵子昂（孟頫）有两跋，孙退谷《庚子销夏记》云："此本后或归赵子昂。"按：此退谷之言云尔，然以弟题兄之物，不必定其手藏也。

郁逢庆《书画题跋记》云："落水本，天圣丙寅年正月二十五日重装帖。"
按：宋末并无"天圣"年号，惟度宗咸淳二年为丙寅，上距开庆己未
八年，或是子固重装之年，而"天圣"二字误也。又云："前有朱文'彝
斋'二字、白文'子固'二字印，朱文'楼公家记'印，又朱文'楚
国米芾'印、白文'孝有世家'印、朱文'存义书府'印。"今按：此卷，
所有"彝斋""子固"印俱在跋后，非帖前，余印并无之，则又重装时
失去耳。

贾秋壑（似道），《云烟过眼录》云："子固垂世，以此归贾氏悦生
堂。"又《清容居士集》云："子固死，此卷入贾相家。"

张参政（斯立），《清容居士集》云："贾败籍于官，有官印，归济
南张参政斯立。"按：当时官印，不知钤于何处，今卷中无之。

王子庆，《云烟过眼录》云："归悦生堂后，今藏王子庆家。"

李叔固，《云烟过眼录》云："归王子庆家，后归李叔固，叶森曾于
其子仲庸参政处见此本，仲庸垂世，属之他人。"《清容居士集》亦云：
此帖"今在集贤大学士李叔固家。"

白函三（抱一），见孙退谷跋。又《庚子销夏记》云："白侍御由
林县征为御史，此帖一日不去手，余以贯休所画《罗汉》易之。"

孙退谷（承泽）有跋，与《庚子销夏记》所载略同，而记中所载
始末特详。按：此康熙丁酉年事。

高江村（士奇）有跋，云："此孙少宰砚山斋中珍藏第一，贤子不
肯轻出示人，余再入都门，始重价购之。"按：此康熙己卯年事，即其
年重装，江村自题。

王俨斋（鸿绪）有跋，云："先购得之，寻为友人取去，后访之江
村长嗣太史公，竟以归余。"按：此康熙己丑年事。俨斋云先为友人取

去，则俨斋之前尚应有一家收藏，今不可考矣。

叶云谷（梦龙），无跋，但有"南海叶氏风满楼"印记。

退庵居士撰并书，时年七十。

按：梁氏跋及谱系颇精密，惟此卷内并无其师苏斋只字，仅据叶氏一印，即断为覃溪双钩祖本，自不能无失。谱系中虽子固、子昂同为孟字行辈，而二人年事相距甚远，不能遽定为弟题其兄之物。盖梁氏得此时，作伪者记言风满楼中物，梁氏不察，误认此即覃溪题识之本耳。实则二本各有所长，若能合之，则古今来一快事也。

1940 年 10 月 27 日

《新北京报·艺术周刊》第 88 期

署名于非厂

奇书

予既搜辑著录书画之书，庋玉山砚斋中，书估遂时以不经见者来寒斋。寒斋所收皆原刊本，间有复刻影写，则必原刊罕传而始收之，虽节衣食，借钱钞，亦非所恤，而其得乃有出人意料者。其中著录书画之书，虽荒诞大类于向壁虚构，如明张泰阶《宝绘录》，清杜瑞联《古芬阁书画记》，杨恩寿《眼福编》等书，亦必求其原刊本。欧阳永叔所谓："足吾所好，玩而老焉"。窃欲于各书所著录之名书画，加以分类，以人为纲，以书或画为目，注其见于某书，详其藏于某人，亦消愁解闷之好工作也。

张泰阶《宝绘录》之不经，已为《四库提要》所讥，而吴修论画绝句，尤攻之不遗余力。至《古芬阁书画记》，则贵抚杜鹤田瑞联所收藏，据其目，书则如汉之章帝、东平宪王、马季良、张伯英，魏之钟太傅，晋之杜侍中、嵇中散、陶徵士之墨迹。画则以曹弗兴之《罗汉

于非闇用印"玉山砚斋"

渡海图》冠其首，次则荀成公、顾虎头、史道硕、戴安道、陆探微……
凡画传之有名者，则皆一一有其真迹。且有晋人庾亮、索靖、王羲之
等观款，王廙祖孙父子之图章。至于宋元书画名家，大有多而见轻，
等诸自郐以下。虽彦远之记，宣和之谱，不是过也。岂不大可惊乎？
按：杜鹤田，大兴县人，光绪初，官贵州巡抚，此书成于光绪辛巳。

　　予自得此书后，以为天地之大，无奇不有，极奇诡之能事矣。后
又续得长沙杨蓬海恩寿所著《眼福编》初、二、三集，则古芬阁中物，
皆为杨氏录存，杨氏虽不免鉴别之疏，然《眼福编》大意在存录其文
稿，固不能尽以伪迹目为多事。书中初编皆题杜氏古芬阁所藏书画之
作。二集所录，不尽为古芬阁中物，知其尚略知书画。三集则皆为古
芬阁所藏书画之赞，乃代杜氏捉刀，而又借是刊以自见其文者。其所
为叙，有述及因战乱而出巨绩事，不妨录出之。"……咸丰丙辰，获交
大兴刘子重，子重固合收藏赏鉴而一者也。有刘大令者，在军中得古

书画，不能辨真伪，求证于子重，子重若以恩寿为可教，挈往纵观，详为讲画，并出记载之论书画者相视，于是始稍稍得门径矣。同治甲子汭水王纪园，随大军复金陵，于某伪王府得大厨十有六，皆名迹也。自汉唐迄国朝，约千有奇，凯旋，筑荣古斋庋之。恩寿曾过其斋，寝馈书画堆中，作十日留，依依不忍别。纪园固以收藏豪，恩寿亦见所未见，辄举以傲鉴赏家也。光绪己卯，囊笔入滇，杜鹤田中丞藏名迹极夥，视纪园精或不及，多则过之。既仿岳氏宝真斋体例，各加论赞，自撰古芬阁书画记矣。又命恩寿加以题跋，固辞不获，遂于公暇，日必三四跋，若课程。越辛巳始卒业。删汰诗词骈语，撮录是编，存十有四卷，以其皆古芬阁所藏，故不复标藏着姓氏云。惜张爰平《宝绘录》，记其所藏，世不经见，皆前人记载所未及。《四库全书》仅存其目，因其授受无可考证，颇有疑辞。中丞所藏，书则始于汉章帝，画则始于曹弗兴，唐宋诸贤，尤多冷僻。恩寿学识庸暗，虽近在元明以下者，且不能遽定真伪，矧等而上至汉唐，不必皆前人记载所及乎？惜子重墓有宿草，海内赏鉴家又皆遐弃我，未获与之辩论。王弇州著有《书画跋》，孙月峰又著《书画跋跋》纠正之。世有跋跋如月峰其人乎？是则恩寿之大幸也。光绪十有一年季秋月，长沙杨恩寿蓬海甫自叙于坦园之思鹤竹屋。"

据此序则杨氏于古芬阁中物，独举《宝绘录》以为喻，其意盖亦疑杜氏之物，而竟以杜藏钟太傅摹孔庙鼎铭真迹卷，入其《眼福编》二集，详其尺度题识则又何耶？吾买书至此，叹观止矣。

1940 年 12 月 16 日
《新北京报·艺术周刊》第 95 期
署名于非厂

南宋馆阁所藏道君书画

宋徽宗画，在国画上为一大关键，前乎此者，赖徽宗而益彰，后乎此者，微徽宗无以辟其蹊径。考徽宗画迹，靖康之后，金人辇致，或毁于兵燹者，不知凡几，故南渡而后，虽力事搜求，所得盖已仅矣。

《古今图书集成》一书，出自帝王之力，所收甚广，然而分散割裂，莫详出处，乃其大病。其《艺术典》第七百五十八卷中，收有《宋中兴馆阁储藏》《南宋馆阁续录》，其中所记，徽宗御笔殆皆南渡后所得者。惟不详出处，不知根据何书录入。予读书恨少，亦不见他书征引，然而徽宗画见于《宋中兴馆阁储藏》，今又获见其迹者，以予所知乃有二：一为《香梅山白头》一轴，徽宗题五绝一首于左，右书"宣和殿御制并书"七字，事变前在故宫；一为《赵昌江梅山茶》，徽宗题七绝一首及"赵昌奇笔"四字。十年前见于王仲暄斋中，是其所记颇有据。兹特录出关于徽宗者。

于非闇《临赵佶白山茶》（1952 年，北京画院藏）

"徽宗皇帝御画十四轴一册，《鹨鸰》二，《鹊》一，《鸶鸶》一，《斑鸠》一，《鹨鹕》一，《野鸭》一，《犬儿》一，《猫儿》一，后有御书戏笔写三字。《野雀》一三（原文意不详），幅后有御书'野雀'二字，《戏猿》二幅后有御书'戏猿'二字。《鸭蟹》三幅御书'鸭雏鸭蟹'四字，《寒鸦栖木》五幅御书'寒鸦栖木老松山鸥枸杞呦禽绣眼'十四字，《早梅小禽》五幅御书'早梅小禽五色禽竹禽鸟头禽蝉采花蕊'十六字。又有'写生墨画十七幅宣和乙巳中画赐周准'十六字。翎毛一册，后有御书'宣和乙巳赐周准'七字。

"徽宗皇帝御题画三十一轴一册。《海棠通花凤》一，御书诗云：锦棠天与丽，映日特妖娆。五色绚仪凤，真堪上翠翘。《杏花鹦鹉》一，御书诗云：并亚陇云飞，稳巢文杏枝。高栖良自得，蜂蝶莫相疑。《芙蓉锦鸡》一，御书诗云：秋劲拒霜盛，峨冠锦羽鸡，已知全五德，安逸胜凫鹥。《碧桃苹茄》一，御书诗云：太平蜀雀异，仍映碧桃间。一秀三千岁，高枝永共攀。《聚八仙倒桂儿》一，御书诗云：垂身如逮下，名冠八仙中。最是天真处，樱桃一点红。《桃竹黄莺》一，御书诗云：出谷传声美，迁乔立志高。故教桃竹映，不使近蓬蒿。《金林檎游春莺》一，御书诗云：佳名何拔萃，美誉占游春。三月来禽媚，嬉娱异众伦。《香梅山白头》一，御书诗云：山禽矜逸态，梅粉弄轻柔。已有丹青约，千秋指白头。（'指'《图书集成》误'猜'，今依故宫藏原画正。）以上八轴，于御书诗后，并有'宣和殿御制并书'七字。《赵昌江梅山茶》一，御题诗云：赵昌下笔摘韶光，一轴黄金满斝量。借我圭田二百亩，真须买取作花王。又有'赵昌奇笔'四字。（按：此诗《千首宋人绝句》一书曾选入，'二百亩'作'三百亩'，'满斝量'作'满斗量'，予见此真迹亦作三百亩，而'斗'作'斝'。）徐熙《并株花图》二，其一

526

御书'徐熙并株花图'六子，其一御书'政和丙申岁宣和殿画'九字。韦偃《马》一，御书'唐韦偃画马，笔力精妙，染饰真奇，甚可尚也。乙酉御题'二十一字。……"

细绎所录曰："御画十四轴一册……"盖为徽宗所画，曰"御题三十一轴一册……以上八轴，于御画诗后，并有'宣和殿御制并书'七字……"下则接书《赵昌江梅山茶》，然则所谓御题画三十一轴，是统言此三十一轴皆为徽宗所题，而其画则不必出之徽宗也。故记徽宗画则曰御画十四轴一册，所以别于御题画三十一轴一册，非徽宗画也。又此三十一轴中，其所记录有"……徐熙《鹌鹑图》一，御书'徐熙鹌鹑图，神品上上'九字。《山鹧梨花》一，《梨花青菜》一，《太湖山攀竹猿》一，《梨花春莺》一，《竹鹤》一，范宽《水墨芙蓉》一。以上六轴，并有御押……"独乎此，则传世画迹仅有御押"天下一人"者，非徽宗画，而亦为徽宗御题者也。《古今图书集成》所收此录，虽属片段，并未详出处。但关于徽宗画之考证上，得有两点，足供参考。一即画上有徽宗瘦金书诗且有"宣和殿御制并书"字样者，非必为徽宗所书。一即画上仅有御押"天下一人"者，尤非徽宗所画，若然则徽宗画之传世者愈稀矣。

1941 年 1 月 25 日
《新北京报·艺术周刊》第 98 期
署名于非厂

南宋画院

予既据中兴馆阁著录，证书上仅有徽宗瘦金书题诗，并有"宣和殿御制并书"者，非必为徽宗画，予又以画上仅有一方"天下一人"御押者，亦非为徽宗画。然则真徽宗画，必如《御鹰图》《祥龙石图》《雪江归棹图》……或直书"御制御画并书"，或仅书年月而有御押钤玺者也。其时之环境如彼，而徽宗优游翰墨又如此，此予所以特为研求者也。

南宋自和议告成，湖山歌舞，粉饰升平，高宗仿宣和故事，置御前画院，有待诏祇候诸官，其所作即所谓院画也。虽论者以为工巧太过，视北宋有殊，然其初尚多宣和旧人，专门之艺，实非后人所□。即如马远一派，马贲为宣和待诏，其子兴祖为绍兴待诏，兴祖有二子，公显、世荣皆待诏画院。世荣生逵及远，远待诏广宁两朝，其子麟又为画院祇候。观乎此，则南宋偏安，而画道尚盛也。

尝考画院之后，肇自有唐，曹霸、韩幹供奉内廷，斯为特著。此制历五代而至宋，规制愈宏，人才辈出。《宋史·选举志》云："画学之业，曰佛道，曰人物，曰山水，曰马兽，曰花竹，曰屋木，以《说文》《尔雅》《方言》《释名》教授。《说文》则令书篆字，著音训，余书皆设问答，以所解义观其能通画意与否。仍分士流、杂流，别其斋以居之。士流兼习一大经或一小经，杂流则颂小经或读律。考画之等，以不仿前人而物之情态形色俱若自然，笔韵高简为工。三舍试补、升降，以及推恩如前法。惟杂流授官，止自三班借职以下三等。"上所引"三舍"谓始入学为外舍，外舍升内舍，内舍升上舍。又《宋史》："大观四年以……画学生入翰林图画局。"《钱塘县志》："宋南渡后，粉饰太平，画院有待诏、祗候，甲库修内司有祗应官，一时人物最盛。"又《宝颜堂笔记》："武林地有号园前者，宋画院故址也。"观前所引，画学生以《说文》《尔雅》《方言》《释名》为教科，《说文》习篆字解音训，余则以所解义通画意。其分等级，则有士流、杂流，士流兼习经，杂流则颂小经或读律。其考试之法，以不仿前人，而物之情态形色俱若自然，笔韵高简为工。曰不仿前人，曰情态形色俱若自然，曰笔韵高简，画之道毕于此。此南宋原画之所以盛也。

"宋画院各有试目，思陵尝自出新意，以品画师。"此《妮古录》语，不知其所本。而朱寿镛《书法大成》云："宋画院众工，必先呈稿，然后上真，所画山水、人物、花木、鸟兽，种种臻妙。"《北磵集》云："临安北山鲍家田尼庵，梅屏甲京都，高宗尝令画院待诏图进。""寿皇使御前画工写曾海野喜容，带牡丹一枝，寿皇命徐本中作赞云：'一枝国艳，两鬓春风。'寿皇大喜。"见《贵耳集》所引。此画院学生之应制也。

"御前画院：马和之、苏汉臣、李安忠、陈善、林椿、吴炳、夏珪、李迪、马远、马麟、萧照。"（周密《武林旧事》）。屠隆《画笺》云：
"评者谓之画院，不以为重，以巧太过而神不足也。不知宋人之画亦非
后人可造堂室，如李唐、刘松年、马远、夏珪，此南渡以后四大家也。
画家虽以残山剩水目之，然可谓精工之极。"汤垕《画鉴》云："宋南
渡画院诸人得名者，若李唐、周曾、马贲（周马二人是北宋），下至马
远、夏珪、李迪、李安忠、楼观、梁楷之徒。"此画院中之著名者也。

范石湖《菊谱》[1]云："五月菊，花心极大，每一须皆中空，攒成一
匾球子，红白单叶绕成之，每枝只一花，径二寸，叶似同蒿。夏中开。
近年院体画草虫，喜以此菊写生。"《真迹实录》云："项氏藏宋高宗《人
参地黄图赞》对幅画，系院人佳品。""米元晖写南徐山，李唐写中州
山，马远、夏珪写钱唐山。"此画学生置写生也。

"禅家有南北二宗，唐时始分；画之南北宗，亦唐时分也，但其人
非南北耳。北宗则李思训父子着色山水，流传而为宋之赵幹、赵伯驹、
伯骕以至马、夏辈。"见莫是龙《画说》。《四友斋丛说》云："画家各有
传派，不相混淆，如人物其白描有二种：赵松雪出于李龙眠，李龙眠
出于顾恺之，此所谓铁线描也。马和之、马远则出于吴道子，此所谓
兰叶描也。"王世贞《艺苑卮言》云："山水大小李一变也；荆、关、董、
巨又一变也；李成、范宽又一变也；刘、李、马、夏又一变也。"《绘事
指蒙》云："蚂蟥描，马和之、顾兴裔之类。撅头描，秃笔也，马远、
夏珪。折芦描如梁楷，尖笔细长撇纳也。减笔，马远、梁楷之类。"《珊
瑚网》云："大斧劈皴，李唐、马远、夏珪。小斧劈皴，刘松年。泥里
拔钉皴，夏珪师李唐。"又云："马远、夏珪用秃笔。"此南宋院画之派

---

[1] 指宋代范成大的《范村菊谱》。

别也。

《博物要览》云："宋画绢光细如纸，揩磨如玉，更有阔五六尺者，名曰独绫绢。纸用鹄白澄心堂居多。""宋有院绢，匀净厚密，亦有独绫绢。有等极细密如纸者，但是稀薄者，非院绢也。"见《杜氏画谱》，此画院所用纸绢也。

1941 年 2 月 2 日
《新北京报·艺术周刊》第 99 期
署名于非厂

赵子固

　　赵子固生当南宋末造，贾相当权，虽与度宗为兄弟行（度宗初名孟启），而其官止承信郎，则当时之环境，社会之背景，仅成其为艺术家，可伤也已。此系初稿，姑先襮之。

　　赵孟坚，字子固，别号彝斋居士，宋宗室，登宝庆丙戌进士，官至太守。宝庆乃宋理宗改元，至宋度宗，始授承信郎。斯时正贾相当国，蠹政害民，退正人而进群邪，此子固之所以清修自适，恬于进取，寄心力于书画也。

　　子固画，善白描梅兰竹石，尤长于水仙。博雅好古，鉴赏精绝，人比之米南宫。东西游适惟一舟，仅留一榻为偃息地，余所携皆平生玩好之物，意到则遣左右取以玩弄，殆忘寝食，过者望而知其为子固书画船也。尝宝定武《兰亭》一本，过长荡湖，舟覆，立浅水中，手持《兰亭》呼曰：“《兰亭》在此，余不足惜。”此即世所谓落水《兰亭》

也，其雅致如此。蔡一鹗《跋子固兰蕙卷》云："子固，宋室宗臣，当南风不竞时，众芳摇落者殆尽，其悲愁郁结之心，无可与道者，故发而为兰蕙。兰蕙，草中之芳，其托兴与三闾比，世不知者仅以善画称子固。子固是图，盖有骚经之遗意在。"（见《书画汇考》）蔡氏此跋可以窥见王孙心情。

朱存理所著《珊瑚木难》卷四，收赵子固梅竹诗并同时数人跋语，借此可以窥见子固画法。"里中康节庵画墨梅求诗，因述本末以示之。子固。……逃禅祖花光，得其韵致之清丽；闲庵绍逃禅，得其潇散之布置。回观玉面而鼠须，已自工夫较精致，枝枝例作鹿角曲，生意由来端若尔。所传正统谅末节，舍此的传皆为耳。僧定花工枝则粗，梦良意到工则未，女中欲有鲍夫人，皆守师绳不轻坠。可怜闻名未识面，云有江南毕公济。季衡丑粗恶拙祖，弊到雪蓬滥觞矣。所恨二王无臣法，多少东邻拟西子。是中有趣岂不传，要以眼力求其旨。剔须止上葶则三，点眼名椒梢鼠尾。枝分三叠墨浓淡，花有正背多般蕊。夫君固已悟筌蹄，重说偈言吾亦赘。谁家屏障得君画，更以吾诗疏其底。……唐节领此诗，又有许梅谷者仍求，又赋长律。……浓写花枝淡写梢，鳞皴老干墨微焦。笔分三踢攒成瓣，珠晕一点工点椒。糁缀蜂须疑笑靥，稳拖鼠尾施长条。尽吹心侧风初急，犹把枝埋雪半消。松竹衬时明掩映，水波浮处见飘飘。黄昏时候朦胧月，清浅溪山长短桥。闹里相挨如有意，静中背立见无聊。笔端的历近成戏，轴上纵横不足描。顿觉坐生春盎盎，因思行过雨潇潇。从头总是杨汤法，拼下工夫岂一朝。……王翠岩写竹求诗亦与。……古书画物无定形，随物赋形皆逼真。其次祖述有师绳，如印印泥随前人。尚疑屋下重作屋，参以新意意乃足。晋魏而来几百年，羲献断弦谁解续。何况高束李杜编，江湖竞买新诗读。愿君种取渭川一千亩，饱饭逍遥步扪腹，风晴烟雨尽入君心胸，吐出毫端自森肃，员大夫来子章何碌碌。……三诗皆梅竹谱也。然胸中无诗者，见之扞格。翠岩得诗后数月，忽问予曰：所求画竹诗耳，乃及李杜编何也。予笑曰：非君不解，世无人为君言耳。'作诗必此诗，定非能诗人'，不闻斯语耶？皇甫表工学于斯，闻予诗欣然求书，正恐胸中无诗种又扞格也。识者为予一拨，予老不事多言云。景定元禩良月六日所寓邸乃盐桥王氏家，二鼓烛下书。诸王孙赵孟坚子固彝斋居士记。"子固画梅画竹之法，已尽于此。

同时有诸人题识，颇可发明，录如后。"吾友赵子固以诸王孙负晋宋间标韵，少游戏翰墨，爱作蕙兰，酒边花下，率以笔砚自随，人求画，与无靳色，往往得之易，求之多，人亦未之宝也。晚年步骤逃禅，工梅竹，咄咄逼真。予自江右归，颇悟逃禅笔意，将与之是正，而子固死矣。乡人云，子固近日声价顿伟，片纸可直百千，予未敢深信。一日鬻书者携数纸来少室，果印所闻，岂人情不贵于所有，而贵于所无耶？皇甫君步骤子固者也。出子固论画真迹一卷，及其所自作蕙兰，跃然而观，感慨系之，吁子固不可作矣，仿佛子固者斯可矣。皇甫君其勉之！咸淳丁卯五月晦日隆礼书于春咏堂。（叶士则）"上跋足证子固之死，在咸淳三年丁卯之前。而陆时化所著《吴越书画录》，卷四收宋度宗咸淳五年手敕赵子固卷，是咸淳五年子固尚在也？

按：《浙江通志》引《嘉兴图记》，子固生于宋宁宗庆元五年己未，卒于元成宗元贞年乙未，年九十七岁。则叶龙礼咸淳五年跋有"子固死矣"句，似有误。然翌年（咸淳戊辰）其弟孟醇跋梅竹诗云："予幼年侍随彝斋兄游，见其得逃禅小轴及闲庵（汤正仲）横卷，卷舒半卧，未尝去手，是其尽得杨、汤之妙。先兄好学耽书，每做一事，不造其精处，则不已也。平生留意翰墨之外，它无一毫世俗好。志之专必工，工必精，此岂晚学之所能哉？予作此君彝斋兄每亦许之，虽法文苏，笔意之传，实是彝斋兄。皇甫表（按：据钱庆孙跋云，皇甫子昌为子固中表）昔侍彝斋游，所作盖有源流。先兄已矣，君其勉之。咸淳戊辰小暑日书于清远斋楼，竹所赵孟淳子真。"又赵孟淶跋云："画谓之无声诗，乃贤哲寄兴，有神品，有能品，神者才识清高，挥毫自逸，生而知之者也。能者源流传授，下笔有法，学而知之者也。伯氏彝斋天资颖悟，人品既高，以其文章书法之绪余，游戏翰墨，为众芳写生，运笔如飞，气韵清拔，生动造妙，其入神品者乎？乙卯春，子昌至自毗陵，彝斋留侍笔砚，钦承师事，口授笔传，摹仿弗释。是秋，彝斋游壑翁阃幕[1]，子昌改馆于高文长之烟雨楼，优游闲雅，时而习之，心得手应，渐入佳趣。后数年，彝斋奖之，日工于斯。传子固之余芳者，其子昌乎？彝斋已矣，子昌至笔日进，见似之者而喜。子昌袖彝斋画法、诗卷求予著语，余深嘉其志之笃，欲勉其艺之精，超乎能品。援山谷先生题宗室大年画卷云：'大年学东坡作竹石，殊有思致，笔虽觉柔，年少故耳。使大年耆老，自当十倍于今。精义入神。'子昌勉诸。咸淳戊中秋赵孟淶题（按：孟淶，号君禅）。"据此则子固之死自当在宋咸淳丁卯之前。历来画史，谓子固宋亡不仕，隐居秀州广练镇云云者皆误，《浙江通志》所引亦不确也。此《梅竹诗》元大德五年吴亮采尚见皇甫子昌，问其年已七十有三。明永乐廿三年此卷在太岳太和山净乐宫提点赵竹隐处。弘治时此卷在史先生之绿水堂，嘉靖三十六年，项元汴购于吴江史明孙。而朱存理《珊瑚木难》，则借沈维时所录，时

---

[1] 阃幕：古代将帅的府署。

在丙午七月一日。此卷并见吴升子敏《大观录》，可谓流传有绪的为真迹。惟陆时化所著《吴越书画录》收度宗敕在咸淳五年，子固尚生存。其敕有成化六年武原陈善故佐书于友云轩一跋，嘉靖戊午文彭一跋，并为项元汴所藏，似此告身，亦非出之伪托，则子固之死究在何年，尚待有新的发见也。又《大观录》《式古堂书画汇考》并有子固水仙花黄纸轴，子固题云："爱闲叔曾为子固侄言，方此未老，笔力尚劲，宜为诸父供画艺，更老倦将无取才也。此约已三载矣。己酉良月下旬孟坚识。"赵子固画款署年月者仅此。书则落水《兰亭》有其年月可稽也。

子固画法，尚有王百谷、吴荣光所题《兰谱》。其文曰："愚向学补之笔法，数载，后承友人携至华光兰蕙各一本，并藏之久矣。每临窗挥写，日不暇食。然蕙一干七八头，兰一梗一花，有秋兰亦类蕙五七花者，花俱相似，兰颇短，长花与叶皆中分缕脉，熟看顿觉尘俗。一日将所习之状，尽皆变易。花瓣一长居中，二短抱体，偃仰欹侧，运笔相副；左右长瓣，笔须圆活，自一花至数花，成丛，宜高低翩翻，叶忌齐长，三转而妙，或先一短而后一长，疏密成丛，则自然有生意也。簇□处下笔微细，不要相着，当以丫字头簇下；花既舒放，上着抱花一虚葶，花垂葶随，花体不可与葶相反。焦墨点花中凤舌多则花烂，少则花咽，如抱芝朝阳迎照，三花皆带七分正面，故凤舌两分，却不可比蔼芳一类点缀。余患后学不知径趣，敬述此语。玉牒赵孟坚识。"此于绘兰之法，言之綦详，至于子固画水仙，则有子固《水仙图》长卷，并见《大观录》《式古堂书画汇考》诸书，此卷曩在寒家，白描水仙，子固自题本身云："余久不作此，又方病目，未愈，子用征索，宿诺良急，强起描写，转益拙俗，观者求于形似之外可尔。"后有鲜于枢、赵子昂诸元贤跋尾，赵跋云："吾自少好画水仙，日数十纸，皆不能臻其极。盖业有专攻，而吾意所寓，辄欲写其似，若水仙、树石以至人物、马牛、虫鱼、肖翘之类，欲尽得其妙，岂可得哉？今观吾宗子固所作墨花，于纷披侧塞中，各就条理，亦一难也。虽我亦自谓不能过之。子昂。"于此仅可窥见其画法。

1941 年 2 月 23 日
《新北京报·艺术周刊》第 101、102 期
署名于非厂

赵子固论书

予既为赵子固传画法，子固于书，亦有深刻之研究。落水《兰亭》，已脍炙人口，子固宝一《兰亭》，至轻性命，则其论书之旨，不可不继论画之后为之刊出也。元时苏子启《书法钩玄》一书，收赵子固论书法，书为画之源，观子固之白描，知其于书法功深也。

其言曰："学唐不如学晋，人皆能言之。夫岂知晋岂易学，学唐尚不失规矩，学晋不从唐人，多见其不知量也，仅能欹倚，虽欲媚而不媚，翻成画虎之犬耳。何也？书字当立间架墙壁，则不攲骸。思陵书法未尝不圆熟，要之于间架墙壁处不着功夫，此理可为识者道。近得北方旧本虞永兴《破邪论序》，爱而不知其恶也，故为此说，正坐无墙壁也。右军《乐毅论》《画赞》《兰亭》最真，一一有墙壁者，右军一榻直下是也。李玮家《开皇帖》，行书之祖，于此最昭昭。《化度》及鲁公《离堆》得此法，左右阴阳极孔丽。丁道护《启法寺碑》，笔右方直下，最具此法。学者当垂情。如此下笔，则妍丽方直，端重楷正。昧此则痴钝墨猪矣。《黄庭》《贺捷》有钟作，虽微欹侧，隐然有墙壁。《力命表》劲利更高。学者不但徇俗而不究本。惟《遗教经》宛然是经生笔，了无神明，决非羲笔。正如率更之玩长孙无忌面圆圆也。识此已，又识破怀仁《圣教》之流，入院体也。其逸笔处，世谓之小正书，此书官告体。《兰亭》《玉润》《霜寒》诸帖，即无此逸笔，不知怀仁从何取入？使后人未仿羲帖，先为此态，观之可恶。其流至于《兰溪经藏记》、《乌龙庙记》、僧有交之'集书'极矣。又须戒徐会稽之浊，戒李北海之狂。浊在跛偃，狂在欹斜，惟张从申得大令之通畅，无二公之流弊。且世云会稽法自《兰亭》出，《兰亭》即无偃笔也。又云：北海深悟大令，大令不若是之欹跛也。跛偃之弊，流而为坡公，欹斜之弊，流而为元章父子矣。且如吴傅朋深得诸葛祯《瑶台寺碑》笔法的是《兰亭》中出矣。公又生出一节，病每下竖笔，不直揭下，乃仰笔尖锋，全无气骨，皆清和之弊，为隘不恭，学者更切自防之，自点检之，朋友相警悟之。前修长中之短，亦无畏友亦觉其非耳。故予深信间架墙壁为要也。余自谓学古人当勤，媚今人当无心可也。中兴后，朱壑岩横斜颠倒，几若杨少师；孙勤川规矩，恐下笔不中观者，元章曰：奴书耳。朱吾所取；孙，吾所戒，更从识者评。"此论行书，间架墙壁，学古人不媚今人，最为得当。

"学隶、楷于魏晋之下，邈乎无以稽也，纵有羲、繇之迹号存，绝者惟《乐毅》'海'字秣陵本耳，其唐元度《鱼帖》本已非古本文，次有德州《画像赞》而已。若所谓《力命表》，固繇精笔，古劲几不入俗眼，然尊之敬之，未容而友之也。《黄庭》固类繇，欹侧不中绳度，未学唐人而事此，徒成画虎类犬。然则欲从入道，于楷何从？曰：仅有三焉,《化度》《九成》《庙堂》耳。晋、宋而下,分而南北,有丁道护襄阳启法寺、兴国寺二石。《启法》最精,欧、虞之所自出,《兴国》粗甚,如此两手,天不寿精而寿粗,可叹也。北方多朴,有隶意无晋逸雅,谓之毡裘气。至合于隋,书同文轨。开皇、大业以逮武德之末贞观之初,书石无一可议。此古今集大成之时也,于是虞、欧大宏厥声。始者虞于《龙圣道场》,欧于《姚辨》等刻,亦未臻极时也,及《孔子庙堂碑》《飞来白鹤诗》,虞为法于世矣;《化度》《九成》,欧独步于时矣。今求楷法,舍此三者,是南辕而北辙矣。三书之法,在平正恬澹,分间布白,行笔停匀。且如横书必两头均平,不可如俗书左低右昂,搭手从左原过,此在《八诀》,所谓‘千里阵云’者也。起笔既成冗,类如凿,如锥则有泛冗;锥则尖,既不尖,又必带冗,斯为妙绝。及至书到右方,住处捺笔,不可向下,须拥起向上,于下如绳直,其左方主笔之竖,亦结笔在左,穿心竖笔是也。捺笔直下到立笔处,微捺使锋左向,如画之右肩突出锋在上,竖笔则突出锋在左也。又于十字处,如‘中’字、‘牛’字、‘年’字,凡是一横一直中停者,皆当着心凝然,正直平均,不可使一高一低,一斜一欹,少涉世俗。守此法既牢,则凡施之间架,自然平均,使不俗气。俗之从生,始于徐浩也。知《兰亭》韵致取有映带,不知先自背了绳墨,欹斜跛偃,虽有态度何取?态度者,书法之余也;骨格者,书法之祖也,今未正骨格,先尚态度,几何不舍本而求末耶?戒之戒之!泛入之门,先敬先戒,平平直直,轻轻匀匀,俗咎率更体为排算,固足以攻其短,然先排算而尚气脉,乃可不排算而求之,是未行而先驰,理不至耳。分间布白,勿令偏侧,此诚格言。每一字为率,笔多笔少不同,先须分布匀整,若此未调顺,工何从生?又有一般偏旁不可尽律以正者,‘每’字必欹,‘岁’字必舛,

'有'字不可破中，'丛'字取居中而又左右，皆须以古人所书求其义理。执一而论，第曰'中正'，此李后主讥鲁公为'田舍翁'。又如褚河南，每称八分古雅有韵，一切尚之，甚有疏拙；薛少保发越褚体，飘扬透彻，一尚不回，几至迂疏。鲁公之正，其流也俗；诚悬之劲，其弊也寒，古往今来，中庸能鲜。千古之下，刻心苦神，诸其然者，要是文章之外，惟此足以观人发挥形容，有足尚者，不忍忽也。又尝妄论：文章精到，尚可改饬；字画落笔，更不容加工，求以益之，适或坏之。此吾知字书之贵。一生眠则画被，坐则画地，将老无工，此艺厥为不易哉！"此论正楷宜求平正，以欧、虞《化度寺》《九成宫》《夫子庙堂》三碑为法。

"行书宜用枣心笔者，以其折衩婉媚。然此笔须出锋用之，须捺笔锋向左，意趣如只用笔腰，不用笔尖乃可。如真书直竖用尖，则施之行草无态度。此是要紧处，人多未知之。姜尧章、孙过庭草书，言能笼罩横竖，最善发明，枣心笔于用之时，每难挥运，双钩悬腕，久久得趣，其要正在勿使笔尖也。"此论用枣心笔。按：枣心笔，予惟写篆书时用之，今其制无人。又赵氏所谓"勿使笔尖"，正万毫齐力之谓。

"草书虽连绵宛转，然须有停笔。今长沙所开怀素《自叙》，乃苏沧浪辈书，一向衩侧无典则。北方有一正本，不如此。或歇或连，乃为正当。草极难于拙，苏草不及行。"此论草书贵拙，语最确，可以深长思。右军各草无不拙也。

"晋贤草体，虚淡萧散，此为至妙。惟大令绾秋蛇，便为文皇所讥。至唐旭、素等，方作连绵之笔，此黄伯思、简斋、尧章所不取也。今人但见烂然如藤缠者为草书之妙。要之，晋人之妙不在此，法度端严中，萧散为胜耳。右军三卷仅一半真，施老子印证简斋、尧章诸公议论，去其间伪迹如《求屏风帖》《早乘凉帖》，止《开真帖》五卷于海陵，当此以为区处。"此论草书于法度端严中求萧散，方入晋人之室。

上之所录，仅据明刊王氏书苑本。明刊《王氏书画苑》，据与校皆不精，鲁鱼亥豕，触目皆是，手边无他书可校，明知其讹者已正之，虽知其误而未有他据者姑仍之。文章有时非迫促可成，吾数年来写文字，实坐此弊。深望读者有以指其讹误而是正之，岂特幸甚。

予年来论画，以为必先攻书，其次在学书。攻书在实其中，学书秀其外，未有大腹空空而其画可存者，亦未有不善书写而其画能工者，纵工纵可存，亦不过悦俗目流为匠役耳。子固生当宋末，以王孙而隐于书画，其人已足传，遑论乎书与画。顾其画尤以白描为最工，可谓古今独步，脱不于书法上用功夫，则其所书白描知线条，与匠人之描金龙画白凤何异？匠人之描画龙凤也，线条之匀细，或且过于子固之白描水仙，而子固之白描水仙所以自足千古者，正以其书卷之气，盎然纸上，而其运笔用墨，一捺一顿，皆用法书中来也。

往者至友为绍介，使某君来问业。某君读书某大，极明敏，欲学画，予不敢辞。首问向写何字，在我此问，初不虞其腼然相向也，久久嚅嚅而言，在小学曾临潘太史石印帖，自中学而大学，惟钢笔，毛笔年不一二执。予又问愿写何体字？则又不即作答，答则近人习是之字，若康南海、于右任、郑苏戡。予只好唯唯。比函我友，画且不谈，姑谈书如何？因详指其碑版墨迹，与论书之旨纯而少疵者若干种。友责我为迂腐，吾宁迂腐，无以末技误人佳子弟也。吾家累世读书，至吾以末技乞食四方，已堕我家声。犹忆辛亥革命，吾辍学家居，一月之中，临《黄庭经》小楷白折十二本，元书纸每叶十八字，临《礼器碑》九十叶，先君子仍以为惰，时谴责。先君子每晨必书，书必尽十余纸，曾召我，书贵熟，熟而能生尤可贵。先大父日课经古文辞，盖自八龄时始。至是年始令专习柳子原文，日吟讽。学画亦始于此年，我先人未尝重也。予不敢以末技误人，愿与学画者一商榷焉。

1941 年 3 月 9、16 日
《新北京报・艺术周刊》第 103、104 期
署名于非厂

再谈宋徽宗画

　　予谈宋徽宗之艺，在本刊盖已陆续言之。徽宗为君，不足道，于艺事实为一大关键，故不惜屡谈之也。自昔评画者分神、妙、能三品。唐朱景真《唐贤画录》第为四品曰神、妙、能、逸，黄休复作《益州名画录》乃以逸为先，此实定论。徽宗于画，其品第以神、逸、妙、能为次，盖徽宗崇尚法度，故逸品置于神品之次也。兹篇所录，所以补前谈之不备，初无新的发见也。

　　按邓椿《画继》云："徽宗皇帝，天纵将圣，艺极于神。即位未几，因公宰奉清闲之宴，顾谓之曰：朕万几余暇，别无他好，惟好画耳。故秘府之藏，充牣填溢，百倍于先朝。又取古今名人所画，上自曹弗兴，下至黄居寀，集为一百帙，列十四门，总一千五百件，名之曰《宣和睿览集》，盖前世图籍未有如是之盛者也。于是圣鉴周悉，笔墨天成，妙体众形，兼备六法。独于翎毛尤为注意，多以生漆点睛，隐然豆许，高出纸素，几欲活动，众史莫能也。政和初，尝写仙禽之形凡二十题，曰《筼庄纵鹤图》，或戏上林，或饮太液；翔凤跃龙之形，警露舞风之态；引吭唳天以极其思，刷羽清泉以致其洁；并立而不争，独行而不倚；闲暇之极，清迥之姿，寓于缣素之上，各极其妙而莫有同者焉。已而又制《奇峰散绮图》，意匠天成，工夺造化，妙外之趣，咫尺千里。其晴峦迭秀，则阆风群玉也；明霞纤彩，则天汉银潢也；飞观倚空，则仙人楼居也。至于祥光瑞气，浮动于缥缈空明之间，使览之者，欲跨汗漫登蓬瀛，飘飘焉峣峣焉，若括六合而隘九州也。五年三月上巳，赐宰臣以下宴于琼林，侍从皆预。酒半，上遣中使持大杯劝饮，且以《龙翔池鸂鶒图》并题序宣示群臣，凡预宴者皆起立环观，无不仰圣文，睹奎画，赞叹乎天下之至神至精也。"此段可见徽宗画乃由曹弗兴以下，一千五百件中陶铸而来，欲学画，欲画好画，而不见古人真迹者，犹之为文而不读经史者，乃无本之学也。

又云："其后以太平日久，诸福之物，可致之祥，臻无虚日，史不绝书。动物则赤乌、白鹊、天鹿、文禽之属，扰于禁御；植物则桧芝、珠莲、金柑、骈竹、爪花、赤禽之类，连理并蒂，不可胜记。乃取其尤异者凡十五种写之丹青，亦自曰《宣和睿览册》。复有素馨、末利、天竺娑罗种种异产，究其方域，穷其性类，赋之于咏歌，载之于图绘，续为第二册。已而玉芝竞秀于宫闼，甘露宵零于紫篁，阳鸟、丹兔、鹦鹉、云鹰，越裳之雉玉质皎洁，鸳鸯之雏金色焕烂。六目七星巢运之龟，盘螭骞凤万岁之石，并干双叶连理之蕉，（疑有脱文）亦十五物，作册第三。又凡所得纯白禽兽，一一写形，作册第四。增加不已，至累千册，各命辅臣题跋其后，实亦冠绝古今之美也。"宋人写生所以冠绝今古者，徽宗之力也。作画而不师造化，仅恃一二粉本为楷模，守之惟恐或逾，此乃匠作之事。昔顾闳中于殿柱廊拱眼画月季花，徽宗赏之，近侍窃问，徽宗曰："月季鲜有能画者，盖四时朝暮花蕊叶皆不同，此作春时日中者，无毫发差，故厚赏之。"又如孔雀升高，先举左足之类，可见徽宗格物之功夫极深。

又云："始建五岳观，大集天下名手。应诏者数百人，咸使图之，多不称旨。自此之后，益兴画学，教育众工，如进士科下题取士，复立博士考其艺能。……所试之题，如'野水无人渡，孤舟尽日横'。自第二人以下，多系空舟岸侧，或拳鹭于舷间，或栖鸦于蓬背。独魁则不然，画一舟人卧于舟尾，横一孤笛，其意以为非无舟人，止无行人耳，且以见舟子之甚闲也。又如'乱山藏古寺'，魁则画荒山满幅，上出幡竿，以见藏意。余人乃露塔尖或鸱吻，往往有见殿堂者，则无复藏意矣。"以画课众史，足证倡导之殷。绘画讲寄托，未有无题而画者。画家格于先立树石，再求开合，开合之间，云雾生焉。写山水几同刻板文章，纵用笔健旺，正苦无题耳。

米友仁跋徽宗着色山水云："画以人物花竹、鸟兽禽虫为神妙，宫室台榭、园池器用为精巧。独山水清雄奇富，变态无穷为难。九重之笔，浑然天成，粲然日新，已离画工之度数，而得诗人之清丽也。"上之所引，以世人只知徽宗善花鸟，徽宗山水甚精，今刊其《晴鹤积云》一帧，清丽之气，过于花鸟。

1941 年 3 月 23 日
《新北京报·艺术周刊》第 105 期
署名于非厂

景朴孙藏书画

　　不材识小，于本刊所为说，泰半摭拾前人，妄加谬说，初不足以言著述。母老矣，家非素丰，偶为文，视老母颜色霁否为弃取。宋徽宗，老母所至不喜也，母以为亡国之君不足道，摹其书已非，遑可屡屡形诸笔墨，以为画学之关键在此。老母每喜予为鬶鸽养虫之谈，以为时而言此，则言者无罪。一日书估以内藤虎博士所辑画集来，内有完颜景朴孙曾藏张僧繇《五星二十八宿神形图》，母见之，即召我："朴孙为崇文勤公孙，曾见之，彼旗人，我宗室也，彼为人虽有可议，顾于书画有特识，且其时正当庚子拳祸前后与端陶帅盛祭酒诸人友善，所收蓄，已全散佚，盖庚子与辛壬之时，正书画文物一大散佚时也，吾家以书画易盐米，亦于兹时，汝宜为文记之。"母为是言，吾知其心滋痛。顾未能识景君朴孙，吾仅识其族叔恒亮生先生，而尚未遑请教益也。友人苏厚如[1]先生曾刊《三虞堂书画目》[2]，三虞者，朴孙以虞氏三迹[3]名其堂也。朴孙手录书画目百四十六种，中多煊赫之迹，兹特为抄录，以实吾篇，并录厚如先生按语，附诸各条之后，元明以后不录。

《三虞堂书画目》。"按：景氏以三虞名堂，其实三虞皆不真确。惟藏张僧繇《五星二十八宿神形图》的是唐画。上有梁令瓒题字，即梁所画，《宣和画谱》曾经注明，现已归日本爽籁馆，为景氏生平压轴。"此苏君按语，下凡有"按"字者，皆同。其无"按"字而注于每目之下者，皆景氏原注也。

西晋陆士衡《平复帖》。"曾在恭邸处。高阳李文正乙未曾借出，得以寓目。今闻已送日人矣"。"按：《平复帖》闻之雪桥先生云，现仍在心畲王孙所，并未送与日本人"。此帖并倭帘，予均寓目，并且见光绪时一刻本，真迹现在中州张君。惜宋缂丝袱已佚。

晋王大令《送梨帖》真迹卷。"予物现存。"

晋王大令《东山松帖》真迹卷。"纸本有予收藏印，庚子失去。"

梁武帝《异趣帖》真迹卷。"余物。"

唐摹右军《此事帖》卷。"纸本，有予收藏印，现在。"此帖与本刊前刊有贾似道、金明昌诸印之迹，是一是二，不敢定。

唐摹右军《嘉兴帖》卷。"纸本，庚子失去。"今在福开森君处。

唐虞永兴《庙堂碑》真迹册。"纸本，有予收藏印，陶帅赠，

[1] 苏宗仁（？—1984），又名苏厚如，室名百一砚斋，安徽太平人。收藏家。

[2] 《三虞堂书画目》，完颜景贤撰，苏宗仁编。二卷。上编为书画目录，下编为碑帖目。附论书画诗。有1933年铅印本。

[3] 三迹：唐虞永兴《庙堂碑》册、《汝南公主墓志铭稿》卷、《破邪论》卷。

现存。"

唐虞永兴《汝南公主墓志铭稿》真迹卷。"纸本，有予收藏印，陶帅赠，现存。""按：《汝南公主墓志》，景临终同小李将军《春山图》卷给其爱女，近为人骗去。然非虞书，实宋人摹本。"

唐虞永兴《破邪论序》墨宝卷。"纸本，予在金陵新收，现存。"

唐欧阳率更正书《阴符经》墨宝卷。"纸本，庚子失去，毁坏大半，惟存钱题记'阴符经'三字，劫余，现存。"

唐怀素《山水帖》真迹卷。"张野秋物。"

唐高闲上人草书半卷千文真迹卷。"纸本，庚子失去，可惜之至。"此卷辛丑归家，后以易盐米。

唐人草书《兰亭序》册。"纸本，新收，现存。"

唐崔昭谏代钱镠《谢赐铁券表》稿真迹卷。"予物。"

唐人篆书《说文·木部》六纸卷。"陶公物。""按：《说文·木部》已归日本内藤湖南博士。此卷有以米题字，是宋高宗南渡所收之物，较敦煌吐鲁番掘者尤精。"

唐人《七宝转轮经》卷。"王文敏物。"

唐人《兜沙经》册。"陶公物。"

唐人《郁单越经》卷。"费君直物。"

宋韩魏公画像并诗翰真迹卷。"纸本新收，现存。"

宋林和靖自述诗真迹卷。"纸本新收，现存。"

宋王晋卿颖昌湖上诗《蝶恋花词》真迹卷。"纸本，庚子失去，可惜可惜。"

宋文潞公三札真迹卷。"陶公物。"

宋蔡忠惠《谢赐御书诗》真迹卷。"陶公物。"

宋苏文忠《乞居常州奏状》真迹卷。"费君直物。"

宋苏文忠《昆阳城赋》真迹卷。"陶公物。"

宋米元章小楷《向太后挽词》真迹册。"陶公物。""按:《向太后挽词》,现归袁珏生侍讲。"

宋米元章草书四帖册。"陶公物,又《珊瑚》《复官》二帖册,盛侍郎物。"

宋王逸老草书千文真迹册。"陶公物。"

宋黄文节《王史二氏墓志铭稿》真迹卷。"陶公物。"

宋张温夫《金曜经》真迹册。"纸本,予物,庚子失去,现存三页。"

宋张温夫《华严经》册。"陶公物。"

宋文信公慈幼堂榜书真迹卷。"陶公物。"以上藏法书。

晋顾虎头《洛神图》卷。"绢本,陶公物。""按:《洛神图》卷,宋人仿,已归日本,此卷予曾见之,卷尾有'洗玉池'一印,此印时宋李龙眠印,当为李氏摹本。"

唐阎右相《北齐校书图》卷。"绢本予物。"

唐阎右相《锁谏图》卷。"庞莱臣物,绢本。"

唐王右丞写《济南伏生像》卷。"绢本,山东陈寿卿物。""按:《伏生授经图》卷,已归日本爽籁馆。"

唐韩晋公《五牛图》卷。"吴幼龄物,纸本。""按:《五牛图》现归金□伯。"

唐小李将军《春山图》卷。"绢本,陶公物。""按:《春山图》卷,本薛觐唐旧藏,后归景,景临终,给其爱女,卒为人骗去。但是宋人摹仿。"

唐裴宽《小马图》卷。"绢本，赵松雪临本合装，予物。"

唐烟波子《渔词图》真迹半卷。"纸本，乙巳夏间得，现存。"

唐贯休《五祖授衣钵图》真迹卷。"绢本，乙巳得，现存。"

唐吴道子《观音像》真迹立轴。"明昌题，秋帅藏，绢本，元磁轴头，庚子失去。"

南唐周文矩《羲像》卷。"绢本。"

南唐周文矩《戏婴图》卷。"陈安士物，绢本。"

南唐王齐翰《勘书图》卷。"陶公物。"《勘书图》传世有二本，一有"建业文房"之印，徽宗左方题"勘书图"三字，右方题"王齐翰妙笔"五字，现在福开森处。一仅有瘦金书"勘书图"三字，予见于江南，现不知归何所。

南唐董北苑《天下第一图》大幅。"绢本，乃王汉甫物，现存。""按：北苑《天下第一》为思翁题字，已归日本。"

北宋李成、王晓合作《读碑图》双軿[1]挂轴。"绢本，予旧藏，乙亥得。""按：《读碑图》已归日人，但属后仿。"

北宋李龙眠《蜀山胜概图》卷。"纸本陶公物。"

北宋李伯时《醉僧图》卷。"庞莱臣物，纸本。"

北宋李伯时《摹阎立本列国女贞像》卷。"绢本，予物。"

北宋范宽《重山复岭图》卷。"绢本，予物。"

北宋范华原《秋林萧寺图》真迹卷。"绢本，乙巳冬得，现存。"

北宋郭河阳《溪山秋霁图》卷。"绢本，陶公物。"

北宋燕文贵《溪山风雨图》卷。"纸本，丙午冬得，现存。"

---

[1]　軿（píng）〈动〉：拼凑。

北宋张舜民《归牧图》卷。"即浮休子，绢本，费梓怡物。"

北宋巨然《长江图》卷。"绢本，陶公物。""按：《长江图》卷，匋斋携至资州遇害，为曾某所得，复毁于火。"

南宋画院丝纶立轴。"绢本，阮文达题，戊戌秋赠端景翁。"

宋米元晖《海岳庵图》。"纸本，陶公物。"

宋米敷文《云山得意图》。"纸本，陶公物。""按：《云山得意图》，来远公司有影印本。"

宋小米《墨戏袖卷》。"纸本，予物。"

宋夏圭《长江图》卷。"绢本，予物。"

宋夏圭《四景图》卷。"绢本，李芝陔旧藏，今归陈姓。"

宋梁楷《右军书扇图》卷。"盛吉孙物，纸本。"

宋梁楷《牧马图长卷》。"纸本，予归物，赠陶公。"

宋赵子固《墨兰卷》。"胡石查物，纸本。"

宋赵子固《水仙图》卷。"纸本，有自书诗，亦纸本，陶公物。"

宋龚开《骏骨图》卷。"纸本，予物。""按：《骏骨图》卷已归日本爽籁馆。"

宋龚开《中山出游图》卷。"庞莱臣物，纸本。"

宋沈氏子蕃缂丝《云山高逸图》小挂幅。"绢本，丙午春得，现存。""按：沈孽，字子蕃，南宋人。《云山高逸图》原属陆心源所藏，嗣归罗雪堂，景从罗得，现归周华章"。

宋杨妹子《题马远山水》真迹中挂幅。"绢本旧藏，现存。"

宋裕陵《富贵图》真迹长卷。"绢本，蔡卞题诗，古铜轴头。戊戌送荣相。"

宋元画册拾翠。"阮芸台归藏，有总题。绢本，庚子失去，壬寅得回，惟失阮跋一叶，现存。"

宋元集锦十幅册。"绢本，现存。"

金李山《风雪松杉图》卷。"庞莱臣物，绢本。"

1941 年 3 月 31 日
《新北京报·艺术周刊》第 106 期
署名于非厂

赵㧑叔赤牍

　　顷得赵㧑叔之谦赤牍草稿一册，作小行草书，绝佳，泰半为致魏稼孙者。"今日已为卖《鹤铭》，得五金。卖《尹碑》，得一金。惟京中银价骤落，每金不过换钱九吊零，合外间只千百文，其能得价在此，其不值用亦在此。"此语述卖碑事，其时一金换钱九吊零，谓北京之"大个钱"也，视外省只当千百文"老钱"。京中生活程度之高，在乎此。又谓："小儿读书，岂不要紧！无奈钱延师何？天下事哪一样不要钱，可恨，可恨！"在今日读此，学费之外，制服若何，制帽又若何，书包若何，袜子、鞋又若何，皆有定式。一小学生，幸而于学费制服等等获如制，而因鞋破勒令回家换着者，吾不知为之家长者将作如何感想也。又谓："去年均老丧一子，兄丧母且丧二子，潘伯寅无子女，弟剩一女，荄老家中耗疆，闻仅存一子一妇一弟而已。次子尚在通州，穷亦入骨。此皆金石家恶报，慎之慎之。"按：均老谓沈均初，兄谓稼孙，荄老谓胡荄甫。又谓："闻家大兄丧，弟一家只剩弟一人矣……金石之学不吉祥，今乃信之。同辈中如潘中丞（祖荫），贵矣，然无子女。弟则遭遇更惨。荄甫仅有子。均初去岁亦丧二子，如影如向，可畏可畏。"金石之学果不祥欤？

殿版书

　　予有康熙时所印《古今图书集成》(惜不全)，字则范铜为之，清丽爽朗，美乃至极。据传当时刻铜为活版排印，工竣，贮之武英殿，历年既久，铜字被窃已多，司其事者惧谴。时市师钱贵，遂请毁铜字铸钱以弥缝之，此乾隆初年事也。后高宗虽知其非计，然已晚矣。先大人喜收武英殿聚珍版，聚珍版刻木为之，字体端谨，为金勤恪所创。勤恪名简，汉军正黄旗人，乾隆时累官总管内务府大臣，吏部尚书，充《四库全书》副总裁。其所锓木，虽不如康熙时之铜字，而刀锋笔致，极为精雅。所印皆用开化纸，汪近圣墨，世称殿版书者，盖此锓木活字亦储存于武英殿也。今则其书亦罕觏矣。

1941 年 6 月 29 日
《新北京报·非闇漫墨·卷三》
署名于非厂

重刻《淳化阁帖》

　　王著模刻《淳化阁帖》，虽不佳，而朴厚之气，赖之存不少法书。清高宗以北宋毕世安所得赐本勾摹上石，于长春园中含经堂后，就旧有回廊，每廊砌石，廊尽而石亦毕砌，于其中拓为淳化轩，以藏毕世安本。刻石始乾隆三十四年己丑二月，迄壬辰四月，凡四年有二月而告蒇事。帖中纠正王著谬误之处甚多，刻工在三希堂、墨妙轩二帖之后，而流传极罕。予家在光绪庚子时，以廉值得一部，檀楼锦夹，开针则异香满屋，拓法仿宋，用墨视印拓三希、墨妙两帖尤佳。帖首末皆有"诚亲王"一印（王名允祕），知为当时拓赐之本。视之较枣木本阁帖，其摹拓之精，直欲驾而上之。据阮文达跋云："其时仿宋拓法得四百部，用广流纸。而诚亲王实董其事"，则此帖之可珍，不仅在摹拓之精也。同时尚得有安麓村（岐）所刻书谱，末有麓村题记两行，赠广源法师者。麓村朝鲜人，予曾于《艺术周刊》为文记之，顾墨迹传世甚罕，可记也。

1941 年 7 月 15 日
《新北京报·非闇漫墨·卷三》
署名于非厂

代笔

在津时，频传拙画有代笔，非尽自作，且明指某人为予代笔，往往应酬之作皆委之。拙画原不足取，浪得虚名，借事蒙蔽不懂画者，用以养亲。真实本领，我且无之，不敢乞人代也。赝品则诚有之，代笔不特无有，即代为敷色者亦无有也。书至此，忆陶隐居答武帝书云："王羲之代书人。……逸少从失郡，告灵不仕以后，略不复自书，皆使此一人，世人不能别，见其缓异，呼为'末年书'。子敬年十七八，全仿此人书，故遂成，与之相似。"隐居所指代书人，其姓氏不详，可惜可惜。翁常熟同龢代书人，予犹及见之。予愧无右军名，又未遇堪以代拙笔者，故书于此。

1941 年 7 月 16 日
《新北京报·非闇漫墨·卷三》
署名于非厂

铁画

友人得一小方灯，高尺许，四面锻铁为花卉虫鱼，框为檀木，雕镂亦精，铁锻为画，绝生动，类明朝人画，铁上有图章一，篆书"天池"二字。按《芜湖县志》："汤鹏，字天池，芜湖锻工，与萧云从为邻，暇辄往观，萧呵之。鹏发愤曰：'尔谓我不知画耶？'乃锻铁为山水、花卉、人物以及虫鱼鸟兽，作为屏对堂幅，均极其妙。至今沿习其法，然终不及。"汤天池锻铁为画，梁山舟学士亟称之，曾为汤鹏铁画歌，一时名士如朱文藻、邵嗣宗、王凤仪诸人咸有和作。其所为屏，称之曰铁画；其所为灯，称之曰铁灯，事并见于《郎潜纪闻》[1]。又《养吉斋余录》[2]则于其锻铁为画，谓有神助。其言曰："初汤贫甚，技亦不奇。有道士乞火于炉，炉灭，诘之，曰：月余未锻也。道士击其灶曰：今可矣。径去。后觉心手有异，随物赋彩，无不如意。"则故诡秘其术也。

1941 年 8 月 3 日
《新北京报·非闇漫墨·卷三》
署名于非厂

---

[1] 陈康祺（1840—?），字钧士，号钧堂，号柴园居士。浙江鄞县（今宁波）人。官至刑部员外郎。辞官后居苏州。著有《郎潜纪闻》，全书四十二卷，主要记录清代典章制度和政治、经济、文学情况，间及奇闻逸事等。

[2] 吴振棫（1792—1871），字宜甫，号仲云，晚年自号再翁，室名养吉斋，钱塘（今浙江杭州）人。嘉庆十九年（1814）进士，官至四川总督、云贵总督。著有《养吉斋余录》十卷。

右军《十七帖》

　　王右军《十七帖》，唐张彦远云："文皇帝购二王书，大王草有三千纸，率以一丈二尺为一卷，取其迹以类相从，此帖以卷首有'十七'字故名。是逸少草书中煊赫著名帖也。"宋黄常睿谓："此帖书中龙也。世间墨本有二，其一于卷尾有'敕'字及褚遂良等校定者，乃先唐石刻，笔法具存，其余不足观。"南唐李后主得贺知章临本，刻之澄清堂帖，大观中又刻之太清楼帖。黄山谷《评绎长沙法帖》内一则云："《十七帖》者，必多临本，永禅师及虞世南、诸庭诲临写，皆不甚远，故世有数本，皆不同。"孙退谷谓："唐人双钩墨迹后有'勑'字者，万历中在京师王思延家。济南邢子愿借之上石。"按：《十七帖》传世佳本甚少，郁冈斋、来禽馆所摹刻，皆魏道辅本，其书正如吴慎伯所评"入多尖峰，出多挫锋，转折僵削"耳。近世盛称姜苇间本，惟苇间本失之纤弱，似非唐弘文馆真本。寒家藏一不全本，纸墨极古，笔法雄强，而厚重之气，乃在他本上，为予童年所习，拙书攻之近四十年，顾一所无就，可愧也。

1941 年 8 月 17 日
《新北京报·非闇漫墨·卷三》
署名于非厂

鹤洲上人拓《瘗鹤铭》

焦山《瘗鹤铭》，自欧阳文忠《集古录》著录而后，若蔡忠惠、黄山谷，皆称之。其余若《东观余论》《广川书跋》《金石录》《渔隐丛话》《云麓漫钞》《云烟过眼录》《法帖谱系》《金薤琳琅》，以及《金石文字记》《曝书亭集》《竹云题跋》《金石萃编》等皆收之，而张力臣、汪退谷、沈大成、翁覃溪等考证辨难，求之往籍，殆或聚讼。予家世好书，先王父尤喜蓄碑帖。先君子在山左，曾见《瘗鹤铭》，得百有八字，水前拓也，索值不昂，适有他故，未议值，翌晨求之，已为人得。先王父曾以此斥责先君，先君以未得《瘗鹤铭》，终身引为憾事，谓大字无过此，宜令子孙习之也。按：《瘗鹤铭》原刻于焦山之阴崖石上，后摧落江中，宋淳熙中尝挽出，不知何年又坠江中。在未坠江中拓本，称水前拓本。康熙甲午苏州知府陈鹏年募工挽曳，迁而出之，共五石，龛于焦山西南观音庵。当未曳出时，铭词杂于下崖江流乱石间，非俟霜降水涸，布席仰卧，即不可拓，故人间难得。世称此为水拓本。自陈氏移置，椎拓至易，故王虚舟有"正恐自此以后无鹤铭"之叹，谓椎拓久，愈损蚀也。光绪中叶，宜兴陈寅谷与焦山玉峰庵主僧鹤洲善，鹤洲与陈皆工书，商得拓法，用东洋纸零拓。盖石面凹凸，非纸湿甚难于熨帖，惟东洋纸虽甚湿，仍不沁墨。又每纸只拓两三字，仅可趁湿曲尽其可得之神韵锋芒。拓成，较所谓水拓本者，有过之无不及也。鹤洲用东洋纸拓《瘗鹤铭》，字数多者可得九十字，以拓得"午岁"二字为尤可贵。世谓之鹤洲拓本。

1941 年 9 月 5 日
《新北京报·非闇漫墨·卷三》
署名于非厂

《复初斋文集》

　　大兴翁氏《复初斋文集》，道光丙申开雕，光绪丁丑重校，戊寅五月复据手稿校改六十一条，并去按语二条。毛边纸印三十五卷。予数年前卖，价四元。书有"会稽章氏藏书"六字朱文方印，"普定姚大荣字俪桓，号芝澧金石书画"朱文长方印。有"姚大荣印"白文，"俪桓秘籍"朱文两印。翁氏文本无足奇，所为金石碑版之说，世称为北方之学者。此书经姚氏读后，于卷十一末，以细楷增予友人书一首。于二十二卷跋《庙堂碑》唐本书眉，录《好云楼二集》一跋。于《化度寺邕禅师塔铭》跋二首书眉，引《长安志》李百药《塔铭序》《石墨镌华》《姑溪居士文集》共五段，又证百药引《续高僧传》一段。于《跋率更千文》书眉，录杜宝《大叶杂记》一段。于卷二十八跋宋高宗手敕卷书眉，录引《唐律释》谱委一段。于卷三十一跋朱性甫《珊瑚木难》手稿书眉，录翁跋朱性甫手柬一段，书末有侯官李以炬光绪丁丑重校题识，姚氏于后楷书云："右文据仁和魏稼孙（锡曾）续语堂题目录云代侯官李太守（以烜）跋重校复初斋文集后，则是魏氏文也。"姚氏补者凡二，正者数处皆精确，书法工整，遇"仪"字皆敬阙末笔，知为宣统时书也。

1941 年 9 月 24 日
《新北京报·非闇漫墨·卷三》
署名于非厂

缂丝裙

缂丝不知起于何时，其在北宋，定州织缂丝，不用大机，以熟色丝经于木桦上，随所欲作花草禽兽状，以小梭织纬时，先留其处，方以杂色线，缀于经纬之上，合以成文，若不相连，承空视上，如雕镂之象，故名缂丝。按：周密《齐东野语》及陶宗仪《辍耕录》于法书名画皆谓上等者，乃用缂丝装池。至于名工之见于著录，流连叹咏，乃与法书名画并传，其可贵自宋已然矣。元明以来，日趋繁密。元世宗诏织御容，之宣德则缂丝之盛，超越前代，近世所传米南宫、赵昌诸缂丝，皆其遗作。清代康雍两朝，一遵明制，敷色闲雅。至乾隆，瑰奇玮丽，平金铺银，视元代，尤突过之。嘉道而后，服装为盛，闲雅之作，于以日衰。自东南事起，继以发捻，斯道日坠，讫乎末造，斯艺之擅者，殆无人焉。是不特织有工拙，而色之日渝，实可以见年代之久暂。自宋迄清初，缂丝之大红，色正而雅，青色尤蔚然。乾隆大红，已近乎赤，青则渐蓝。嘉道而后，杂用洋色，无朴厚古雅之气。在予幼时，士大夫御朝服者，缂丝一袭，群尚乾隆旧制，职是故业。日前有售旧物者，携一裙，裙为新式。无"百褶"，无"马面"，作筒状，其上口自旁开之，有"子母纽"，色银灰，刻百鹭，芦苇为菜绿色，鹭之形态，苇之安插，皆入画，刻法虽不及数十年，经往复展视，其原制必为四屏，各据章法。因以廉值收之，予不愿对于著者写遐想，拾人所弃，展为四屏，"子母纽"之锈痕，尚著其斑斑也。

1941 年 9 月 29 日
《新北京报·非闻漫墨·卷三》
署名于非厂

书画著录

　　收藏法书名画，自为著录者众矣。搜罗宏富，鉴定不虚，后世以其鉴藏印章，于法书名画多加一佐证，且可引以为重，而独无著录之书，只散见于法书名画之押缝坠脚，钤其鉴赏之印，使后之人就其所鉴定而深佩其人，而思汇其所收，勒为总目者，若明之槜李项元汴，固为论矣（项氏鉴藏，予别有说，曾刊之前《北平晨报》副刊中）。在明若锡山安氏，名国，字桂坡，其所收法书名画无不精。法帖中尤多孤本。喜篆书，收前代所拓石鼓文至十本之多，自号十鼓斋主人。凡铭心绝品，钤"大明锡山安氏桂坡鉴藏"朱文大印，"安国珍玩"白文长方印。在清初若正定梁蕉林相国清标，其所收蓄，多世间稀有，流传有绪之品。清季若李寄云恩庆，爱吾庐所蓄，鉴别既精，所收亦富，李竹朋每引之以为重。惜皆无著录以总其要。予拟先就石渠[1]所收，及各家所录以及近日刊行各名迹，有梁氏印章者列为蕉林所藏书画表，而后再进而为安氏、李氏，每以事索，只好期之来日也。

1941 年 10 月 23 日
《新北京报·非闇漫墨·卷三》
署名于非厂

---

[1]　"石渠"指清代著录文献《石渠宝笈》，著录了清廷内府所藏历代书画藏品，分书画卷、轴、册九类。

《觯斋书画录》

连日患病，写文字苦于无题，不关于文思之滞钝也。半载前，予力尚可以买旧书，抽暇，辄与书估往还，遇好书，力不能致者则假读。端节后，所入一如前，而买日为活，且显拮据，书为我收者竟寥寥。独有一卷，我不得不收之，则故友郭君世五（葆昌）所为《觯斋书画录》也。郭君丁时会，以瓷显，书画非其所长。顾当易代之际，宫廷以法物易钱钞，流出特多，从而收之者不仅郭君，而郭君所为《觯斋书画录》，迄民国十五年，泰半为石渠著录之物。其书起唐人写《妙法莲华经》卷，迄阙岚《赠春图》立轴，凡六十五件，视自来著录者为少。书高营造尺一尺一寸，宽七寸，瓷青两金笺皮，黄笺签，朱丝半页九行，行墨印二十五字，纸仿宣德镜面笺，辉煌奓丽，视《四库全书》犹过之，仿佛《永乐大典》焉。福开森君往来文华、英武各门，其车必停于距门特远之处，步行越松墙，升阶，俯身入门。尝谓此为清禁地，宜敬谨，其言可味也。附记于此。

1941 年 11 月 10 日
《新北京报·非闇漫墨·卷三》
署名于非厂

流入日本名画目录

日本人搜劫我国的古画，它自己曾供出一部分。据民国二十七年（昭和十三年）七月二十八日东京大冢巧艺社出版的一本《日本现在支那名画目录》，我统计一下，计唐五代名画二十二件，北宋五十四件，南宋一百八十五件，金一件，元二百五十一件，明四百二十三件，清七百八十五件。看这数目并不多，但十六罗汉只算一件，十幅宋元集会只算一件，四季花鸟只算一件。

它说它的搜集，是在昭和十二年十一月以前的，即是民国二十六年十一月以前，正是"七七事变"起来的不久。这本书里如清宫藏及恭王府、怡王府、岳雪楼等收藏的东西，都赫然列着。而东北所得，这里边却没有什么。"七七事变"之后直至胜利前所掳劫的东西，这里也没有。

我民国二十七年末在东安市场见到这本书，花了二十元买到，画贾很以为奇怪（价昂而无用），他说这本书有什么用处？我说这确是"七七"以前半篇不完全的账。你看这书的名字《日本现在支那名画目录》，这是多么骄狂啊！

1946 年 9 月 12 日
《新民报·土话谈天》
署名闲人

刻禊帖

这几年我好搜集王羲之兰亭禊帖拓本，"物聚于所好"，这样我也得了几本很难得的东西。但我对于写禊帖，倒不觉得什么兴趣。我得了《兰亭八柱》最初拓本（乾隆），而那八个石头柱子，直到现在，却仍然横卧在中山公园土山之阳，任人践踏。这虽不值得什么，但乾隆那时刻手，如果和原迹对勘一下子，也真令人可惊，确乎是一种艺术（兰亭八柱的原迹，较好的几种，都由故宫博物院影印行世）。

我收了一厚册褚临兰亭"领"字从"山"巾箱本，凡三种（按，影印的褚临兰亭黄绢本也从"山"），每行六字。摹刻最佳的，是海宁查声山嘱姓尤的摹刻的一本，这本有"天圣丙寅年正月二十五日重装"一行和范仲淹、王尧臣、米芾题字。"崇山峻领"的"领"字从"山"，作"嶺"。字形非常飞舞，可以说是下真迹一等。另一本高矮大小都同，只是笔画显瘦弱，显呆滞，也是"领"字从山，也有那些题号，并且还多出"右米姓秘玩……米芾平生真赏"三十行，行十字不等的小行书跋语。后面还有"绍兴八年十二月十二日臣米友仁审定恭题"三行。刻手不如尤姓刻的。最显著的分别是瘦弱，这是另据一本上石，因为尤姓刻的那本，序文之后有"褚氏"二字小印，此本没有。后面又有一本，长短大小都一样，只是没有尤姓刻的精神，序文之后有四个小楷书"臣褚遂良"，只有"天圣丙寅……重装"那一行和"元祐戊辰……米芾记"一短跋，范王两跋均没有，米芾长题，米友仁审定也都没有。后两本，我不知谁刻的，但就拓本看，第三本刻手似比第二本还不如。

我看汉魏一直到唐的刻手，他们都是忠实而加上伟大的气魄。到了宋人，只有忠实，那下刀落刃的气魄，已经不如汉唐了。元明人除能忠实地刻出外，下刀落刃，已流行纤巧。到了乾隆，这刻碑帖的艺术，流于苛细，而忠实性只以不失原样为已足。我这三本东西，那尤姓的刻手，确实能代表了那一时的作风。

1947 年
《一四七画报·非闇漫墨》第 13 卷第 5 期
署名于非厂

《兰亭帖》摹本

稷园日特机关遗留下的音乐堂，在由春至夏到秋季节里，有的开会，有的杂耍，有的电影，有的大戏，有的还要利用那地方做个什么机会的宣传。可是稷园水榭土山之阳，弃置草地，任人践踏毁坏的"兰亭八柱"——圆明园故物，乾隆时奉敕刻石关于兰亭的名人手迹的八根石柱，却一任其埋没荒草间，真是"这年头才有这宗事"，并不足奇。

《兰亭序》是晋朝王羲之写作的东西，也可说草稿。唐太宗很爱它，得到了这东西，命欧阳询、冯承素那些位大书家各自誊写了几本，这部墨迹，据说是殉葬太宗了。刻石拓墨的方法，是早已发明的，同时还有"硬黄"（大概是用黄蜡熔化在薄纸上，使它半透明，用它影在真迹上摹写出副本）和"油素"（是用生桐油浸薄纸或绢上，使成半透明，用双钩墨迹，成为副本，以之传布），在大书家还有灯光取影响拓之法，用以摹写副本。所以《兰亭序》虽已殉葬，可是借这方法才流传下来。

到了宋朝的时候，《兰亭序》成了书家取法至上之品，那时传下来的《兰亭帖》，只有欧阳询摹的是不失"山阴真面"，公认那是从真迹下来的，那即是定武《兰亭帖》。

日前报上本市新闻说一段"兰亭八柱"，虽语焉不详，可是《兰亭帖》拓本，就我所见所知的，也不妨记下来，加在《漫墨》里。

（甲）欧阳询摹本，即定武派：这一派的刻本，有赵子固落水本、游相本、王十朋本、王晓本、孤独常老本、柯九思本、吴柄本、韩珠船本、东阳本、国学本、唐荆川本、王百榖本。

（乙）褚遂良摹本：这一派的刻本，有神龙本、领字从山本、颍上本、袖珍本、兰亭八柱本、邻苏园本。

（丙）虞世南摹本：这一派的刻本，有余清斋本、秋碧堂本、戏鸿堂本、兰亭八柱本、陆继善本，冯承素本也是属这一派（兰亭八柱刻）。另外有唐薛稷的摹本、虞世南的抚本，均是伪托。

以上是唐人摹《兰亭帖》的三大派，（乙）（丙）是以趣味胜，（甲）派是以坚卓胜，这（甲）派有五字损不损和肥瘦的分别。在南宋的时候，士大夫差不多家刻一石，可见盛况了。八柱中还有柳公权书的兰摹诗，也甚好。

1947 年
《一四七画报·非闻漫墨》第 15 卷第 3 期
署名于非厂

《长治兰亭帖》

　　我因为嗜好太多，所以遇到国难家愁、拂逆至极、心身两伤的遭际，我总是模模糊糊地活下去，一直到现在将近耳顺之年了。我不一定比人麻木不仁，我觉得当前的一切就是用我这老派克笔写些建议性文字，不过对牛弹琴，至于写些挖苦讽刺，自己是白费气力，人家是笑骂由他，自己或者还许由肝火致疾，要忍痛吃药。所以我把我有限的这些点精神，都寄托在我的嗜好上。

　　我嗜好写字，见了一种碑，一种帖，读文章，学书法，或者还要查查书，校校拓本，天如果不当时塌，地如果不当时陷，原子弹如果不当时爆炸的话，那我这迟钝而枯滞的脑子里，起码在这几个钟头之内，是清静的，无渣滓的，只有这种碑或这种帖，而没有旁的。我差不多天天啃窝头，这窝头的滋味里，也仿佛知道了碑帖的滋味。

　　《兰亭帖》是我的嗜好之一，这嗜好也可以说是从先天带来的，因为先亡父嗜《兰亭帖》，先君也嗜《兰亭帖》，我自孩提即先认识"永和九年，岁在癸丑……"那几个字。日前我检查破书，发见了一本《长冶兰亭帖》，这是很晚很晚的拓本，后面刻有董香光题，说是"上党苟令得之土中"。我费了几小时翻检工作，知道这是明崇正初长冶令苟海来（字好善，醴泉人）得于县东土中。清道光二年为咸阳程一敬（吉牧）所得。我这数本，大概是道光以后拓的，但是石的刻法是宋人，书法是褚派。那天正是我的房东不收房租，四平危急，北平物价狂涨。

1947 年 7 月 13 日

《北平日报·太平花》

署名非闇

双虞壶

　　乡先辈海丰吴子宓（式芬），他是与潍县陈簠斋、日照许印林，同为以金石玺印著誉艺林的。子宓先生得了周代虞司寇双壶，他在原籍（海丰）盖起十楹大厅，就用这壶作纪念，题这大厅叫"双虞壶斋"，他这地点，我们老乡都叫它作"十间房"，这个大厅，或者说书斋，是他把历年所得金石玺印碑版都陈列在里面的。欧阳文忠公说："足吾所好，玩而老焉。"这正是说精神所寄托的地方，也是我所说嗜好之一。可是那时是什么年头，此时又是什么年头？

　　子宓先生的哲嗣仲怿先生（名重憙），在河南做官，这十间房里的东西，都归仆役们看管。后来仲怿先生罢归，这仆役就把这十间房纵火而焚，原来那里面所陈列的东西，已经被他们盗卖，他们惧主人谴责，不惜付之一炬，可惜这双虞壶，就此化为灰烬了。

　　这对壶最完整，文字花纹都好，壶盖有文字，壶口内也有文字，都是左行。我在"七七事变"前得了一对拓本,有仲恽先生题识,是拓赠陈子鹤(恩孚)抚台的。两个壶的全形,每壶两段文字,拓手非常精妙。在沦陷时,某君欲借去送人,并且说世人很少见这拓本,我因为正不必令人多见,才拒绝了某君。

1947 年 7 月 15 日

《北平日报·太平花》

署名非闇

驱睡

　　长夏无事，正在昏昏欲睡的时候，有位朋友来访，他拿了本字帖，说："你在《华北日报·艺术周刊》上发表那篇集右军的褉帖，你举出《圣教序》、《兴福寺》断砖等等集右军书，我再给你添上点材料。"他一面笑吟吟地说，一面打开纸包，取出一本帖来。他又说："这是读了你那篇文字，我才想到这本帖，请你看，请你给题上几个字。"这样热的天，这样热的时候，下午三点，他又这样的热情，令我大饱眼福，这是我何等欣幸而欢迎呀！我忙递过纸烟，擦过洋火，毕恭毕敬地打开来看，原来是《大宋绛州重修夫子庙记》，确是明朝的拓本，首行刻着"朝散大夫尚书祠部员中……李垂撰"，最末一行刻着"晋右军将军王羲之书，逸民□跌望集刻"。我平生是第一次见到的东西，我当时欢欣得把什么都忘了，睡魔那当然早已驱逐到无何有之乡，在睡魔那一方面，也许它说是"任务已达，就此转道"。

朋友去了之后，我又得到"消遣世虑"的好工作，翻翻书，校校字，知道这碑是宋仁宗天圣十年六月二十八日立的，又知道李垂字舜工，是柳城人，只可惜那位集刻的把姓氏泐去，我由停电（下午十时）到电又赐予（翌晨一时）还未找出，次日又干了几点钟，只好付之阙如。

　　这本拓手极好，集字的蓝本，除《圣教序》《兴福寺》《十七帖》外，还有《淳化阁帖》，这都很可供研究右军书的材料。

1947 年 7 月 21 日

《北平日报·太平花》

署名闲人

兰亭八柱

日前在报章上很[1]说："稷园土山下的兰亭八柱刻石，已委之草莽，任人践踏。"这八根石柱，是由圆明园运来的乾隆石刻，上面刻着唐代虞世南以次关于兰亭帖的真迹。由这八根石墨拓下来的帖，叫《兰亭八柱帖》，共是八卷，在从前因为刻手精妙，前四卷又是很珍贵的书法参证资料，所以这拓本很见重于艺林，而尤其是乾隆时的"乌金拓"，拓得简直像缎子那么乌黑光亮，泛着光。

乾隆这位皇帝很"会玩"，玩到了"会"字，确乎不是件容易的事，而他这样一玩，在艺术上却受了很大的影响，一时人才辈出，天才的艺术家，就此加上了很大很大的鼓励，这兰亭八柱精妙的刻手，就是他会玩的一个例子。我曾很精细地检视过这八柱，并且拿原迹（现在故宫博物院）与拓本对勘，真是"下真迹一等"的妙手呀！（那本柳公权的墨迹，我没见过。）

---

[1] 很：甚，北京口语。

兰亭八柱第一，是唐虞世南临《兰亭帖》，后面有"臣张金界奴上进"七字，这本已刻入馀清斋、秋碧堂、戏鸿堂、玉烟堂、邻苏园帖中，世称为"张金界奴本"。后面的宋明人题跋也刻进去兰亭八柱第二，是唐褚遂良临《兰亭帖》，这本又称"领字不从山"本（另有领字从山本），后面宋元明清人题跋也都刻入。

兰亭八柱第三，是唐冯承素临《兰亭帖》，这本已刻入墨池堂、玉烟堂、过云楼帖里的，因为前后面各有"神龙"二字的半印，所以世称"神龙"本（神龙是唐中宗年号）。这帖有宋元明人题跋，也全刻入。

兰亭八柱第四，是唐柳公权书《兰亭诗》并后序，这本虽也有戏鸿堂刻本，但此甚完全。

以上四柱，确是唐人名迹上石，弥足珍贵。

兰亭八柱第五，是勾填的柳公权《兰亭诗》。

兰亭八柱第六，是于敏中补柳公权《兰亭诗》的缺笔。

兰亭八柱第七，是董其昌临柳书《兰亭诗》。

兰亭八柱第八，是乾隆御临《兰亭诗》。

以上四柱所选的材料，只感觉得无聊和充数，但是刻手确是精妙。乾隆对这八柱，还有一首诗，诗曰："赚来自萧翼，举出本元龄。真已堂堂佚，拓犹字字馨。谁知联后璧，原赖弄前型。恰闻排八柱，居然承一亭。擎天徒蒉语，特地示真形。摹固得骨体（自注：谓褚虞冯），书犹辟径庭（自注：谓柳）。董临传聚散，于补惜凋零。殿以几御笔，艺林嘉话听。"他老人家这首诗，也真够费力的。

1947 年 9 月 3、4 日
《北平日报·太平花》
署名非闇

谈董其昌

书面谈画里的董其昌

大师那篇书面谈话[1]说："却瞧不起董其昌、王石谷等乡愿八股式滥调子的作品。"在这句的前面，却历举他所恭敬的"王维、吴道子……任伯年、吴友如等人，彼等作品之伟大，因知如何师法造化"，这下面才接"却瞧不起董其昌"那一句。这句之下还有"惟奉董王为神圣之辈，其十足'士气'，乃为可笑耳"。以下几段之后，又有下面几句："故建立新中国画，既非改良，亦非中西合璧，仅直接师法造化而已。但所谓造化为师者，非一空言所能兑现……读万卷书，行万里路，或

---

[1] 指1947年10月15日徐悲鸿为北平国立艺术专科学校秦仲文、李智超、陈缘督三位教授因教学主张不同提出罢教所举办记者招待会上散发之《新国画建立之步骤》一文。

为艺术家之需要。"我这样抄他的谈话，并不是断章取义，实是大师谈话，必这样剪裁，才可以看出"董其昌"（王石谷与本文无关）主张的"师造物""读万卷书，行万里路"已被大师用上，而董其昌，却被骂了。

董其昌的画学主张

这篇东西，是根据戏鸿堂刊本《画禅室随笔》写的。在卷二《画诀》里说："画家以古人为师已自上乘，进此当以天地为师。"又同卷《题自画》里说："予之游长沙也，往返五千里，虽江山映发，汤涤尘土，而落日空林，长风骇浪……先是，予之游槜李也，为图昆山读书小景，寻为人夺去。乃是重仿巨然笔意，以志予慕。"又画横云山说："横云山，吾郡名胜，本陆士龙故居，今敬韬构草舍其下。敬韬韵致书画，皆类倪高士，故余用倪法作画赠之。"画小赤壁说："吾郡九峰之间，有小赤壁，余顷过齐安，至赤壁，其高仅数仞，广容两亭耳。吾郡赤壁，乃三四倍之，山灵负屈，莫为解嘲。"又画《村居图》说："壬寅六月七日过嘉兴鱼江中，写所见之景，却似重游也。"以上是他师造物的证据。他在《画诀》里还主张，不但要"行万里路"，还要"读万卷书"。他那《画诀》的开宗明义第一章即说："士人作画，当以草隶奇字之法为之。"由上面所举这点点，已很可以看出他对于国画的主张了。又，他评宋赵大年画说："大年以宋宗室不得远游，每朝陵回，得写胸中丘壑。不行万里路，不读万卷书，欲作画祖，其可得乎？"这更可为他师造物，读书行路的主张证明。盖棺论定（其昌生于公历一五五五年，卒于一六三六年），

584

不想在三百一十一年之后，竟落得"乡愿八股式滥调子"，您说，西山煤怎会卖得不贵呀！

董其昌的真迹

洋蜡[1]在这些年，很看到了几件董其昌的真迹，因为他的作品，代笔的多，这差不多全是应酬之作，或是给他人帮忙之品。至于他自己亲笔画的，却是另有一种趣味，并不是仅死板板的只知"起承转合"，八股滥调。

写实景的有《潇湘图长卷》，他题云："董源写江南山，米元晖写南徐山，李唐写中州山，马远、夏圭写钱塘山，赵吴兴写雪苕山，黄子久写海虞山。洞庭系缆，蓬底斜阳，湖天空阔，濡豪摄取，觉米晖潇湘白云图，未能尽其妙也。"又画《天池石壁图卷》，题云："画家初以古人为师，后以造物为师。吾见黄子久《天池图》，皆赝本。今游吴中，策笻石壁下，大叫曰'此吾师也'。因作此图，他日获见其本，当证吾言。"[2]像这类画，举不胜举。

---

[1] 洋蜡，本文作者笔名。源自徐悲鸿"有了电灯何以偏要点起洋蜡，况且连洋蜡也赶不上，也谈创造新艺术才笑话呢"的谈论。

[2] 据上海人民美术出版社2008年编《董其昌山水画谱》第9页：题天池石壁图画家初以古人为师，后以造物为师。吾见黄子久天池图，皆赝本。昨年游吴中山，策笻石壁下，快心洞目，狂叫曰："黄石公！"同游者不测，余曰："今日遇吾师耳。"

董其昌的鉴定

董其昌生在那个时候，以他的交游，海内收藏家的名迹，请他鉴定，请他题跋，请他品评，或是他物色，他收购，他观赏……所以他对于中国历代遗传下来的书画名迹，不能说看得不丰富了。他的缺点只是不曾赶上"三宝太监下西洋"，未得到外国去镀金。可是，鉴赏之阔，有铁的事实摆在历史上。洋蜡对于董其昌，并没有丝毫的关系（连一张董画董字也没有），可是这位丰富的鉴赏家……山水作家，洋蜡却不同意说他是"八股式"。至于"乡愿德之贼也"，"乡愿"而又"八股式"这句话，我真有点莫名其糊涂。"天下第一董源"（四寸大字题董北苑）这种大胆的鉴定和那卷末宋徽宗《雪江归棹图》，他硬说是徽宗冒掉了王维，我实在不胜其佩服，也不胜其枚举。三——年后，竟被骂得狗屁不如，阿弥陀佛，冤哉枉也！

董其昌《画禅室随笔》

我佛说："我不入地狱，谁入地狱！"洋蜡写这几篇东西，洋蜡情愿入十八层地狱，觉得仅入拔舌地狱，还不足蔽其辜。不过，洋蜡不敢比我佛，这是要郑重声明的。董其昌不但是在画学方面、画理方面、游踪方面、鉴别方面，给予后人许许多多的启迪，还有他对于画法，对于执笔，对于画人的修养……都有相当的发明。这并不是洋蜡的"鬼吹灯"，最浅显、最容易找到的那本《画禅室随笔》（报纸，四号字铅印，定价四角），很可以抽些空子，翻阅一下子。至于洋蜡所根据的那本戏鸿堂刻本，却不太容易找到。因为那本书，是乾隆三十三年董其昌五世孙绍敏，雇名手云间金文达刻的楷书，有董邦达序，开化纸精印。前边题着"重订画禅室随笔，戏鸿堂藏版"。洋蜡有嗜痂之癖，自然觉得这本书好玩。虽然他书中除言书画之外，多不足取的话。

董其昌未死

山水画在现在，真是作家苦少，北平、上海、广州，这些年都把画家给沦陷住了，不能登山玩水，董其昌说的"师造物，行万里路"也只好"心领"，自写胸中丘壑。可是张大千、黄君璧、谢稚柳……诸人，却格外的得天独厚，写起西南山水，实行董其昌的画诀，就是叶浅予在这几年"线条"变得那么美妙，何尝不是跑出来的呢？所以那篇书面谈话里的"师造化，读书行路"，也被整个引用，洋蜡认为董其昌却未曾死。

董其昌的交游

洋蜡手边书少，可是确知道董其昌交游广，当时的收藏家，如娄江王元美、敬美、澹生，"槜李项民""天籁阁"[1]，新都吴用卿、槜李

---

[1] "槜李项民""天籁阁"为项子京用印。

黄承元、江西杨寅秋和其师韩宗伯家、邢子愿家、陈仲醇家、朱敬韬家……我一时也想不起许多，这很可以引用某大画家自序里的一句话"天下名迹，泰半寓目"，这和仅得了一幅"十三行"（王献之书），仅得了一部《课徒画稿》（张熊），即说是集画家之大成，尽画家之能事，那简直不成比例。就是王石谷追随烟客（王时敏）、廉州（王鉴），以至大显神通时的名绘《南巡图》，也没有被骂为"乡愿八股式"领衔的董其昌见多识广。

1947 年 10 月 30、31 日，11 月 1、6—9 日
《北平日报·太平花》
署名洋蜡

我所见的宋徽宗书画

这篇东西，既非"志眼福"，也不够"著录"。徐悲鸿先生要我在这次美术节，写点东西给他，我才写这点来应命。

宋徽宗生于元丰五年壬戌（一〇八二），正式做起皇帝，他才满二十岁，建中靖国元年（一一〇一），在位二十五年。年号是建中靖国一年，崇宁五年，大观四年，政和七年，重和二年，宣和七年（一一二五），他又做了两年的太上皇帝，与钦宗北狩（一一二七）。高宗绍兴五年（一一三五），他死于五国城，这位倡导书画的艺术皇帝，他活到了五十四岁，倒沦陷了九个年头。

徽宗的书法，是他独创的瘦金书——这里面自然有褚遂良、薛稷、薛曜的成分。他的画，山水翎毛墨竹花石，都不受当时的影响，自成一家；人物是临摹较多，没有他特立的风格。我现在就他的笔法意境，把我所见到的书画，按年代堪比排列，约略写在下面，就是他那"天水色"题签,我也很为重视(天水色,自元即误认作"月白",明清更无论矣。倒是金章宗高明,他题徽宗摹张萱《捣练图》为"天水摹")。

大观元年(丁亥)的作品,有《桃鸠图》,目睛确是墨而不是生漆,四外渲染,自然隆起,仿佛"隐然豆许"了。这是徽宗特制的苏金油墨的功效,我见他画上点睛,都是如此。故宫藏七律诗二首,"韩幹真""韩滉文苑图"题签,也是这时的作品,因为字法还稚嫩,瘦而不圆(二十六岁)。大观二年的作品,有八行诏旨碑,这是他二十七岁的瘦金书,同时有《六鹤图》,画法是薛稷,特有的作风很少。大观四年的《雪江归棹图》,现有两卷,"歸"字写从"止"从"帚"的是真迹,画法不是王维,也不是董巨李成,而是他都有的作风,这和《晴麓横云图》《溪山秋色图》,都是他成功之作。字法越发瘦劲,用笔也渐圆融,怪石诗,"勘书图王斋翰妙笔",应是这时的作品。在这时以后的作品,书有"神霄万寿宫碑",欧阳询《张翰帖》跋尾,《牡丹诗》并序,陆机《平复帖》《李思训江山渔乐图》《展子虔游春图》题签,笔法愈趋圆润。《香梅山白头图》(据《中兴馆阁续录》标题,故宫标《腊梅山禽图》)画法、书法都是这一时期的。"徐熙寒芦双鹭图壬辰御札"题签,字法更老练雄厚,这和《五色鹦鹉图》卷的诗并序、《双鹊图》的"宣和殿御制"、黄居寀《山鹧棘雀图》题签是同一时期,画法也是他独具的风格,这是政和二年壬辰他卅一岁的作品。政和四年甲午的作品,有《御鹰图》,我所见的粉鹰,只此是真的,也特别成功,这和《红蓼白鹅图》是同一用粉的方法。字法更为苍老,和《祥龙石图》诗并序,自书诗卷,《文会图》诗并画,都是这时的作品(三十三岁)。宣和四年壬寅四十一岁的作品,我只见到一幅《墨竹白鸠图》,"宣和殿御制,宣和壬寅岁",字法更飞舞更圆润了。竹的画法,全用一色焦墨,叶与叶

于非闇临宋徽宗《杏花鹦鹉》(1941 年，北京画院藏)

相连相搭之处，留出白道，是用笔写，不是描，也不是填，这和故宫已佚的《写生珍禽图》是同一时期的。《写生珍禽图》也有这样的竹法四段，所画的禽鸟，渐渐趋入了写意，这是他非常成功的作品，而尤其是翎毛竹石，都不为当时的画法所拘束，而成他特立的风格。大观以前和宣和壬寅以后的作品，我未见过。至于《明皇训子》书画、李白《上阳台帖》题跋、《荔枝图》、《鹦鹉图》、《池塘秋晚图》、《快雪时晴帖》、《奉橘帖》、黄筌《竹鹤图》、徐熙《折枝花图》等题签，我都看不好。瘦金书的签，除了徽宗外，还有金世宗、金章宗，而金章宗学瘦金书题签，也极神似，故宫藏周昉《蛮夷执贡图》、天水摹张萱《捣练图》，都是他的手笔。

1948 年 3 月 25 日

天津《益世报·艺术周刊》第 61 期

署名于非闇

评画册

《陈道山花卉册》

神州国光社出版　定价大洋一元二角

陈道山（舒）字原舒，顺治己丑进士。他是清初显宦，却肯在雨花台下构筑小园，和僧人石涛，隐者张瑶星往来其中，他的性格也就可想了。他的画风，绝不受明朝沈石田、陈白阳派的影响。他本工于草书，他的画就用他的狂草法，随意舒泻，在那荒奉纷乱中，有一种萧疏淡雅、洒落出尘的趣味，但是不粗不犷，愈肆愈工，可以见他作画的天才和他潇洒不群的性格。

他的作品，我见到有五六种。这一册共八叶，纸本着色，影印尚清晰。由他这本册子，可以看到他作画的风格。有人说：他的作风，似乎得力于元人的超逸。我觉得他的画，并不是规规于古人的陈迹，他因为观察的东西精博，他能摄取所写物的灵魂，他又能运用他潇洒超脱的笔墨，所以他在为花表情方面，格外地出色。

《梅瞿山水墨山水》

神州国光社出版　定价二元二角

我最不喜欢看太缩小的印刷画册，因为四尺堂幅缩成了八寸版，对于原迹的精神，完全成了隔物观花，只见到它那一些丘壑位置，供人们摹仿。

梅瞿山（名）字渊公，一号远公，他和石涛和尚同时，并且和石涛往还最久。他在穷绝人迹的黄山，攀藤附葛、寻幽探奇的若干年，他能举出莲花峰有多少株松，狮子岩有几十棵翠柏，历历如数家珍。所以他的作风，受了大涤草堂的不少影响，而他在取景方面，完全得力在风景清阔、浩瀚无垠的黄山云海。但是乾嘉以来古典派的画家，多不喜欢他，对他也没有较好的批评。但是他那种萧疏之气、奔放之笔，在一班画家里，很难找到。

这本册子，是曾农髯所藏，对题十二叶，照原大影印。虽他在某叶某叶上自题仿梅花道人、北苑法……但无一笔一意是梅花道人，是董北苑，他的风格完全在暴露着。又有正书局也有他一本册子，笔墨也很好。第一叶也有曾氏题字，而误为梅沙弥，未免失检。

《释石涛花卉册》

神州国光社出版　定价一元五角

山水画自华亭一派，直到"四王"，他们的作风，都是承袭着前人衣钵，规范在法则方面，不肯稍有出入。但是"四王"尚能保持着他们固有作风，不肯苟同于人。降至乾嘉道以后，这山水一道，陈陈相因，很少新的发现，直到清末，人们觉得这种画太苦闷了，才渐渐地注意到石涛、石溪……这些写真景的山水。固然，在康熙时代就有认识石涛画的，说"大江以南无出石师右者"，然而他的画，在我个人看，也不过在山水画里占有着相当的地位，自具他的风格罢了。

他是写实写意派的画家，他对于风景不肯蹈袭前人，他对于花卉，却能利用前人，作他特有的风格，这是他特殊的天才，并不是仅仅以粗犷为能事的。这本册子是岳雪楼孔氏所藏，现归我友大风堂，一共十叶，有的是黄筌的花头，泼墨的汁叶，有的用赵子固的白描，衬以徐熙的没骨。题识的书法，有的是晋人的小楷，有的是元常的八分，有的似颜鲁公《祭侄稿》，有的类倪迂[1]卷头诗，包罗万象、荟萃众长，在他的花卉画里，可以说是压卷之作。

《释渐江山水册》

神州国光社出版　定价一元八角

释渐江名弘仁，歙人，本姓江，名韬，字六奇，他是明末诸生。他作得一笔好文章，诗也很清越可喜。少孤而贫，每日卖画养他的老母。甲申国难之后，他的老母也死去了，他把他母亲殡葬之后，他马上在齐云削发为僧。他的画因为他忠孝两全的缘故，所以越发为人们重视。他圆寂之后，他的朋友在他的坟墓上，种了几百株梅花，称他

---

[1] 倪瓒（1306或1301—1374），字元镇，号云林子、倪迂等，江苏无锡人。元代画家、诗人。

为梅花古衲，这是多么令人崇拜呀！至于一般论画的人们，说他是新安画家的先导，这种强分派别的话，我是不敢赞同的。

他的画，因为他是高人，他的环境是孤贫而遭遇着国难的，所以他在做人的途径上，只找到了元朝的倪云林、黄子久这两个高人，于是他的作画，受了他两人不少的影响。但是他的笔墨是枯瘦而温润的，他的取景是虚和而真实的，而他的树法，更是古今一绝。这本册子，共八叶，可以说是他的代表之作。

《徐天池花卉册》

神州国光社出版　定价二元四角

青藤道人徐渭，字文清，更字文长，号天池。生于明正德辛巳年，死于万历癸巳年，共活了七十三岁，所以他的画，越是晚年，越来得精妙奇伟。他自己评定自己的作品，他说：书第一，诗第二，文第三，画第四。但是论他的书法，似乎还没有脱却米海岳的窠臼，倒是他的画，我以为比他的书法，是前无古人，极力挣脱一切束缚，自辟了一条生路。他晚年的作品，纯乎入了化境，一片天机，绝不规规地在形似方面，因之神完理足，是写意的妙手。

这一本册子，一共十七叶，十六叶是画，另一叶是他对所画的总题咏。原来这本并不是册而是卷，因为它可以分别照印出来，所以把它分成十六叶，其中如葡萄，如石榴，如竹，都可以看出它是有互相连贯的。这本画笔墨恣肆，纯然写花卉的神理，是他晚年作品，能使人看了，有心怡目畅的乐趣。

《费晓楼仕女册》

神州国光社出版　定价一元五角

我不赞成现代人画古装，但我也不赞成在上海画时装美人的那样不景气。我以为用白描的衣褶来表现时代的人物，是一件顶有趣味的事。因为现在不是感觉着被发左衽之苦，而缅想汉衣冠、宋山河。又因为李龙眠、陈洪绶诸人，他们都能用极简单的线条，表现丝罗肌骨，而各如其分，因之前人的人物画，的确也有可以研究的价值。

费晓楼名丹旭，字子苕，吴兴人。他善于画像传真，在清末很有名。他能利用写生的方法，用清疏淡雅的笔墨来写古装仕女，有时布出景来，很有飘飘欲仙之概。这本册子，还是邓秋枚主持神州国光社时印行的，流传很久，用它做稿本，画在扇头册页上的，我时常见到。既负有时名的画家，也不免改头换面从事抄袭，可见这本册子为人重视了。共十二叶，对题，皆半身仕女，用笔精妙可喜。

《金孝章梅花册》(比)

中华书局出版　定价一元一角

张镃《玉照堂梅品》上说："花宜称二十六条：为淡阴，为晓日，为薄寒，为细雨，为轻烟，为佳月，为夕阳，为微雪，为晚霞，为珍禽，为孤鹤，为清溪，为小桥，为竹边，为松下，为明窗，为疏篱，为苍崖，为绿苔，为铜瓶，为纸帐，为林间吹笛，为膝上横琴，为石枰下棋，为扫雪煎茶，为美人淡妆簪戴。"那么这梅花的高洁，也就可以想见了。至于梅的形神，在《潜确类书》[1]上说："梅有四贵，贵稀不贵繁，贵老不贵嫩，贵瘦不贵肥，贵含不贵开。"这是艺术的眼光认为的梅的真精神。我很喜欢元明人的写梅，因为他们全注意到传神上去，所以那些粗枝大干、繁花密蕊，他们是绝不取以入画的。

金孝章名俊明，号耿庵。他原名衮，字九章，甲申国变后，隐居起来，他的名字也改了，他自号不寐道人。这是多么高洁的人呀！他这本册子，共十叶，渴毫枯墨写寒梅，疏简冷峭，很仿佛倪迂的山水，飘然高举，雅洁绝尘，绝不是二树[2]、冬心这一流的峦干法。

承人们问，神州国光社在北平西单南大街路东。

《戴文节山水册》(事)

中华书局出版　定价一元四角

自董其昌抽出山水画有干湿互用的方法，在山水画方面，受了很大的影响。自明末，迄道咸，除了几个人是例外，大都是承袭着这种干湿互用的方法。至于纯用湿，或是纯用干，以及这种干湿互用在山水画上如何重要，那非是本文所应讨论的事，暂且不谈。道咸以上，承平日久，士大夫多浸润陶醉在"四王""吴恽"上追董其昌、黄子久……里面，与其说无特殊的发现，毋宁说踏在太平里，为世运所左右。戴文节山水画，承其敝而以淹润苍茫出之，这是他特有的发现。

---

[1]　明代学者陈仁锡（1581—1636）所编著的综合性类书。

[2]　童钰（1721—1782），字二树，别号树道人、梅道人等，山阴（今浙江绍兴）人。清代画家。

戴熙字醇士，自号鹿床居士、井东居士，又号榆庵，咸丰庚申殉难，年正六十，谥文节。他的诗很清新，书法微嫌甜熟。他的画注重渲染，越是朝烟暮霭，山雨溪云，渺渺茫茫，滃滃郁郁，在干枯的笔墨中，形成苍翠欲滴、淋漓满纸的景象，这是他干中有润、湿中有枯，特有的天才。至于他在布景方面，有的已脱昔人窠臼，有的在默守着，这是他尚未成功的地方。这本册子是他五十八岁为画家张子祥（熊）作的，当然很精。画十一叶，自题一叶，张子祥自书引首二叶，印刷尚清，并且缩小得不多，可以说在他的画册里，是首屈一指的东西。

《石涛和尚山水集》(节)（离)（次)

中华书局出版 "节""离"每册一元五角，"次"每册十元八角

石涛画，在山水画里占有相当独立的地位，现代的人们，用世界艺术的眼光来批评，差不多认石涛为画圣了。本来他的作品，吸收着唐宋以来的古趣，他在漫游着，见到了人们所不轻见的佳山水，而他具有精确的审美力，随他见了一陂池、一枯树、一荒村、一小溪流，他马上拿他艺术的天才、豪放的笔墨写起来，真是巧夺天工，妙参造化。所以在这艺术震荡摇撼的今日，他的画实在有可以研究的价值。因之近代印刷界里，假如找不到几帧石涛大涤子的画来印印，也仿佛寂寞了许多。

中华书局所印他的画，我现在见到的，只三种，听说还有。这三种都是大风堂的东西。"节"册共十叶，"离"册也是十叶，都很精。在"次"册那一本，山水画十二叶，另有朱野云为伊墨卿临翁覃溪所藏石

涛自写小像一叶，使崇拜他的人，获瞻风采，尤为难得而可贵。

《梅瞿山黄山图册》(虚)

中华书局出版　定价一元二角

我这种漫无规则地评画册，一方面要介绍些好的画，供人们去研究，一方面要发表我的谬见，求人们指正，这完全是洁白的、公共的，无论哪一家出版，我一样愿意无条件地来介绍来批评；而同时我这种广告式的力量，自信尚可博一小部分人的注意。本来一种刊物出版，总要请一两位专家来批评，使人们明了它这刊物的价值，所以在书有书评，那么，在画呢，也就不得不有画评，只可惜我不是专家罢了。

梅瞿山的作品，在我虽是顶崇拜他这创作的天才、取景的幽邃，但是他的东西，也的确是有目共赏的，所以我不嫌叠床架屋，又来介绍这本画册。

中华书局所印，有一样顶好，就是它在提要里总注明原迹高宽的尺寸，这很能令读者测度它缩印了多少以及笔墨的粗细。这本共十二叶，全写黄山，是他得意之作，很值得一研究。

《陈老莲画册》

商务印书馆出版　定价一元二角

《陈章侯花卉册》

神州国光社出版　定价一元

陈洪绶字章侯，号老莲，诸生。崇祯即召入供奉，不拜，寻以兵罢。监国中待招，南都入破，为固山额真所得。后亡归，自号悔迟，又号老迟，混迹浮屠间，醇酒妇人以自放，卒于家。时有崔道毋（子忠）画人物与老莲齐名，崔甲申变时，走入土室而死，人因称南陈北崔。这是他一点历史。至于他的画，他不喜欢受着传统的束缚，作取悦于时的东西。我们看他所取的风格，起码要在北宋以上，无怪乎他当时为人们倾倒，说他"三百年无此作"了。

他的作品，假的很多，但在运笔方面，谁也假不了他那细劲圆融、古朴坚卓。这两本画册，前者八叶，人物山水花卉虫鸟皆有，是商务印书馆假沈寐叟印的。后者是一卷，工笔花石虫鸟，分印六叶，有高江村题识，是神州国光社印的。这两件东西，自然是前者精博，但是后者作于顺治八年辛卯，是他更晚年的作品，它那趣味更为浓厚。

《恽南田花卉册》(听)

中华书局出版　定价一元二角

往往一种作品，不论是文艺还是绘画，概可自其结果而分它为售时、传世两种。为欢合人们尤其是贵族心理而造作一种东西，只为博得一时的美誉，这种是属于售时的；他深入于一般社会，他把他所感触所想象所理解……的东西，用他自己的方法来抒写，他是不求得众人，尤其是贵族们赏鉴，就是在他五百年后才找到一个或是竟然找不到能充分了解它，在他以为是登于作品的最高域，这种是属于传世的。大文艺家、艺术家，都是将他呕心沥血的东西，至少要给后来一种影响。恽南田的山水画，在当时除掉标榜式的恽王合璧之外，谁也不了解它的真价值。

恽南田的花卉，世称恽派，在元明人都没有这种作法，在乾嘉以后，差不多受他的影响"家家团扇书放翁"了。但是他的花卉，在我看来，不如山水，因为他仍在依傍着徐熙、徐崇嗣，不过加以淡雅就是了。这本册子共十二叶，并未缩印，其中有一叶荷花，他用米氏的点染法，画晓烟朝雾，笼罩着秋荷薄草，烟雾空蒙，水光潋滟，空间、时间完全调和着呈露，这是他顶少见、顶精心的作品。

《王元章梅花卷》(连)

中华书局出版　定价二元六角

煮石山农王元章，入明后，因避明太祖讳，更名冕。家贫，父使牧羊，入学潜听诸生诵读。及读书，无力置膏火，依佛寺夜坐佛膝上映长明灯读，会稽韩性异之，录为弟子，遂为通儒。举进士不第，焚所为文，着高檐帽，履长木屐，击木剑，骑黄牛，持《汉书》以读。游燕都，秘书卿泰不花拟以官，力辞归，隐九里山，结庐三间，题曰"梅花屋"，以画梅幅之长短为得米之差。后遇胡大海，献攻绍兴之策，称旨，为咨议将军。元至元乙亥生，明永乐丁亥卒。这是他一点小史，也就可以知其为人了。画梅花群推花光和尚为开山之祖，至杨补之而集大成。但苑大成讥补之画的是气条。元章隐九里山种梅千株，他日徘徊梅花树下，他得到了梅花的精神，所以自明以后，他的画梅法为人祖述着，一直到了金冬心、汪巢林。

这本册子连题识共二十叶，是一个长卷，分开照印的，差不多是原大。作于元顺帝至正十五年乙未，虽是他早年之作，但是超脱不凡，已足见他对花写照的风格了。

《吴渔山山水册》(容)

中华书局出版　定价一元三角

"四王""吴恽"，是清初大画家，除掉恽南田外，其余虽都受着"二王"(王时敏、王鉴)的影响，但他们仍能保持着独立的风格。吴渔山(历)自号墨井道人，他与王石谷同学于"二王"，石谷名满国中，他倦怠海滨，轻易不肯以他的画与人。他活到八十多岁才死，所以他晚年的作品，更是登峰造极难能可贵。他的画，除去用笔运墨……之外，他对于布景取意，格外精密幽妙。有时他的山水，很像西洋画之远近晦明，有时他一树一石，非身历其境的，差不多不能领略它的风味。

这本册子，共十二叶，是他晚年的作品。其中有几叶，在布景取意方面，真是精妙绝伦，绝不是生长市廛、足迹不出国门一步，所能想象得来的。他的画册很少见，寒家曾有一本，是他八十岁作的。纸本墨笔，记他所游，后竟为有力者夺去。此册虽是绢本，但印得很清楚。

《陈白阳花卉册》(优)

中华书局出版　定价二元五角

画有文人画，有非文人画，文人画与非文人画，简单地可以用雅俗二字来区别。陈白阳他处在明中叶，那时长洲文氏停云馆收藏之富，甲于国中。他日游文氏之门，对于经学、史学、古文、诗词、书法……都有出人头地的研究，于是他画山水花卉，便能发挥他的天才——尤其是花卉，不落昔人的窠臼。越是他晚年寥寥数笔的墨花卉，越是能表现文人画的十足。

这本册子共二十叶，墨笔花果，是他临死那一年（嘉靖甲辰）画的。当老到了极巅，差不多笔笔都有浓厚的趣味呈露着，在他作品中是顶少见的东西。首尾有戴醇士题识。又神州国光社亦有他一本《陈白阳书画册》，定价三元六角。——诗书极好，画则是中年之笔；或者说是书真画赝。

《罗两峰画罗汉册》(奉)

中华书局出版　定价二元五角

以《鬼趣图》震铄今古的罗山人聘，他胸襟蕴蓄着大寄托，他对于时代，抱着绝大的忧愤与悲观，他放送着神怪之说，他不惜自耽禅悦，他假着鬼是有鬼趣的，他假着他前身是和尚，他把他的灵魂完全寄托在神佛上去，所以他的作品，完全受着他的人生观的影响。不过他的画佛，并不是承袭着晋六朝……的洋画佛像，所以在他画佛当中，可以看到他有独立的风格。至于他的隶书，也是不受着什么依傍。

这本册子，差不多是原大，连题跋共二十叶，是他顶精的作品。引首孙义鋆隶书"十八尊者画像"六字，深得两汉笔法。

《蓝田叔仿梅道人山水卷》

商务印书馆出版　定价二元五角

我漫评画册，本未曾真搔着痒处，诚如友人云："不过借此看看画册而已。"但是以前所评的画，也有一小部分人花几个钱买一两本看看，他们说："评得尚不太差。"我也承认这句话，因为我在许多画册里抽出这一点点来批评，自然所找到所抓住的东西，都是容易见好，因为他们的风格，都在那里显露着。

蓝田叔（瑛）的画，他是长于临仿，他脱不了人家衣钵，他并没有独立的风格，因之他的画是我所不评的。这本是长卷，连题跋共十九叶，是他用墨笔仿梅道人吴仲圭的，比起他那设色艳丽、笔锋侧揎的东西，实在高明得多。并且他临摹得极忠实，神、形两方面，差不多可以用他当作梅道人真迹看，这也很可以佩服他临摹之精了。

《石涛纪游图咏》

商务印书馆出版　定价两元四角

石涛画，其写游最忠实而真切，览之若读《水经注》。我前所评数册，在石涛画中，皆登峰造极之品。此册纪游图咏，虽无多大丘壑，而一树一石，其要眇要非读万卷书、行万里路者莫辨。尤妙者，册中有何蝯叟（绍基）对题十二叶，真行参半，为蝯叟至精之作。蝯叟书，在道咸间，以雄健奇肆胜，与石师画可称双绝。闻此册已归日本，由海上售出，得价五千金，开石涛画册未有记录云。

此册共十五叶，画十二叶对题，印刷极精，盖不仅以石涛画重者。

1933 年 6 月 12 日—7 月 24 日
《北平晨报·评画册》
署名非厂

题吴缶庐画屏四帧

　　友人近得吴缶庐画屏四帧，梅花夭矫犹龙，菊花繁茂，荷梗亭亭，兰叶飞舞，作于光绪之季者，绝精妙，非如晚年之一味粗犷也。友人嘱吾题识，为书如后："安吉缶老，画笔工深，人第以画中求之，而不知缶老书法之工，足以蔚成其画也。王黄鹤以篆隶写山水，叔明一派，迄今学者仅师皮肤。缶老篆籀，开古今未有之奇，朴茂若吴窓斋，犹多逊色。出其法以写花果，遂觉复堂抚叔辈，功力弗敌，往古固无论矣。世之学缶老者，仅由其解衣盘礴，奔蛇走虺中求之，要知在未落笔前，固自有一番功夫。此四帧与前啸园所藏梅菊巨幅，同为经意之作。盖缶老此时，年仅六十，尚不肯率尔泼墨。辛亥而后，缶老鬻画海上，往求既众，为势乃不得不草草，作书画然，作印篆亦然，此原不得为贤者讳，而亦不失其为缶老也。"缶老晚年，晨起后须赴茶肆食小糕饼，九时归寓，凡昨日所收乞画索画治印之件，均已累累呈案头，濡毫伸纸，簌簌作书画，一幅甫毕，即易一幅，纸既尽乎刀笔，就石游刃，划然若不经意，为役若至追促者。至十一时，无论收件多寡，均毕事。午餐后，匆匆出门，则听评书观杂剧去矣。每日罔不如是。七十五后，则又视索者之为何如人，与夫为寿者之丰歉，或自作，或倩人代。吾观缶老印谱，吾特取其七十以前，职是故也。

1928 年 5 月 25 日

《晨报·非厂漫墨卷二·二一》

署名非厂

《古鉨印选》序

吾自审一切都无能成，独雕虫小技，以好之深，研之专且笃，脱天肯假吾以岁月，尚可冀其小成。吾家初颇小有搜集，丁家难，顷刻都尽，及吾涉世求柴米，所求得辄不足以为供，日与饥寒为缘，买书钱五七年乃不名一文，况数十百金一纽古鉨印，数十或十数元一部印谱乎？有志乎此，而苦于力绌不足以致之者，在吾之学求途程中，竟中辍若干年。生乎今日，书之多且精，为值且廉，举之而供吾读，实便而易，而吾之为米与柴所困，不能以买日为活之资，市此不急之物，吾心之戚愤悲痛，迄今思之，犹悸悸焉。幸吾节缩之余，从事搜集，积十年，始偿吾好，吾得以从事探讨。吾知世之同好而苦于力不足以致之者，固大有人在；吾因之有《古鉨印选》之辑。吾国鉨印，直可与鼎彝同珍，即退而以艺术言，其为值，亦不在吉金砾石下。至从事奏刀，刓剔自喜者，舍古鉨印，则如木之无本，水之无源。元明来以

609

治印名家，系统相传，门分户别，支流蕃衍，知有师法而不知溯源探本者，沾沾焉且以派别的传自命而以印名家，要未有遗古钵印而率尔操觚者也。研之纯，其得于古者精，所治亦精。研尤纯，则得尤精，所治随之而益精。人得其一法，已自名家，统合而研讨，博观而约取，则所成就愈大，而古钵印之足珍，足以耐人寻味，固非好之者癖嗜之言也。

至如考证官制地理，订正姓氏爵里，其有裨于史地之学者尤大。惟古钵印谱，种类繁多，各自为集，纯驳杂厕。有志之士，搜求既难，力尤难举。吾自知求之之艰，吾稍有所得，敢不为柴米所困如吾者，谋一简便涂辙乎？夫吾之为此，在吾亦嫌其多事，刬吾所见，尚不足以尽印国之大观，率然为之，几可其不为识者笑。顾吾之为吾，非所谓当代学者，艺术专家也，吾自幼年，幸不为纨绔所中。及长，快然入于平民生活，迄今二十余年，所见所闻所交接，其为力皆与吾等，其小于吾，所知后于吾者，尤苦于无力以买书，吾之书虽遍假之，乃又供于此而绌于彼，吾集诸家谱录，择其尤精者，选辑之，考其官制地里，释其文字，著其年代，迄三代，终东晋，都一百余品，凡潍县陈氏、海丰吴氏、浭阳陶氏、闽陈氏、上虞罗氏，以及明清以来各谱录之为吾所见且所有者，咸备。意谓有是选，而诸谱可不读；有是选，而诸谱之精英胥在也。

吾既辑成此谱，谱中所取，尚有为人所疑者：（一）仅取六代。印篆之学，自道咸以后，考订始密，吾人幸生其后，得以拾其唾余，以矜创获。故昔仅知有秦汉印者，吾人于其所谓秦之印中，知尚有晚周钵、西周钵、夏商之钵。于其所谓汉之印中，知尚有新莽，有魏，有晋，有六朝以下。断代以为之，辽金西夏北魏南朝诸印，尤为近今学者所研讨。故吾之是选，曰古钵，曰秦，曰汉，曰新，曰魏，曰晋，古钵既不第其三代，而晋以下概从割弃，一则未免粗疏，一则未免过泥。虽然古钵中可强析为夏与商者，吾见既罕，识字尤少，不敢妄以奇诡之文，不识之字，如贤士大夫之所谓概归之于夏与商，或则目之为晚周异形文字。炎汉治印，上承秦制铸凿之外，复行刀锲。降及东汉，其变已极，曹魏因之，独行凿法，只以享国既浅，偏安一隅，印篆之道，未能恢宏，司马代之，文物渐盛，变古钵之刀锲，参炎汉之捶凿，晋人凿印，遂集前代之大成。吾于锲法师古钵，铸法师秦汉莽新，凿法师魏晋，以为下此诸代，皆不出此，等而下之，未加恢宏也。

（二）仅取官印。自来藏印者，私印多而官印少。官印有爵职地理所限，私印则可滥取唐宋以入之，舍有姓名可考者外，若仅就文字以定，则何者为汉，为魏晋，已不可能。况炎汉以来各官印，其作风制度，每随其年代而不同。其文字则五字六字以至一字，雄奇工眇，有非私印之所可及者。故吾自汉以后，独取官印，取精遣粗之意也。今幸吾书将获观成，辄书所以为之者，以就正于有道之士。傥蒙指而正之，岂特幸甚。

1930 年 5 月 23—25 日
《京报·花萼楼笔记·七二至七四》
署名非厂

《塔影盦印集》书后

　　李君筱岑之尊翁德甫先生，治金石小学，好集古鉨印，拓而存之，都若干册，辛亥岁全佚。其所集近数十年印人所作，得五百余纽，筱岑又附益之，裒为四册。德甫先生额其所居曰塔影盦，筱岑因以名其集，示不忘也。筱岑旅沪久，习闻海上诸印人说，今卜居旧都，颇欲继先人之业，因出先生遗著，邀吾为整理之。而《塔影盦印集》，以吾稍知其说，使为一言书册末焉。吾受而卒读，起吴县吴窓斋，迄黄县丁佛言，若陈寿卿，若王冰铁，若黄穆甫，若吴昌硕，若赵㧑叔等，都三十七家，为印七百有四纽，亦可谓近数十年来集印之大观矣。印篆之学，自道咸以来，鉨印封泥，出土愈多，取法愈博，允可谓前无古人，轶乎往哲。其集金文摹古鉨者，昌自窓斋，寿卿和之，迄丁佛言为极；其摹秦诏汉镜而归于汉官私印者，赵㧑叔得其神，黄穆甫博其趣。承丁黄之衣钵，变㧑叔之工整，苍茫浑朴，恣肆纵横，吴氏昌硕，六十岁前之所为也。于学务博，于摹务肖，封泥治朱文，官印摹白文，王冰铁四十后之所作也。此外诸家，或局于浙，或囿于徽，或格于学而取境不广，或牵于习而无以自见，甚矣印学之难工也。往者吾好为印说，累千万言，吾所见愈博，所知愈广，所镌刻愈多，而愈不能工，且倾全力赴之，未始有极。吾又自元以来论印之说，比合而观其异同，年愈远，为说愈浅，取境愈仄，其为工愈易，其为名易显，脱文何生当今世，当亦自惭其不广矣。惟其然，故今世之犹祖述文何，宪章丁黄者，其为局守，岂特浅薄，抑窭斋之集金文，金文与鉨文有异也。重器高文，其变靡常，官私印鉨，其趣愈简。鉨之为字，既有别于鼎彝，谬之为篆，又小异于古籀，吴氏局于成格，未遑变也。昌硕吴氏，中外景仰，肆然直是元嘉以上人，惟六十以后，粗犷为能，碎铜烂铁，斑驳无复理趣。冰铁王氏，小印为能，摹拟封泥，堪称独步，惜机局稍弱，未克恢宏。悲庵赵氏，无印不精，妙女拈花，气韵生动，方之于画，当在赵鸥波、恽正叔之间。穆甫黄氏，间用宋元，杂采西泠，然精妙之品，亦自成家。总之，近世学术日昌，取法各异，遗粗取精，所成醇正，得其一叶，务而取之，亦足名家，然非专且久也难矣。筱岑所增益者，有陈半丁、童心厂、齐白石、寿石工诸君，或专精一体，或兼采众长，要皆当代闻人，足为一时之模楷者。倘他日欲考近数十年印篆之作风，此册之足珍，岂徒供把玩而已耶！

1931 年 4 月 20 日
《北平晨报·艺圃》
署名非厂

非盦题跋记

跋十鼓斋丙本石鼓文

石鼓文传世，在乾嘉间盛推天一阁北宋本。宣统初，明锡山安桂坡所藏一本传于世，已在天一阁之上。自尔复有一本，有安氏篆书"十鼓斋中甲本"，存字之多，世乃罕见。揆安氏以十鼓名其斋，知其所收当尚富。今春由估人携来一本，纸墨似北宋物，所存字视甲本稍逊，而第八石之"心"字乃特完，首末均有安氏诸印，于八石下隶书"十鼓斋中丙本"，细审"心"字，纸墨一律，非补凑者，而第一石"鹿"之"鹿"字，则已半泐，取与甲本较，盖缘拓手之精粗，不尽关拓时之先后也。

恽南田墨笔花果册

此寒木堂故物，颜瓢叟在时，曾携至寒斋者，今为道存所得，可谓得所。南田写花果，天机要眇，笔墨清妙，一无所本，而妙造自然，远非陈白阳、周服卿、王忘庵辈所能到，五百年来无此作也。晚近写花果，粗犷者满纸干柴，工致者直同辁样，至于学一二笔华新罗，摹一半幅沈南苹，便自命不凡，观乎此当亦憬然有所悟乎？

秘阁续帖书谱残卷

孙过庭《书谱》传于宋者有二：薛绍彭刻与太清楼刻为一本，秘阁续帖与停云馆安麓村诸刻为一本。前者第一行"书谱卷上""吴郡孙过庭撰"，"书谱"二字及"吴"字均残漶，后者则不漶。前者签书为晋人楷法，后者则为徽宗瘦金书。前者本文第一行十四字，至"绝"字；后者则十三字，至"之"字，以下每行均不同。至于缺文，后者均同，前者惟太清楼独完，更足判也。今春蛰叟得秘阁续帖书谱残卷，视停云诸刻稍肥，纸墨古厚，当与绍彭、太清二本，蔚成三峰。

陈老莲《听琴图》卷

老莲甲申后又自号悔迟，或署老迟，或署悔道人，故国之痛，往往流诸楮墨间，不仅于画传，而其画弥足珍也。宋人画皆其时装，推而至于五代唐晋皆然。赵王孙画马，人作时装，元时已鄙之，其余诸家则宋装，外夷也。老莲此图，写幽人于竹外作侧首状，琴声若自竹里来，神情婉然。自题在可解可不解间，他迹往往如是，不足异。

邓顽伯篆书社诗卷

顽伯书自秦汉碑碣而来，其合处在力避少温骑省诸家，神与古会，不必"裹绌卷""剪颖秃"也。此卷作于嘉庆乙丑，是晚年笔，与所见集宋词三十二言长联，书时相距仅一月。蒙书自顽伯出，一洗从前靡靡之习，自尔若吴让之、胡安·甘伯、杨濠叟、赵悲庵、吴清卿辈，皆一脉之传，"篆尚婉而通"，顽伯盖深有得乎此。

石玉昆《包公案》唱本

此不全《包公案》唱词，为石玉昆所撰。玉昆不知为何许人，历道咸同三朝以唱书名京师，士大夫咸重礼之，其所唱谓之"石韵"。《包公案》所据，不尽合官书，而民间流传，妇孺都晓，主忠信义侠廉洁，其功足以风末俗。玉昆宏气王，于描绘风景制度，时有"活左思"之目。此谓为不全本，而适自《包公案》中之"狗头铡"起，观其所写形状典制，与夫所以为狗头之铡者，使人不寒而栗，此有关世道人心之大文也。程子不才得此，宜有以用之。

清初人书清照词十九首卷

此卷书人不详，自署"柯居士康熙十年养疴文殊院，为峻德甥书"，下有"柯道人"朱文印。小行楷书，体近文衡山。易安居士[1]词，皆散佚，毛斧季所刊仅十九首，与此卷同。清照以一妇人而词格乃抗周轶柳，宜柯居士为之书也。吾尝谓书清照词，宜用道君皇帝瘦金书笔法，蔚为双绝，相得益彰。往者曾乞吴芝瑛女史[2]为书《声声慢》一阕，闲尝把玩，使人热念都消。

万历三年装《曹娥碑》卷

　　此《曹娥碑》是宋拓，高江村、笪江上、吴荷屋三跋均佳妙。卷末隔绫有"万历三年三月李从文装"十字，为历来卷册所未见，而装裱之精，历三百五十八年不敝不坏，要非名手莫办也。小楷书以晋唐为极则，此沟通汉魏者，惟《孝女曹娥碑》尚存有隶楷嬗变之迹。唐而后变为近体，古意寖失；明人稍稍复古，然意味峭薄，惟以姿媚取势，失古厚意；清代三百年以细楷取士，而细楷之坏遂极。近者细楷非所急，不足以猎功名富贵，人恒弃之不屑道，人惟知此卷为明装宋拓为足贵耳，岂不惜哉！

赵悲庵书钟进士像

　　会稽赵㧑叔书画篆刻皆工，要以刻印为第一，而刻印朱文尚不如

---

[1] 李清照（1084—约1151），号易安居士，齐州章丘（今山东济南）人。南宋女词人。
[2] 吴芝瑛（1867—1933），字紫英，别号万柳夫人。安徽桐城人。以诗、文、书法闻名京师。其夫为无锡文士廉泉。

白文也。此像为寒木堂故物,今辗转入吾子行手,可喜可喜。扬叔画花卉嫌大熟,熟则甜,山水有时出以生涩之笔,狂题数十言,尚不伤雅。此像用汉魏石刻法写之,无一笔落画师窠臼,独可贵。扬叔书,篆隶独取姿媚,写六朝,大字霸气过重,最不雅。独其治印,诙诡变化而一扫于正,圆融酣畅而不流于巧,其白文直可出入汉魏之林,宜其自负不凡也。此像题小行书,若不经意,而视兢兢然折毫裹锋效六朝体者,相去盖远,合作也。

1934 年 6 月 2—16 日
《北平晨报》
署名闲人

跋《文徵明、沈石田山水合卷》

　　俗尚细沈粗文，此耳食之谈。沈与文本为一家眷属，文之粗似沈，而力有不逮；沈之细似文，而韵有不逮。若细勘之，沈则二格并举，文之粗笔，少涉驱驾，不脱白石范属。至于细笔，乃复天臻迥出，纯乎自然。予所见文画，不乏真迹，而粗笔大幅者率多赝本，待绍平生，殆不屡作，又见作伪者难易攸分，二公擅长之技，较然可知矣。世俗好尚，以罕见珍，非关卓识，何足据乎？此卷为明处士张则之物。文画居前，仿李营邱，惜墨如金，运二米之机神，参北苑之苍古，为待招最经意之作，出乎粗细两种运笔之外，真逸品也。沈仿北苑云山，神韵俱足，所谓树如屈铁，山如画沙，非沈无此气韵。按：张孝思，字则之，丹徒处士，吴江叶燮曾为立传，称其慕陶元亮、倪云林之为人，自言平生有三癖：洁癖，茶癖，佳书名画癖。其于书画，上下古今，差其品第，辨其真赝，若烛照数计，毫发不爽。所藏甚富，闻某处古人真迹，或碑版拓印，远百里或数百里，必欲得见之，得其真，辄喜流连忘寝食，不能去。此卷隔水绫押缝有处士印，有"倍风阁"印，知尚是处士原装也。

上跋为予初伏日书于卷尾者。主人不欲借影襓出，即归之，谨以所见，贡诸读者。

1939 年 7 月 16 日

《新北京报·艺术周刊》第 26 期

署名于非厂

友人以北海李氏砚山斋所藏《萧翼赚兰亭图》嘱题，图为绢本，无款署，有"文氏停云馆印""北海孙氏砚山斋藏印""北平翁氏苏斋""南海吴氏万清馆"诸印，后有被割痕，签题"定武兰亭肥本"六隶书，是明贤笔。想系后装兰亭及诸题识，均被割去另装。此图不见于孙氏《庚子销夏记》。友人近以廉值得此图，为题如后。

《萧翼赚兰亭图》托始于唐右相阎立本，南唐顾德谦，宋释巨然、茂宗、朱绍宗，元赵孟頫、赵孟吁均有模本。据吴傅朋《跋赚兰亭图》云："是图托始于阎立本，写人物凡五辈，一书生状者，御史萧翼也。一老状僧状者，比丘辩才也。书生意气扬扬，有自得之色。老僧口张不呿，有失志之态。执事二人，其一嘘气止沸者，其状如生。"楼攻愧云："此说非也。翼至越，衣黄衫，极宽长，潦倒得山东书生之体，方卑辞以求见，正画其纳交之时。后既得兰亭，则以御史召辩才，晓然告之，不复作此儒酸态矣。且此时此僧为之绝倒良久，何止口张不咙而已。"明张丑《清河书画舫》所记，巨然为立幅，有山水林木屋宇。茂宗、本、辩才作惊倒状。孟频本则二人对谈。此卷为北海孙氏砚山斋所藏，无款署，图上明清两代印章皆真。图作客与一童，童衣敝破，僧解袜坐禅床，客衣宽博，袖手下坐，僧有供事二人；一嘘气止沸，与吴氏人物凡五辈之说合，亦即楼氏所谓卑辞纳交之时也。吴氏精鉴别，宋南渡，其书为高宗所赏。楼氏复工于画，二氏所见赚兰亭图，当为唐以来传本无疑。尝考兰亭真墨，当晚梁散落人间。陈天嘉中，始归释智永。至太建时，以上宣帝。隋平疏日，或以之上晋王，晋王者炀帝也，不之宝，乃为释智果假拓，无复索，于是传其徒辩才。唐太宗为秦王时，目拓本，惊喜，则力购其真，审为辩才所私，即命欧阳询求诸越，宝以武德中入亲王府。史称："太宗出御府金帛购天下古书，得羲之书真行二百九十纸。"则萧翼用诡计，效驵窃，攫取兰亭为进身之阶，事或有之。故阎立本特图其卑鄙之状，盖深得风人之旨也。《萧翼赚兰亭图》，予所见尚有诒晋斋所藏宣和内府《兰亭序》八阔九修本，叙前所装图，为四人，翼携一童，童手捧若干卷，翼衣御史衣冠，辩才供事一侧，旁卧一犬，不知出何人手。此图据吴楼二氏之谈证之，当是唐人稿本重模者也。得者宝之。

1940 年 1 月 21 日
《新北京报·艺术周刊》第 46 期
署名于非厂

编后记

　　本书内容分为《艺苑珍闻》《金石书画品鉴录》二辑，收录作者关于美术界人物及艺术活动、艺术品鉴藏评论等文章。

　　《艺苑珍闻》主要是对美术人物及活动的介绍。作者曾言："北平画家作品的作风，还不同于其他各地方的。假如我们国家还需要国画的话，那么，北平画坛的作风，也许占国画史上很重要的一页。"如此说来，这些文章也是了解民国北京（平）美术活动，研究北京画派不可忽略的文献之一。其中涉及美术界、收藏界的人物有些已湮没在历史中，如《雪厂上人》篇中提及的相关内容，即成为破解齐白石《山水十二条屏》上款人"子林"即为黄子林（蛰庐）的关键证据，于此可见一斑。《书张氏昆仲扇展》一文，曾引发当年轰动一时兴讼事件，参考此时的相关文章，可以厘清事件真伪。"南张北溥"之说在现代中国画史已得定论，作者亦不无自鸣："闲人不自量，初'捧'张大千，继'捧'溥心畲，二君今皆声闻朝野，窃幸非阿好标榜。"（《绍介谢子衡画展》）而通览作者所撰相关举办画展的报道文字，年限跨度之长，篇幅数量之多，为后来者从事这一时期北平美术活动的研究，贡献绝大，自无异议。

　　《金石书画品鉴录》选取作者有关艺术品见闻、书评、题跋、鉴别等类文章，即是作者从艺经历的重要佐证，也是对读者了解、学习中国书画的普及性知识。于非闇先生早年得益于家藏法帖、书画、印谱、拓片、缂丝、颜料等颇丰，使其自幼耳濡目染，更得画师王润暄传授绘画技艺，追随齐白石学习绘画篆刻，受赵梦朱、张大千指点专事工笔画创作，诗书画印无不精通，自二十世纪三十年代中期在北平画坛声名鹊起。他继承传统又不墨守陈法，善于探索创新，通过"师造化"使作品更有生命力，画上题诗跋文，配以自刻印章，使画面饶有意趣。他将这些学习传统、创作经验不时撰文发表，囿于报刊栏目篇幅及其他各种原因所限，这类文章或有不成系统之虞，但浅显短小之中又包含着作者切身的体验和认知，引导读者由浅入深地步入艺术殿堂，品味中国传统艺术文化之奥妙。这类文章虽经修订整理，浓缩于日后整理出版《我怎样画工笔花鸟画》《中国画颜料研究》两部著述中，本辑收录的原始文章，内容更为丰富多彩，或可作为辅助参阅。

　　本书中选取的相关历史照片及作者的金石书画作品，意在以图佐文，使读者在阅读文章时通过这些图片能够对历史现场进行联想，加深对文字的理解，既可以看作"读图时代"的趋同，更是对历史文献的保存和传承。这些图片资料主要来自各种印刷出版物和各类网站拍卖会图片、电子数据库文献资料截图等，虽无法达到图间精准对应，更难于辨析作品真赝，只是作为一种阅读参考而已，借此对各位编著者、收藏者、网络经营者及热心提供资料的友人致以由衷的申谢。

　　本书得益于杨良志先生热情推荐，文津出版社总编辑高立志先生精心策划，编辑部同志的倾心工作，得以顺利出版，再此一并申致谢忱。鉴于本人学识浅薄，见闻有限，书中如有疏漏不当处，期待读者不吝指正。

出版说明

　　本书主要整理了于非闇（1889—1959）发表在民国时期报刊中的文章，文章发表时间跨度较长，为尊重先生不同时期的写作习惯、遣词风格，以及语言文字自身发展的变化规律，故在整理出版时对人名、地名、物名、书名等的称呼及异体字的使用不进行硬性统一及现代汉语的规范化处理。由于先生笔名较多，出版时署名遵循最初发表时使用的笔名。对于先生编辑的栏目中无署名的文章，据文辞风格判定为先生所作的，依据最初发表时的状态落款不署名。

　　特此说明，提请读者注意。

文津出版社

图书在版编目（CIP）数据

书画过眼 / 于非闇著；沈宁编注 . — 北京 ：文津
出版社，2023. 7
ISBN 978-7-80554-834-0

Ⅰ. ①书… Ⅱ. ①于… ②沈… Ⅲ. ①地方文化—北
京 Ⅳ. ①G127.1

中国版本图书馆 CIP 数据核字（2022）第 161470 号

策　　划：高立志
统　　筹：王铁英
责任编辑：陈　平
责任营销：猫　娘
责任印制：陈冬梅
装帧设计：吉　辰

书画过眼
SHUHUA GUOYAN
于非闇　著　沈宁　编注

出　　版：北京出版集团
　　　　　文津出版社
地　　址：北京北三环中路 6 号
邮　　编：100120
网　　址：www.bph.com.cn
发　　行：北京伦洋图书出版有限公司
印　　刷：北京汇瑞嘉合文化发展有限公司
开　　本：889 毫米 ×1194 毫米　1/32
印　　张：20.25
字　　数：215 千字
版　　次：2023 年 7 月第 1 版
印　　次：2023 年 7 月第 1 次印刷
书　　号：ISBN 978-7-80554-834-0
定　　价：98.00 元

如有印装质量问题，由本社负责调换
质量监督电话：010-58572393